高等院校应用型人才培养"十四五"规划旅游管理类系列教材

酒店服务运营管理

主　编 ◎ 唐　颖
副主编 ◎ 吉东瑜　梁　盛　梁　曦

Hotel Service Operation Management

华中科技大学出版社
http://www.hustp.com
中国·武汉

内 容 提 要

本书根据酒店行业的服务特性及本科生对知识掌握的特点,以满足行业需求、体现应用性、实用性为编写的出发点,系统分析了服务运营管理理论在酒店行业中的具体运用,收集了大量行业案例,做到了理论知识与实践案例相结合。本书共由八章组成,包括酒店服务运营管理概述、酒店顾客感知和期望管理、顾客体验设计、服务运营流程与服务设计、酒店服务运营中的人员管理、供应链和供应关系管理、酒店服务运营绩效管理、服务战略制定和实施。本书通过学习目标、案例引导、同步案例、复习思考、案例分析等环节串联起各知识点,让学生在理论与实践的交替学习过程中实现进阶式提升。本书适用于酒店管理、旅游管理专业师生及相关从业人员阅读参考。

图书在版编目(CIP)数据

酒店服务运营管理/唐颖主编. —武汉:华中科技大学出版社,2021.5(2025.7重印)
ISBN 978-7-5680-7064-5

Ⅰ.①酒… Ⅱ.①唐… Ⅲ.①饭店-运营管理 Ⅳ.①F719.2

中国版本图书馆 CIP 数据核字(2021)第 075975 号

酒店服务运营管理　　　　　　　　　　　　　　　　　　　　　　　唐　颖　主编
Jiudian Fuwu Yunying Guanli

策划编辑:王　乾
责任编辑:李家乐
封面设计:原色设计
责任校对:刘　竣
责任监印:周治超
出版发行:华中科技大学出版社(中国·武汉)　　电话:(027)81321913
　　　　　武汉市东湖新技术开发区华工科技园　　邮编:430223
录　　排:华中科技大学惠友文印中心
印　　刷:武汉邮科印务有限公司
开　　本:787mm×1092mm　1/16
印　　张:12.5　插页:2
字　　数:307千字
版　　次:2025年7月第1版第2次印刷
定　　价:59.80元

本书若有印装质量问题,请向出版社营销中心调换
全国免费服务热线:400-6679-118　竭诚为您服务
版权所有　侵权必究

出版说明
Introduction

党的十九届五中全会确立了到2035年建成文化强国的远景目标,明确提出加快发展文化事业、文化产业和旅游业,推进文旅融合、实施创新发展,不断推动文化和旅游发展迈上新台阶。教育部于2019年和2021年先后颁布的《关于深化本科教育教学改革全面提高人才培养质量的意见》《国家职业教育改革实施方案》《本科层次职业教育专业设置管理办法(试行)》,强调进一步推动高等教育应用型人才培养模式改革,对接产业需求,服务经济社会发展。

基于此,建设高水平的旅游管理类专业应用型人才培养教材,将助力旅游高等教育结构优化,促进旅游类应用型人才的能力培养与素质提升,进而为中国旅游业在"十四五"期间深化文旅融合、持续迈向高质量发展提供有力支撑。

华中科技大学出版社一向以服务高效教学、科研为己任,重视高品质专业教材出版,"十三五"期间,在教育部高等学校旅游管理类专业教学指导委员会和全国高校旅游应用型本科院校联盟的大力支持和指导下,在全国范围内特邀中组部国家"万人计划"教学名师、近百所应用型院校旅游管理专业学科带头人、一线骨干"双师双能型"教师,以及旅游行业界精英等担任顾问和编者,组织编纂出版"高等院校应用型人才培养'十三五'规划旅游管理类系列教材"。该套系教材自出版发行以来,被全国近百所开设旅游管理类专业的院校选用,并多次再版。

为积极响应"十四五"期间我国文旅行业发展及旅游高等教育发展的新趋势,"高等院校应用型人才培养'十四五'规划旅游管理类系列教材"项目应运而生。本项目依据文旅行业最新发展和学术研究最新进展,立足旅游管理应用型人才培养特征进行整体规划,将高水平的"十三五"规划教材修订、丰富、再版,同时开发出一批教学紧缺、业态急需的教材。本项目在以下三个方面做出了创新:

一是紧扣旅游学科特色,创新教材编写理念。本套教材基于旅游高等教育发展新形势,结合新版旅游管理专业人才培养方案,遵循应用型人才培养的内在逻辑,在编写团队、编写内容与编写体例上充分彰显旅游管理应用型专业的学科优势,全面提升旅游管理专业学生的实践能力与创新能力。

二是遵循理实并重原则,构建多元化知识结构。在产教融合思想的指导下,坚持以案例为引领,同步案例与知识链接贯穿全书,增设学习目标、实训项目、本章小结、关键概念、案例解析、实训操练和相关链接等个性化模块。

三是依托资源服务平台,打造新形态立体教材。华中科技大学出版社紧抓"互联网+"时代教育需求,自主研发并上线了华中出版资源服务平台为本套系教材作立体化教学配套服务,既为教师教学提供便捷,提供教学计划书、教学课件、习题库、案例库、参考答案、教学视频等系列配套

教学资源,又为教学管理提供便捷,构建课程开发、习题管理、学生评论、班级管理等于一体的教学生态链,真正打造了线上线下、课堂课外的新形态立体化互动教材。

本项目编委会力求通过出版一套兼具理论与实践、传承与创新、基础与前沿的精品教材,为我国加快实现旅游高等教育内涵式发展、建成世界旅游强国贡献一份力量,并诚挚邀请更多致力于中国旅游高等教育的专家学者加入我们!

华中科技大学出版社
2021 年 5 月 13 日

前言

随着泛服务业的发展和时代的变化，人们对酒店服务的内涵理解在不断更新。在此背景下，酒店服务流程、服务理念也应适应社会经济发展需要进行转换升级，但同时也给酒店服务运营管理人员带来挑战，面对酒店行业的大变化，酒店服务运营管理人员要有新思维、新方法才能应对新变局、抢占新机遇。

在本书的编写过程中，团队以满足酒店行业应用需求为教材编写出发点和落脚点，探索分析服务运营管理理论在酒店行业中的具体运用，力求简明扼要、深入浅出，强调理论与实践相结合。在编写过程中运用了大量的酒店案例来进行分析说明，使得教材更易理解，同时补充了阅读材料、复习题等辅助教学资料指导学生学习，帮助师生开展分析讨论，有效开展课堂互动，以便学生有效理解、掌握与运用酒店服务运营管理知识。

全书共八章，第一章为酒店服务运营管理概述，明晰了酒店服务运营管理的概念、发展现状和意义。第二章为酒店顾客感知和期望管理，分析了顾客感知、期望与酒店服务运营管理的关系，以及如何掌握顾客服务需求。第三章为顾客体验设计，主要讲解了顾客体验的基本概念、分类标准，以及如何根据顾客体验的特征对顾客体验进行管理和设计。第四章为服务运营流程与服务设计，阐述了酒店服务运营流程、服务设计、服务蓝图等核心概念及其内容和特点，分析了信息技术在酒店服务运营流程优化中的作用。第五章为酒店服务运营中的人员管理，分析了服务提供者与服务运营管理的关系，明确人员是酒店运营过程中的重要资源，提出了管理和激励服务提供者的对策与建议。第六章为供应链和供应关系管理，介绍了酒店供应链、库存等对于酒店服务运营管理的重要意义以及管理的对策和方法。第七章为酒店服务运营绩效管理，讲解了酒店行业绩效管理与其他行业绩效管理的不同点，分析了如何进行酒店行业绩效管理。第八章为服务战略制定和实施，重点讲解了服务创新的内涵与体系，服务战略的制定、实施和评价。

本书编写分工如下：第一章，唐颖；第二章，严宇慈；第三章，全文景、毕宏洋；第四章，吉东瑜、全文景；第五章，吕江；第六章，梁盛；第七章，吕江、吉东瑜；第八章，梁曦。全书由桂林旅游学院唐颖、严宇慈统稿。

本书的编写广泛参考了国内外学者的研究成果和相关资料，在此谨对相关作者表示感谢。同时，对在编写过程中提供了大量真实行业案例的相关酒店集团和给予了建议、帮助的

同行们也一并表示感谢。由于编者知识水平的局限性,本书在编写中难免存在漏疏和失误,真诚期望得到读者的建议和指正,让酒店服务运营管理的教学和研究工作不断完善。

编 者
桂林旅游学院国际酒店管理学院
二〇二一年五月

目录

Contents

1 第一章 酒店服务运营管理概述
- 第一节 酒店服务概述 /1
- 第二节 酒店服务运营管理 /6
- 第三节 酒店服务运营管理的挑战 /11

18 第二章 酒店顾客感知和期望管理
- 第一节 顾客感知和期望 /18
- 第二节 顾客关系管理 /24
- 第三节 服务需求管理 /30

37 第三章 顾客体验设计
- 第一节 顾客体验的含义 /37
- 第二节 顾客体验的设计 /42
- 第三节 信息技术在提升顾客体验中的角色 /48

59 第四章 服务运营流程与服务设计
- 第一节 服务运营流程 /59
- 第二节 服务设计 /67
- 第三节 酒店服务流程与服务蓝图 /72
- 第四节 信息技术在酒店服务流程优化中的作用 /77

85 第五章 酒店服务运营中的人员管理
- 第一节 服务在人员管理中的角色 /85
- 第二节 管理和激励服务提供者 /90
- 第三节 管理和激励服务接收者 /96

第六章 供应链和供应关系管理 ……101

第一节 供应链和供应网络 /101
第二节 库存和信息 /108
第三节 供应商管理 /122

第七章 酒店服务运营绩效管理 ……144

第一节 绩效管理概述 /144
第二节 酒店行业绩效管理 /149
第三节 酒店行业绩效管理的工具和方法 /151

第八章 服务战略制定和实施 ……159

第一节 服务创新 /159
第二节 服务战略 /165
第三节 战略的制定和实施 /170
第四节 战略的可持续发展 /181

参考文献 ……190

第一章

酒店服务运营管理概述

学习目标

通过本章的学习,了解酒店服务的现状和发展变化,理解并掌握酒店服务运营管理的概念及其重要性,了解酒店服务运营管理的主要内容,理清酒店服务运营管理与酒店发展之间的关系,能够从服务运营管理的角度去思考酒店发展的变革。

课件二维码

第一节　酒店服务概述

案例引导

2020年7月16日,客户部经理Mike收到来自客人Mr Jozef Gielen的邮件,客人想从西安买一个兵马俑的复制品邮寄到荷兰。Mike收到邮件后立即展开行动,尽管受疫情影响,有很多针对外宾的商家都暂未营业,但是凭借Mike在当地多年的关系,他很快找到了几家兵马俑纪念品工厂,将不同造型和尺寸的兵马俑信息发送给Mr Jozef Gielen供他挑选,并为他详细介绍了不同兵马俑的制作工艺和相关商家的信息。

在一切都安排妥当后,Mike还给Mr Jozef Gielen寄去了一个背面有西安香格里拉酒店标识的兵马俑小玩偶。Mr Jozef Gielen在邮件中写道:"毫无疑问,如果未来我可以再次来到中国,一定会再次入住香格里拉酒店,Mike不厌其烦地协助

案例分析

我处理这件事,他提供的卓越服务让我十分感激,这完全超出我的预想,尤其在这个特殊的时期。"

(资料来源:根据香格里拉酒店资料整理。)

一、酒店服务的概念内涵

(一) 服务

我们每一个人对"服务"一词都不会陌生,在社会生活中"服务"可以说是无时不有,无处不在。人们每天的起居、饮食、旅行、学习、工作和娱乐,无时无刻不在享受着他人提供的服务,而每个人的工作,也在为他人提供着直接或间接的服务。服务,就这样和人们的生活如影随形。

很多学者都给"服务"下过定义。1960年,美国市场营销协会(AMA)最先给"服务"下的定义为,用于出售或者是同产品连在一起进行出售的活动、利益或满足感。这一定义在此后的很多年里一直被人们广泛采用。1974年,斯坦通(Stanton)指出,服务是一种特殊的无形活动。它向顾客或工业用户提供所需的满足感,它与其他产品销售和其他服务并无必然联系。1983年,莱特南(Lehtinen)认为,服务是与某个中介人或机器设备相互作用并为消费者提供满足的一种或一系列活动。1990年,格鲁诺斯(Gronroos)给服务下的定义为,服务是以无形的方式,在顾客与服务人员、有形资源等产品或服务系统之间发生的,可以解决顾客问题的一种或一系列行为。当代市场营销学泰斗菲利普·科特勒(Philip Kotler)给服务下的定义为,一方提供给另一方的不可感知且不导致任何所有权转移的活动或利益,它在本质上是无形的,它的生产可能与实际产品有关,也可能无关。

《辞海》对"服务"的解释为,为集体或为别人工作。如为人民服务,服务勤勉,亦称"劳务"。服务部门包括为生产和为生活服务的各个部门,都属于第三产业。党的十八大以来,服务业在创造税收、吸纳就业、新设市场主体、固定资产投资、对外贸易等方面全面领跑,支撑国民经济健康发展,酒店及住宿业属于服务业的重要组成部分。

(二) 酒店服务

酒店服务是指酒店为满足顾客的需要而付出的智能和必要的劳动,是酒店的无形和无价商品。酒店主要为顾客提供住宿服务、生活服务及设施服务等。

1. 酒店服务的主体和客体

酒店服务的主体是服务的实施者,在服务中处于主动地位。一般来说,人们认为酒店服务的主体就是酒店的一线员工,即服务员。服务员是与顾客接触最密切的人,直接为顾客提供服务,顾客对酒店服务质量的感受和体会也来源于其在酒店享受服务的经历。但酒店服务的主体除了直接密切接触顾客的服务人员和部门外,还包括销售部、工程部、财务部、人事部等。这些人员和部门虽然不直接为顾客提供服务,却通过为前厅部提供服务而间接为顾客服务。酒店产品的综合性和协调性要求酒店各个部门以及处于各层次工作岗位的管理人员和服务人员要相互配合共同为顾客提供服务。因此,上到酒店经理,下到服务员,酒店的每一位员工都是服务的主体。酒店服务的客体是服务的承受者,在服务中居于被动地位,需要付出相应的金钱才能享用酒店的客房,享受餐厅的美食,使用各种健身设备等产品,即顾客。

2. 酒店服务的内容

按照服务业功能性分类来划分,酒店服务属于消费型服务。在酒店接待过程中所提供的各种服务,主要分为以下几大类。

(1) 前厅服务:问询、预订、办理入住及退房、电话、商务、代办、行李服务等。

(2) 客房服务:打扫卫生、洗衣、在住期间生活必需品的服务等。

(3) 餐饮服务:中西餐厅、酒吧、咖啡吧、特色餐厅等吃喝服务。

(4) 娱乐服务:提供娱乐、健身等方面的所有服务。

(5) 工程、保安服务:提供维修及安全保障服务。

二、酒店服务的特点

(一) 复杂性

酒店服务具有复杂性。酒店服务的对象来自国内外不同区域,他们的职业、宗教、年龄和风俗习惯是千差万别的,尤其还有一些特殊要求更是有较大的差异。因此,服务工作要做到全面照顾,满足不同的要求。要做到高质量的服务,的确有一定的难度和复杂性,因此对服务质量的管理也提出了更高的要求。

(二) 直接性

直接性指酒店服务表现为"面对面的劳动形式"。酒店服务通过直接、及时、随机的对客服务体现出服务的质量与水平。酒店服务人员对其劳务与技术服务的质量完全承担直接责任。这要求酒店服务人员具有较高的思想素质、业务素质,以及良好的观察与分析能力,掌握住店顾客的需要,提供恰到好处的服务。

(三) 双重性

酒店服务具有物质服务和精神服务双重性的特点。这两个因素中,精神服务占据了极为重要的地位。酒店物质条件的不足有时可用富有地方色彩和趣味性或服务人员的热情友好加以弥补。顾客的精神需求是十分复杂的,它们具有共性,例如对于安全感、自信心、友爱、温情的需求;对于满足好奇心、求知欲的需求等。对于这些具有共性的精神需求,酒店必须以安全、卫生、礼貌、热情、主动和具有较高文化水平的服务劳动来满足。顾客的精神需求又有千差万别的体现,因此还必须针对顾客的心理,以灵活多变的服务劳动来应对。

(四) 应变性

酒店服务过程中不同的消费者对服务满意度的理解存在很大的差异。所以酒店服务人员必须根据顾客的心理需求和具体环境,积极主动地为不同的顾客服务,尽力做到个个满意,人人舒心。因此,酒店服务要适应不同的需要,提供满足不同顾客需要的服务,善于应变。

三、酒店服务的现状与发展

随着现代社会人们出行活动日益频繁,酒店业的竞争也日趋激烈。人们对酒店服务的要求已经不单是一张舒适的床、一个流畅的网络、一份免费的早餐,而是对酒店的环境卫生、安全防范、服务质量和及时处理问题的能力等有了更多、更精确的要求。优质的环境设施和服务质量不仅能吸引客源,还能提高酒店的经济效益和品牌效应,使酒店在行业竞争中更具优势。随着人们对美好生活的向往,对酒店服务的要求也在不断提高。

（一）现状

1. 酒店管理过程中服务意识不强

酒店业是我国服务行业中与世界接轨最早的行业,随着改革开放的不断深入,我国酒店环境发生了巨大变化,酒店的硬件水平明显提升,许多新建酒店的硬件设施毫不逊色于发达国家的酒店,酒店服务水平也已达到较高的层次,但是酒店投诉并没有随着服务水平的提升而减少。可以说,现阶段酒店服务的主要矛盾集中体现在酒店服务意识难以匹配酒店的硬件水平和顾客的服务需求。

2. 酒店服务缺乏服务质量管理架构和监控系统

随着我国酒店行业的快速发展,酒店的投资者和管理者也已经认识到自身的很多不足,酒店投资者和管理者越来越多地引进国外先进的管理经验和管理方法,一些基础设施的改造和专业人才的聘用也促进了酒店行业的发展。酒店管理者越来越清楚地认识到服务管理体系的重要性,一些酒店已经开始建设自己的服务管理体系,研究适合自身酒店实际情况的管理方法。但是从整体来看,我国很多酒店仍然受到管理者自身能力以及经济实力的限制,不能系统地引进先进的管理经验和管理方法,即便是引进了先进的管理经验和管理方法的酒店,其中绝大多数酒店仍受限于管理者自身的能力水平,没有形成具有自身特点、符合酒店发展规律的服务管理体系。在管理体系方面,酒店服务的管理工作还存在理不顺的情况。我国大多数星级酒店的服务质量管理监督工作由质量管理中心负责,这样的管理方式存在一定的弊端,导致质量管理效率不高。质量管理中心在管理酒店服务工作时,由于自身并不直接参与酒店服务活动,不了解酒店的实际服务管理情况,在与各部门负责人进行沟通、处理各项服务问题时,会存在不方便直接查找问题、不方便直接提出整改建议的现象,从而导致酒店整改力度不足,酒店服务质量管理工作成效不足。

3. 顾客意见反馈处理效果不佳

目前,我国大多数星级酒店都制定了顾客意见处理办法,但是在实践调查中却发现很多问题:一是在日常工作中,各部门服务人员通常只关注自身岗位职责的完成情况,在顾客意见收集方面缺乏主动性,通常在顾客提出意见后,才会进行收集、反馈和处理;二是相关部门为了避免因顾客意见受到责罚,只将一些影响不大、容易处理的意见进行上报,对于一些重大失误隐瞒不报;三是只有对于顾客一直关注且要求现场解决的问题,相关部门才会及时上报并予以处理,而对一些只是提出了并未要求立刻回复的顾客意见,相关人员通常会延缓处理,这样的做法严重影响了顾客意见反馈的及时性,拖延甚至浪费了酒店提升客户期望值的时间。

4. 酒店员工整体素质不高

酒店员工素质不仅包括服务技能、专业技能，还包括职业道德、服务意识、交流技巧、创新意识等因素。酒店业属于典型的劳动密集型产业，在面临信息化、全球化发展的挑战下，酒店员工素质对酒店发展的影响更为显著。但目前中国酒店业的发展速度，对人才多样化的需求速度，远远快于院校、社会向行业输送合格人才的速度。酒店员工的来源也发生了很大的变化，以至于出现"良莠不齐"的情况。

酒店从业人员的低准入和复杂性在一定程度上影响了酒店行业的工作氛围，造成行业内跳槽变得正常和随意化。从2017年开始，国家取消了前厅服务员、餐厅服务员、客房服务员、调酒师等资格考试，可以说酒店行业从原本就缺乏行业劳动力水平认证及准入体系变成了基本没有行业劳动力水平认证及准入体系，也在无形中阻碍了酒店行业从业人员整体素质的提高。

（二）发展趋势

近年来，随着社会经济水平的发展和人民生活质量的提高，顾客需求日益个性化、多样化和复杂化，对酒店服务质量和管理水平的要求也越来越高，对客服务的针对性也越来越强，酒店业竞争日趋激烈。根据不同顾客的需求，以满足顾客体验需求的酒店创新个性化服务，成为当前提升酒店竞争力的重要策略。现代酒店为迎合顾客日益变化的消费需求，应该以针对性、差异化、个性化、人性化的产品和服务来赢得市场占有率。同时在未来一段时间内，酒店业的发展趋势表现为酒店管理倾向人性化发展，服务标准更加多样化，互联网成为酒店营销的最大平台，信息化和智能化成为主流以及绿色环保概念的普及等。

随着科技的发展，智能服务给酒店服务带来新的挑战。新兴科技确实开始影响酒店业，从聊天机器人到人工智能，从语音助手到机器人礼宾，再到智能酒店设施等，甚至还有全盘实现智能化的酒店。2018年8月，我国的一些重要城市成为5G建设率先试点的城市。我国现代酒店业是使用信息数字化技术服务的先导行业，在服务过程中，其率先使用信息数字化技术，提高了酒店的服务管理水平，提升了酒店的服务效率以及提供了更加人性化的服务。但人工智能在酒店业创新和突破到什么程度了？相比原先的入住流程和硬件设施，有没有带来运营效率的提升？用户体验、需求和新技术的应用场景，该如何真正落地连接？酒店服务和酒店产品附加价值的直接关联是否发生变化？这些问题目前还没有明确的答案。

同步案例1-1　　阿里巴巴未来酒店——菲住布渴

菲住布渴酒店（Fly Zoo Hotel）是阿里巴巴旗下首家未来酒店，也是全球首家全场景人脸识别酒店。该酒店位于杭州市文一西路966号亲橙里8号楼，于2018年12月18日开业。酒店拥有290间客房，以及菲品布渴中餐厅、菲吃布渴全日制餐厅、菲嗨布渴大堂吧和菲练布渴未来健身中心。在手机上提前预订房间，直接在手机上或者酒店终端刷脸办理入住，智慧电梯、无触门控将自动进行人脸识别。智能点亮

案例分析

入住楼层,自动开启房间门。一旦进入房间,天猫精灵智能管家可直接对室内温度、灯光、窗帘、电视等进行语音控制,还有机器人送物、送餐服务。

进入大堂,第一眼的感觉便是简洁、明亮。酒店的设计风格和功能空间上都在做减法,公共空间基本以白色调为主,大厅内没有花哨的陈设,也没有充当社交空间的咖啡馆或者沙发软凳。隐藏的灯光与充满科幻感的设计相结合,住客仿佛置身未来太空舱之中。阿里未来酒店相较于传统酒店而言,最大的亮点在于其内置的人工智能系统。自助入住机、全程刷脸、智能服务机器人、客房智能设备是能为"未来感"代言的四大抢眼智能应用。未来酒店的空间营造更多地采用了简洁利落的线条,为了不让空间显得冰冷,弧线与灯光的相互结合也是未来酒店的一大特色,既现代十足又方便快捷。以不同的色彩、线条、装饰、灯光等将酒店营造出一个时髦炫酷、科技感十足的氛围,让人好像进入了另一个时空。

"菲住布渴"是阿里经济体内多个团队协同打造的"新物种"。其中,飞猪负责全链路体验流程的设计;达摩院负责酒店创新研究计划;阿里云则提供稳定安全的大数据底层服务;酒店内的智慧机器人则启用了阿里人工智能实验室(A.I. Labs)的最新设计;智能场景事业部完成酒店整套数字化运营平台和 AI 智能服务中枢以及智能场景系统的研发;在酒店内,天猫国际推出了 7 个国家主题房;天猫等平台则为酒店家具床品提供了供应链。

对于这样的酒店是否代表未来?无人酒店是否会取代传统酒店?酒店业界人士和入住体验者评价不一,但通过科技和智能给传统酒店业赋能,提升运作效率无疑会成为发展趋势。

(资料来源:作者根据《浙江新闻》网络版整理。)

第二节　酒店服务运营管理

案例引导　Alamo Drafthouse 的服务运营设计

Alamo Drafthouse 是一个特殊的企业,你可以称它为酒吧、饭馆或者电影院。这是一个提供汉堡包的电影院还是一个放电影的酒吧?Alamo 综合了多种服务,在多个方面进行了折中,开展综合经营。顾客可以一边看电影,一边吃东西、喝饮料。

服务设施规划和传递系统　Alamo Drafthouse 于 1996 年在奥斯汀开业,它是单一屏幕影院,同时提供啤酒和烈酒,还有食物,包括三明治、热狗、

案例分析

比萨和甜点。服务员在电影放映前与放映过程中拿着菜单和供应的食品并检查门票。这里也提供传统电影院的小吃，顾客可以到休息室里通过自助服务买到所有的东西。同大多数电影院一样，Alamo Drafthouse 有成列的座位。但是，和其他电影院不同的是列数较少，这样可以在两列之间摆放狭窄的桌子用来放置食物和饮料。因为有了这样的规划，Alamo Drafthouse 里一半以上的椅子都有统一的规格并且可以容纳 215 个顾客。

在每次放映之前，服务人员都会向顾客介绍这里的服务系统是如何运作的。桌子上提供铅笔、纸和菜单，顾客可以把需要写在纸上，并把纸条放在服务人员视线可及的金属台上，服务人员在过道处守候，他们走过来收集纸条并送到厨房。当订单的东西准备好，服务人员就把它们送到顾客的面前。整个过程不需要说一句话，不会打断顾客看电影。

这个电影院坐落于城市的中心，走很短一段路就可以到达酒吧和饭馆集中的地方，且这里夜生活丰富但其没有为顾客提供临近的免费停车服务，附近也不容易找到停车场。而很多其他电影院一般建在郊区巨大的建筑群或购物中心里。

节目 Alamo Drafthouse 的服务节目分为两个方面，二轮电影服务和特殊服务。二轮电影是这个电影院的主要业务，每周大概要放 20—25 场次。这些电影都是被精心挑选出来的，适合 25—40 岁且有着较高品位的观众。遗憾的是，受好莱坞影响，Alam Drafthouse 有时候不得不播放一些经营者 Tim 和 Carrie 不喜欢的电影，每到周末，Tim 和 Carrie 就会挑选出下周要播放的电影。

特殊服务一般以三个月为一个周期，它分为两个层次，社会题材的电影（大部分是古典和艺术片）和雅典电影。每周常常有社会题材的电影取代二轮电影播放，雅典电影一般在周四、周五和周六的午夜播放。Tim 一般还会请一些电影制片人到电影播放现场做演讲。

预算和成本 Tim 将 Alamo 的电影票的销售看成是吸引顾客前来消费食物和饮料的诱饵，他把票价定得很低，大约 4 美元。这个价格普遍低于奥斯汀首映电影的电影院的票价（6.50—7.00 美元），但是高于第二轮播放的电影院的票价（1.00—1.50 美元）。Alamo 的顾客平均每场电影的消费为 5—12 美元。买到电影票以后，顾客还会买食物（55%）和酒（45%）。为了拉动消费，他们自开业以来已经将菜单价格提高了两倍，同时增加了一些高利润的可用节目。特殊服务大概占到收入的 1/3。尽管同传统影院相比，顾客花销多了，但 Alamo 的盈利受自身的低能力与高额的人力资本所限。一个普通的周五晚上就需要 15—17 位职员，远远高于同类运营标准的电影院。

广告和促销 为了提升 Alamo 的效益，Tim 和 Carrie 采用了一些降低成本的方法。他们在奥斯汀读者较多的一些读物上刊登广告，还和一个奥斯汀的娱乐团体建立了密切的联系，从而获得了不少免费的公众关系，在一些杂志封面上能见到他们的特殊节目。Tim 还采用了一些廉价但颇有成效的方法建立顾客忠诚度。他设立了 Alamo 的官方网站并且每天亲自回复邮件。他同时为尚未上映的影片与特殊节目做宣传，并且在影片放映后回答顾客的问题。他非常善于接受意见并根据意见来规划特殊节目和修改菜单。

正是因为 Alamo Drafthouse 独到的营销服务模式和良好的观影体验,其成为北美深受观众喜爱的电影院。

(资料来源:作者根据网络资料整理。)

一、酒店服务运营管理的内涵

对外行来说,服务本质上是无形的。购买服务不会导致实体产品所有权的转移,如看电影时你购买的是娱乐观赏的机会而非电影本身;去医院看病时你只能寻求医生的建议而无法购买医生。从本质上看,服务是短暂的、体验性的。我们现实中购买的大部分都属于服务,例如,乘坐公共交通、餐饮服务、银行服务等,都是顾客花钱购买服务或服务体验。在许多情况下,服务商提供的活动会转化成无形的利益。传统上我们把产品理解为有形产品的核心部分,几乎不考虑相应的无形部分,现在的企业不仅要关注有形产品带来的价值,还需要关注无形利益形式呈现的价值。

服务运营管理理论是伴随着西方管理学界对服务特征和服务管理的认识及理解而逐步形成和发展起来的,根据不同时期的研究内容和特点,该理论大致经历了四个发展阶段。

第一阶段:开创探索阶段,主要是从 20 世纪 70 年代到 80 年代初。这一阶段的服务管理研究主要集中在以制造业管理模式为基础的服务研究领域。学者们关注的是服务业的某些生产运作环节与制造业生产的相似之处,关于服务与产品的区别的探讨居多,而没有从根本上意识到服务业与制造业在管理方法上的差异,对服务问题的研究大多是描述性的。因此,这一阶段的理论研究成果在服务业上缺乏普遍的适用性。

第二阶段:初具雏形阶段,主要是从 20 世纪 80 年代初到 80 年代中期。这一阶段的研究不再停留在一般性的描述上,而是通过提出一些概念模型,人们更好地理解了服务和服务管理的特点,出现了大量关于服务质量内涵和性质的讨论,理论界对服务质量有了新的认识。此外,管理学、心理学、运筹学等研究方法在服务管理中得到广泛的应用,服务管理研究逐步呈现具体化、跨学科的发展态势,服务管理理论的轮廓已见雏形。

第三阶段:初步成形阶段,主要是从 20 世纪 80 年代末到 90 年代初。这一阶段是以行业为基础的调查研究、案例研究为主,研究者倾向采用实证的研究方法对前人提出的理论和模型进行验证。服务管理理论的范畴被逐渐拓宽,各个学科领域的结合也更加密切,研究的主题也越来越丰富,几乎涉及了服务管理问题的方方面面,如服务过程管理、服务设计、服务生产能力和需求管理等。

第四阶段:深入发展阶段,主要是自 20 世纪 90 年代以来的一些研究。20 世纪 90 年代以来,研究者们利用经济学、管理学、心理学、社会学、信息学等众多学科知识,不断检验和深化原有的理论。同时,由于统计技术和计算机技术的进步,定量研究成为 20 世纪 90 年代服务管理研究的一大特色。经过 30 多年的发展,服务管理理论已进入"顾客导向"阶段。由于许多研究过于从客户角度来研究问题,忽略了运营管理这一服务管理理论的基础,一些研究者重新关注传统的运营管理理论,促使服务管理理论更加严谨、更加有深度、更具有实践性。

结合相关学者的研究,服务运营是将人力、物料、设备、资金、信息和技术等生产要素投入变为无形服务的产出的过程。服务运营管理(Service Operations Management)是指对服务业企业所提供服务的开发设计的管理,是对服务运营过程及其运营系统的设计、计划、组织和控制。服务运营管理就是通过无形的服务将有形的产品进行交付的过程的管理。酒店业是典型的服务行业,酒店服务运营管理就是通过对酒店各种无形服务的开发设计、组织和控制,将酒店有形的产品或资源进行增值,并进行交付输出的过程。

二、酒店服务运营管理的主要内容

酒店服务运营管理的内容应包括完整服务项目和服务提供系统的设计,酒店服务运营活动计划、组织与管理,服务营销与服务运营的集成,服务提供过程中对质量、成本和时间的控制等,主要包括以下三方面的理论内容。

(一)酒店服务体验及感知

在服务体验及感知研究中,詹姆斯·赫斯克特提出了"战略服务观"。其核心是企业通过良好的运营战略和服务让渡系统给顾客提供高于企业的运营成本的价值,从而获得相应的溢价,这是服务利润链理论的基石。后来,萨塞发现的顾客忠诚度与企业利润和成长的相关关系,以及伦纳德·施莱辛格发现的员工忠诚度和顾客忠诚度的关系给服务利润链理论提供了理论的进一步支撑。詹姆斯·赫斯克特和他的同事将上述研究成果加以整合,最终提出了服务利润链理论。服务利润链理论中价值是核心概念,价值包括消费产品所带来的使用价值和使用过程中所产生的感受价值。一般来说,顾客对酒店体验价值利得或利失的认识,是顾客感知的利得或利失与顾客期望比较后的评价,即顾客体验价值包含了顾客感知价值和顾客期望的要素。根据相关调查资料显示,从顾客进入大堂登记、进入房间、就餐到退房的过程可以分为 39 个关键时刻,这些关键时刻的体验和感受将对酒店产生重要影响。

而良好的酒店服务体验及感知并不是靠酒店服务所决定的,学者们提出了服务接触中的服务组织、员工和顾客的三元组合理论。该理论认为,服务的特征之一是顾客主动参与服务生产过程,每个关键时刻都涉及顾客和服务提供者之间的交互作用,双方在服务组织所设计的环境中扮演不同角色。作为以盈利为目标的管理者,为维持边际利润和保持竞争力,会尽可能提高服务传递效率,常常利用规定或程序限制员工自主权和判断,从而限制了为顾客提供的服务,服务缺乏针对性则导致顾客不满。理想的情况是服务接触的三要素协同合作,从而创造出更大利益。服务接触研究提出了"组织文化"和"组织授权"的概念,认为企业文化是顾客选择的真正原因,因为企业文化有助于顾客确定服务的价值。在对员工的研究中发现,与顾客直接接触的员工应该具备灵活性,具备根据情境灵活改变行为的能力,特别是要具备设身处地为顾客着想的品质,这种品质对员工而言比年龄、教育、知识、培训和才智更加重要。

(二)酒店服务流程开发与设计

酒店顾客需求是多样化的,因此需要通过调节服务供给,使其与需求相匹配。常用的调节服务供给的策略包括:弹性工作时间计划,以核心工作时间为中心设计弹性工作时间;提高酒店顾客参与程度,把酒店客人作为服务的参与者和提供者;通过有效使用空闲时间来扩大高峰期的服务能力,在空闲时间做服务需求时的准备工作,创造可调整的服务供给能力;共享服务能力,充分利用服务设备和设施的闲置时间;交叉培训员工,培养员工从事几种作业的能力,使员工能够具备灵活的供给能力来满足业务高峰需求等。酒店服务供给管理中,最重要的就是排队等候服务。如节假日酒店入住率高时,大堂常出现排队办理入住手续的情况。等候行为对顾客的影响非常大,能够破坏一次实际上十分完美的服务过程,而一位在排队中等候的顾客随时都会成为失去的顾客。但是,顾客排队等候服务在任何一个服务系统中都是不可避免的,与其他服务行业一样,排队管理是酒店服务运营管理的一个重要课题。一些研究表明,可以通过让等候变得活泼有趣、区别对待不同类别顾客、增设自动化设备、模糊顾客感知等方法来解决排队等候引发的一些问题。在新的环境变化下,酒店都在对原有服务流程进行重新设计,以符合发展趋势和顾客需要。

（三）酒店服务质量评估

酒店服务质量评估是在服务传递过程中进行的,顾客与服务人员发生接触时通过服务感知与服务期望相比来评判服务的优劣,而顾客的期望又受到口碑、个人需求和过去经历的影响。当服务感知超出期望时,顾客会表示高兴和惊讶;当没有达到期望时,服务注定是不可接受或失败的。按顾客对服务质量评价的相对重要性,由高到低确定服务质量的五个基本方面：可靠性、响应性、保证性、移情性、有形性。顾客在接受服务的过程中,一般会从上述五个方面将预期的服务和接受的服务相比较,最终形成对服务质量的判断。酒店应加强对其服务质量的监控,以检测酒店服务运营各方面工作的实施效果。

三、酒店服务运营管理的意义与重要性

毫无疑问,服务在国民经济发展中具有非常重要的地位和作用。从宏观角度来说,服务运营管理的效率对一个国家国民经济的发展具有重要作用,而且这种作用越来越强。服务运营管理的好坏,对于服务业企业的竞争力有直接的、决定性的作用。酒店要生存、要发展就必须盈利。酒店顾客只会关心酒店所提供的产品和服务对他们的效用（如价格、质量等）。从这个意义上来说,酒店和酒店之间的竞争最终必须体现在企业所提供的产品和服务上。而酒店产品和服务的竞争力,很大程度上取决于运营管理的绩效,即如何更好地实现降低成本、保证质量、控制时间和提供周到的服务。时代快速发展,酒店行业瞬息万变,运营管理水平直接决定着酒店的命运。

酒店服务运营管理是酒店价值创造的重要环节。酒店服务运营管理还是一系列创造、实施和过程改进的活动,它将输入的资源转化为输出的产品和服务。这样的转化过程应该是围绕着顾客的需求,产出能够满足人们某种需要的服务。该转化过程需要投入相应的资源,即为获取产品或服务所耗费的成本,经过一定的转化实现价值增值。在个性化要求越来越高、消费者追求良好体验的需要越来越强烈的趋势下,提供良好的服务,让酒店产品增值增效对于企业发展越发重要。所谓良好或优质的服务,有很多具体的含义。例如,所提供的服务是否是顾客所需要的？所提供服务的时间与顾客希望的时间是否一致？所提供服务的价格是否能使顾客接受？顾客在接受服务的过程中是否感受到了愉快？服务是否能帮助酒店各类资源得到充分利用？等等。而所有这些问题的解决,都需要由服务运营管理的理念和方法来支持。由于服务运营管理有其特殊性,服务业企业必须找到其他方法来管理自己的服务运营。

第三节　酒店服务运营管理的挑战

案例引导　好适口——小小鲜肉包的华丽转身

好适口餐饮管理有限公司（以下简称"好适口"）创建于1998年，从事以包子为核心的中国面食制作已经20多年，现包现蒸的小小鲜肉包理念，在延续传统制作工艺的同时，结合了现代城市居民方便、快捷、美味的饮食习惯需求，扩展了时代赋予美食的可能性，也让"小小鲜肉包，天天小幸福"的口号走进了消费者的心里。

案例分析

作为北京地区知名面食餐饮连锁品牌，好适口现已有60余家门店，每天服务超70000人次，标准化的产品、规范化的服务、科学化的管理优势，不仅深受客户喜爱，也获得了行业认可，先后拿下"2016年中国快餐百强企业""2017年度中国快餐新锐品牌""2018年度中国快餐企业70强"等荣誉称号，从品牌、店铺、食材、系统等各方面扩展了一个小小包子铺的广度与深度。白墙红招牌、透明落地窗，好适口一改寻常包子铺的粗糙和简陋，白天看阳光满地，夜晚看繁星满天。透明橱窗里整齐地摆放着各类小食，开放式厨房里，面点师们正忙着和面、擀皮、调配馅料，就那么一会儿工夫，一蒸屉一蒸屉冒着热气的小小鲜肉包就出现在我们眼前。包子铺的逆袭也不是一天铸就，好适口的成功绝非偶然，而是突破局限的必然。革命离不开粮草的供给，好适口的革新动力则来自数字化转型和信息化系统的采用。

配送中心在一个餐饮企业中扮演着重要的角色，门店通过向其下达需求获得所需的产品类型和数量，而供应链则通过配送中心获取采购的数据和配送的线路。信息的及时传达才能保证配送中心的高效运作。在科技公司的支持和帮助下，好适口理顺了门店要货到配送、结算的流程，在系统支撑下，建立了独立法人的配送中心。门店只需录入每日要货数据，配送中心即可高效汇总各门店需求，向供应商下发采购清单，及时高效配送至门店。同时，月底通过系统自动出具的往来核对表，就能清晰了解往来配送数据，无须人工核对，解放了人力也节约了时间。信息系统管理还对财务流程进行了规范处理，目前，好适口80%以上的凭证可以直接通过业务单据生成，财务信息真实可靠，不仅可溯源，责任到人，而且通过智能会计平台实现的凭证自动化也大大提高了财务记账效率，更解决了人工记账出错率高等衍生问题。

（资料来源：作者根据相关项目案例资料整理。）

一、运营环境的变化给服务运营管理带来挑战

（一）内部业务环境的变化

酒店内部服务业务及管理如人力资源管理、财务管理、采购管理、前厅及房务管理等，对酒店运营效率的提升非常重要。要让酒店员工意识到内部业务及服务在某种程度上比对外宾客服务更具有挑战。原因在于，绝大多数酒店对外宾客服务都有明确的服务标准、评价体系，而内部业务的开展却缺少这方面的标准，使得酒店内部的运营管理没有得到全体认同。同时在信息技术的推行下，流程再造已成为企业提高绩效的重要思想和方法。因此酒店不得不优化内部业务处理流程。通过对酒店服务产品的工作流程进行重新设计，打破传统流程在效率、质量等方面的局限，消除其在内部管理上的弊端，以期创造更高的服务效率和更协调的内部管理，降低内部成本。这对酒店运营管理工作的设计、执行带来了新的要求和挑战。

（二）B2B服务的挑战

酒店中的B2B是指酒店作为一个商业组织与其他企业或组织所进行的"公对公"业务。例如，酒店电脑和信息系统的安装及维修服务、管理咨询服务、工程设备维护服务、市场调研服务、酒店与销售平台的合作和服务等。在新的运营环境下，酒店的B2B服务管理也面临挑战：酒店管理层级偏向扁平化后，为酒店提供服务和产品的企业、组织需要与酒店对接的"联系人"就会增加，酒店对其提供质量监控的标准会"因人而异"，难以统一。B2B的合作关系相对其他合作关系而言较为固定和长久，虽然酒店在使用过程中会发现某些产品或服务不一定完全适合酒店需要，但是转化或放弃的成本会比较高。

（三）B2C服务的高质量要求

B2C具体到酒店服务与运营中，是指酒店对个人的服务，如客人住宿服务、餐饮服务、娱乐服务等，这些服务是酒店最显著的服务产品。B2C服务所面临的挑战有以下几个方面：首先，酒店服务的对象差异性大，他们对酒店服务的期望、需求等各不相同。同时员工和顾客之间的相互作用以及伴随这一过程的所有变化因素均导致了服务质量取决于服务提供商不能完全控制的许多因素，如员工满足这些需求的能力和意愿、其他顾客的到来以及顾客对服务需求的程度等。这对酒店做好B2C管理带来挑战。其次，要对住店客人不断提供具有新意的服务，保持每一天都不同，这对员工的创新能力提出了新要求，具有一定难度。

（四）企业社会责任面临的新要求

在不断追求酒店企业利益最大化的今天，怎样更好地协调酒店企业利益和酒店企业社会责任的关系，已经成为摆在酒店企业面前的一个重要问题，这要求酒店在运营战略设计中要融入社会发展需要。如香格里拉酒店集团围绕企业社会责任（CSR）的五个关键方面认真推进企业的"可持续发展"品牌，这五个方面是指环境、健康与安全、员工、供应链和利益相关方关系。其旨在正确引导利益相关各方、激励员工、调动业务合作伙伴、配合所在社区的相关活动，使之成为促进企业发展的重要工具。又如瑰丽酒店全力支持"阅读之家"（Room To Read）并与其合作，该机构帮助数以百万计来自低收入国家的儿童培养读写技能，争取男女教育平等，致力于改善他们的命运。瑰丽酒店管理者相信提升女童教育是有效解决全球贫穷的方法之一,因此瑰丽酒店率先参与"阅读之家"的女子教育计划,赞助100名柬埔寨暹粒的女童继续完成中学课程。该计划旨在让女性更重视自身教育,拓展基本生活技能,并让家长、学校团队及社区各群体更支持女性接受教育。

二、服务流程的变化所带来的挑战

在服务行业竞争日益激烈的现实面前,酒店行业也意识到酒店服务流程的创新是服务创新的核心内容,尤其是在5G技术运用不断普及和后疫情时代的背景下,很多酒店的服务流程(SOP)都发生了变化。以新冠肺炎疫情影响为例,几乎所有酒店前厅部都要求放置酒精棉片或消毒液、电子体温计,对每位进店客人都先测量体温。若体温正常,才能进入下一步接待流程等;若客人体温高于37.2℃或有疫情高风险地区旅行史、居住史等的,要按照政府部门发布的规定处理。5G信息时代的到来,也会改变传统的前台入住流程、客房服务流程等。服务流程的再造是一项复杂的系统工程。在这一过程中,必然要触及一些群体,打破固化的思维和方式,因此,会对酒店的服务运营带来巨大的影响,酒店也许会面临巨大的阻力和承受巨大的压力。酒店服务运营流程的设计是整个酒店管理的基础,一个好的体系建立起来还需要后续对运营过程的维护与优化。

三、酒店人员变化所带来的挑战

随着酒店业竞争的日益激烈,酒店服务运营管理面临着人员的频繁流动问题,其严重地制约着酒店的生存和发展。

(一)员工流动与员工流失

1. 人力资源流动

人力资源流动是指人员从一种工作状态到另一种工作状态的变化。人力资源的流动分为组织内流动和组织间流动。组织内流动通常由该组织的人事部门通过提升或调动来完成,而组织间的流动则是通常所说的员工流失。酒店员工流失一直是困扰酒店管理者的难题。随着知识经济时代的到来以及人们生活节奏的加快,员工流失正变得越来越频繁。正常的人员流动率一般应该在5%—10%,作为劳动密集型企业,酒店的流动率却高达20%甚至以上,特别是一些高学历、高层次的管理人才流失情况更加严重。

2. 员工流动的分类

在经济理论的研究中,可以按照主体的主观意愿将员工的流动分为非自愿流动和自愿流动两种类型。非自愿流动是由于雇主的原因而发生的流动,主要有解雇、开除和裁员等形式;自愿流动是雇员为了自身的利益而进行的流动,即通常所说的员工流失。按照契约理论,员工流失实质上是员工自主与组织终止劳动关系的行为,代表了个体永久性地退出某一组织。因退休、伤残、死亡等原因而发生的员工流动则属于自然流动。

3. 员工流动的因素

(1)社会的认同度。

伴随着社会经济发展的历程,我国酒店业走过了具有历史性、跨越性和巨变性的几十年。虽然酒店业在行业规模、企业发展水平、社会地位和影响力及经济拉动作用等方面都发生了深刻的变化,但是社会对其的认同度仍然停留在最初的水平,如酒店业是吃"青春饭"的行业、是"伺候人"的行业、员工素质低下等错误观念。这是导致酒店人才供给不足以及员工流失率高的根本原因。

(2) 就业平台的多元化。

网络时代下员工流动市场较之计划经济时代有着巨大的进步和发展,同时人力资源也应与其他资源一样能够在市场上自由流动。随着改革的深入、经济的高速增长、市场化程度的进一步提高,社会对员工流失这一现象越来越理解,还创造出大量的机会,提高员工在企业外找到有吸引力的工作机会的预期。从这个角度来说,员工交流平台的多元化加剧了酒店员工的流失。

(3) 工资待遇低、发展晋升空间不足。

薪酬水平及相应的福利状况是酒店能否留住员工的有力武器。酒店作为营利性企业面临着运营成本的压力,而人力成本又是酒店日常运营较大的成本之一,这就造成很多酒店通过降低员工的薪酬和福利待遇水平获得更多的短期经营利润,继而直接导致员工满意度下降,使得员工流向竞争对手或者其他行业。因此,提供一个相对具有竞争力的薪酬和福利组合,不仅能够激发酒店员工的积极性,还可以有效避免酒店人才的大量流失。由于管理方面存在问题或管理者素质不高,很多酒店中的一线员工得不到应有的尊重;在有些酒店中还存在工作环境过于紧张、人际关系过于复杂等问题;此外,很多员工看不到自身在酒店发展或者晋升的机会,为了能够得到更好的个人发展或拥有更多的晋升空间,选择了自己认为更加有发展前景的酒店或者行业。

(4) 组织因素。

组织因素是导致员工流失的最直接、最根本的因素,是最有可能通过针对性的措施明显降低流失率的因素,也是必须加以重点关注的因素。组织内部因素处理不好,会直接导致员工做出离职的决定。规章制度是酒店经营活动正常运行和完成各项工作任务的基本保证。但是现阶段,大部分酒店仍没有一套建立在"人性化"管理之上的制度体系。员工作为酒店的一员,期望拥有平等的发展机遇,获得尊重与成就感,但是很多酒店依然存在"任人唯亲"的现象,严重挫伤了员工的积极性。在这种情况下,酒店由于没有建立起与员工互相忠诚的模式,没有创造出有利于员工忠诚于酒店的工作环境,即便拥有较好的薪资待遇水平,仍然很难留住员工。

(5) 领导管理因素。

领导管理因素是指由于酒店管理者的管理能力、管理行为、管理风格、责任心以及与下属之间的关系等导致员工流失的影响因素。不受欢迎的领导行为有:领导缺乏主见,朝令夕改,经常让下属做无用功;本身不能以身作则,要求下属做的,自己也没有做到;管理权力过于集中,对下属封锁必要的信息,视信息为自己职权的象征;推过揽功,对下属的工作和困难缺乏理解和支持;带有明显的主观感情色彩,在组织内聚集小团伙;缺乏横向合作的良好基础,导致企业内耗增加等。

(6) 酒店文化。

酒店文化是一个企业的"精神之魂"。酒店文化对员工流失的影响是渗透性的、复杂的,也是不可忽略的。事实表明,许多员工追求的不仅仅是一份工作,而是一份有发展前途的职业。酒店如果能创造和建立独特的企业文化氛围,使广大员工具有归属感和宽松的工作环境,并且有较大的提升希望,员工选择跳槽的可能性就会比较小。但遗憾的是,很多酒店在这方面做得很不够,从而也导致了员工跳槽现象经常发生。

(二)酒店员工流失给酒店服务运营管理带来的消极影响

1. 降低服务质量

较高的人员流失率会影响酒店员工的归属感进而影响服务质量。人员的频繁流动会对其他在岗人员的工作情绪和工作态度产生消极的影响,动摇他们留在酒店工作的决心。特别是在看到流失的人员获得了更好的工作环境或者薪资待遇的时候,他们对自己所在的工作团队的归属感和荣誉感会逐渐下降,工作积极性也会严重下降,从而直接影响对顾客服务的质量。

2. 增加经营成本

较高的人员流失率会带来直接的人力资源损失,从而增加酒店的经营成本。若酒店稳定员工的管理措施不足,那么将无法有效避免频繁的员工跳槽的情况发生。最典型的体现就是新员工完成培训学习能独当一面后选择了跳槽。为了维持正常运转,酒店需要进行新一轮的员工招聘与培训活动,这样不仅造成招聘和培训成本的上升,而且由于新员工缺乏对岗位职责与工作环境的准确感知,工作效率较低、服务差错比例大、服务成本上升和顾客满意度下降等问题不断产生。

3. 弱化酒店的竞争力

较高的人员流失率会弱化酒店的竞争力。酒店人才的流失大多会在本行业内发生,他们或是自立门户创业,或是流向竞争对手,所以人员流失的同时会引发酒店的技术和客户资料的流失。特别是很多销售人员都有一些固定的客源积累,这些销售人员的离职会直接导致酒店客源的流失,从而增加竞争对手的实力,并给酒店的经营带来极大的竞争威胁。

同步案例 1-2

据××酒店总经理于某估计,酒店每年因雇员流动造成的经济损失高达十几万元。这对于一个民营酒店来说已经是巨额损失了。总经理于某说,该酒店的雇员流动率为 70%—75%,每年每一位员工流动造成的经济损失至少为 1000 元。除去经济方面的损失外,雇员流动问题也给酒店服务质量带来不可估量的损失。其主要损失为:流动员工离店后给非流动员工增加了工作量,从而使服务质量下降;新雇员的培训支出增加;顾客因其所熟悉的员工离店而选择光顾其他酒店等。

案例分析

酒店人力资源管理的工作主要是由酒店人力资源规划、招聘与配置、培训与开发、绩效管理、薪酬福利管理和劳动关系管理这六大部分构成。酒店在整体企业发展战略的指导下,

制定出酒店的人力资源规划,全面考虑酒店需求和酒店人力资源引进、保持和流出各个环节的人力资源计划。在此规划的指导下,酒店人力资源部门有条不紊地开展员工招聘、培训、绩效考核、薪酬管理、劳动关系管理等工作。通过这些工作的完成,酒店的人力资源能够得到有效的开发与管理,能得到合理的使用,并能最大限度地挖掘员工的潜在能力,充分调动员工积极性,使有限的人力资源发挥出尽可能大的作用。

本章小结

本章分析了酒店服务的特征,介绍了服务运营管理理论的发展过程,结合酒店行业特性界定了酒店服务运营管理的概念内涵,明确了酒店服务运营管理的主要内容。在新的发展环境下,酒店服务运营管理面临着转变和挑战。

关键概念

酒店服务　酒店服务运营管理

复习思考

1. 选择一个知名品牌酒店,通过对酒店的观察和工作人员的访谈,了解新冠肺炎疫情对酒店服务运营管理所带来的变化。
2. 你最喜欢的酒店品牌是哪一个?该酒店的哪方面让你印象深刻?

案例分析

山东舜和酒店疫情期间的策略分析与启示

2020年突发新冠肺炎疫情,对酒店业带来前所未有的创伤。在有人高喊"疫情凶猛,账上资金只够维持三个月""员工不上班,工资按照最低工资70%发放"的时候,山东舜和酒店准备了四千万元用于给员工发工资、装修及老店翻新。疫情期间,最早停业、最早开业(1月31日)、最早开婚宴(4月中旬)、最早开空调,未发生一起聚集事件和感染事故,同时还完成了近300间客房、餐饮包房的报建、装修和翻新,酒店公共区域的装修和翻新,在不耽误营业的情况下,已改造近70%。在疫情期间制定并通过省级行业标准一项。山东舜和酒店在疫情期间通过有效的策略和管理,既实现了企业硬件提升,又优化了服务流程,最终强化了企业凝聚力,对国内酒店很有借鉴意义。酒店的主要做法和策略如下。

1. 利用疫情客流空档期实施装修翻新

疫情期间,累计完成投资3000多万元,装修、翻新客房和餐饮包房近300间,公共区域墙面翻新、地面石材翻新数千平方米。采取了很多新工艺、新技术,一间客房和餐饮包房地面、墙面、木饰面、家具等翻新可以在72小时内完成,效率提高显著,将原有的深色调客房改为浅色调风格,顺应了市场需求的变化。

2. 对原有岗位分工进行调整

疫情期间各部门工作量有很大变化,企业及时调整以应对疫情,复工初期采取外卖模式,原有的工程、采购、市场营销人员变身为外卖小哥,送餐上门;总经理助理、财务人员、人事部门员工组成防疫团队,对酒店内聚集人员进行劝解、驱散;工程人员和保洁人员则集中对装修门店进行开荒,对老店进行翻新工作。酒店提出了"为了不影响员工收入,要想方设法给他们找活儿干"的思路。

3. 创新服务流程,申报行业标准

酒店结合疫情发展和防控,创新服务流程,尤其是餐饮服务流程。2020年2月酒店刚刚复工时采取外卖模式,由工程、采购、市场营销部人员送餐上门;中期顾客少、服务人员充足,就先采取"包房用餐、保持距离"的服务模式;随着市场进一步恢复,逐渐过渡到"包房用餐、分餐位上"服务模式,探索了疫情防控与复工复产的有效结合的服务流程。3月初将分餐位上模式深化为服务标准,申报餐饮业分餐省级标准,正在申报《餐饮分餐制服务规范》国家标准。

(资料来源:作者根据迈点网信息整理。)

思考题:

1. 疫情背景下,山东舜和酒店在服务方面采取了哪些措施以应对环境的变化?
2. 对于这些措施你有何看法?它们对酒店会产生什么样的影响?

案例分析

第二章

酒店顾客感知和期望管理

学习目标

通过本章节的学习,理解并掌握顾客感知和期望、客户关系管理、服务能力、供需平衡等核心概念,了解消费者的服务期望以及成因,掌握如何优化顾客感知,能够分析现实生活中具体的服务经历与顾客的感知,掌握服务需求管理的基本解决策略,能够找寻酒店行业服务质量与顾客满意度之间的关系。

课件二维码

第一节 顾客感知和期望

案例引导 记住客人的姓名

某家酒店的常客赵先生带着他的朋友李先生来到酒店,进门前赵先生就不断地跟李先生夸赞这家酒店的服务。两人一同来到酒店的前台办理入住,前台接待服务人员热情地问候:"赵先生,欢迎您再次来到我们酒店。"赵先生很高兴地说:"你还记得我呀,这次我跟我朋友李××一同来出差。"前台服务人员又热情地与李先生打招呼,李先生看着赵先生,心里非常诧异,难道赵先生是这家酒店的贵宾吗?办理完入住手续,两人来到房间,楼层服务人员敲门来送欢迎茶:"您好,赵先生,李先生。"李先生更加惊讶了,楼层服务人员也知道自己的名字。下午两个人换上了运动服,准备

案例分析

去健身房运动一下,当他们到达健身房时,服务人员热情地迎了上来:"下午好,赵先生,这次带新朋友一起来了,住得还习惯吗?有什么需要帮助的随时可以叫我。"李先生不由地用赞赏的眼光看着赵先生。

(资料来源:作者根据酒店经营管理案例精粹整理。)

一、顾客感知

一般人们会把在服务接受后的最后一瞬间产生的感受叫作顾客感知。顾客感知是顾客对服务的感觉、认知与评价,是建立在顾客接受了服务感受的基础上的。之前就有学者奥利佛(1997)把顾客感知定义为,顾客将所接受的服务同优质服务所做的一种对比。酒店和其他服务企业要了解顾客心中"优质的服务"是什么样子的,并以此为标准来判断某一特定的服务设施所提供的服务是否恰当。美国经济学家尼尔森、达比和卡尔认为在服务业或者酒店行业中,服务的整个传递过程,所消费的产品具有三类与决策有关的属性,这些属性会影响顾客的感知与期望的程度,这三个属性如下。

(1) 搜索性属性(Search Attributes),如产品的款式、颜色、价格,是指在消费者消费前就可以确定的属性。

(2) 体验属性(Experience Attributes),如购买汽车、餐厅聚餐、度假、美容美发,是指消费者在购买之后或者在消费过程中才能感受的属性。

(3) 信誉属性(Reputation Attributes),如咨询服务、家电的维修、牙医服务、汽车修理、医疗服务等,是指在消费或者购买之后仍然无法评估的属性。

这些属性会影响顾客形成自己的绩效标准和参考点。顾客期望是顾客将他们所期待的绩效标准或参考点带进服务体验中,而顾客感知是顾客对真实的服务体验的主观评价。顾客感知的层次主要由以下四个方面组成。

(1) 对于单个或单次服务接触点的感知,例如,酒店前台服务人员对顾客的服务,餐厅服务人员对顾客的服务都是单个服务接触点的感知。

(2) 多次服务经历和感知,例如,酒店的常住顾客对酒店整体服务就有比较多的印象和感知。

(3) 对单个服务提供商的感知,例如,顾客综合多次的服务经历感知,从而形成对酒店整体的评价。

(4) 对某一服务行业的感知,例如,顾客通过对多个酒店的评价感知,就会形成对该行业的感知。

顾客感知的内容包括对服务质量、顾客满意度、服务价值和风险的感知。服务质量会影响顾客对服务价值的感知,而服务价值和服务质量则会共同影响顾客满意度和顾客感知。顾客感知的五个维度分别是:可靠性、响应性、安全性、移情性、有形性。

(1) 可靠性,指酒店可以准确可靠地执行所承诺的服务,可靠性意味着酒店必须按照其承诺行事,酒店在第一次服务的时候就要准确地并在指定的时间内完成所承诺的服务。

(2) 响应性,指酒店能够主动帮助顾客并迅速提供服务的意愿。在这个维度上,强调的是酒店在处理顾客的询问、要求和投诉问题时要专注且快速。因为让顾客等待,特别是没有原因的等待会对顾客感知带来很消极的影响。对速度的要求,已成为评价优良顾客感知质量的标准之一。

(3)安全性,指酒店员工的行为能够增强顾客对于酒店的信心,同时可以让顾客对于酒店的感知是安全的。这就意味着酒店需要具备良好的声誉,酒店的员工要有诚意,在解决问题时也必须具备相应的知识和技能,从而增加顾客对于酒店的信任感。

(4)移情性,指酒店能够设身处地为顾客着想,并对顾客给予特别的关注,同时还需要把顾客当成个体来对待,酒店服务要充分考虑顾客的实际情况。移情性也是指服务人员接近顾客的能力、敏感性和是否能够有效地理解顾客需求。

(5)有形性,因为服务是无形的,但是服务可以通过有形的设施设备,所提供的有形线索,去帮助顾客更好地识别和了解服务,这些有形的线索是服务过程中能够被顾客直接感知和提示服务信息的有形物。例如,酒店的不同餐厅、娱乐场所等。缩小顾客期望与顾客感知的差距是提高服务质量的关键。

二、顾客对服务的期望

顾客期望是服务传递的理念,这些理念是评估服务绩效的标准和参考点。因为当顾客评估服务质量时,要把他们对服务绩效的感知与这些参考点相比较,所以顾客期望管理对于服务营销人员来说很重要。在传递高质量服务时,了解顾客期望是首要的,也是非常关键的一步。对于一家公司来说,如果它搞错了顾客需求而其竞争公司却能正确地提供相应服务,那么对于这家公司来说,就意味着要失去顾客及其业务,也意味着它可能在顾客并不在意的事情上浪费了资金、时间和其他资源,甚至意味着在竞争激烈的市场中无法生存。

为实现酒店或服务行业的营销效果,服务企业和酒店需要研究和理解顾客期望的几个方面:顾客对于服务有哪些类型的期望?哪些因素对这些期望形成较大影响?这些因素在改变期望的过程中起什么作用?顾客自身的因素、环境因素、酒店或服务机构的市场沟通活动、现场员工的表现和顾客的口碑、网络的评价等,都会对顾客心目中期望的服务产生影响。同时期望水平也会依据每个顾客所持有的参照点不同而发生很大的变化。图2-1简单总结了顾客对不同餐厅的不同期望水平。当顾客到达一家高档餐厅,顾客对其服务水平的期待肯定要比对一家快餐店的服务水平的期待高得多。

顾客差距是指顾客期望和感知差别。顾客的期望来源包括营销人员可以控制的因素(如定价、广告、销售给出的承诺等)以及营销人员不可控或有限度影响的因素(如固有的个人需求、口碑传播、竞争性提供品等)。

顾客往往对服务消费会抱有不同等级的期望,最高水平等级的期望,我们称为理想服务(Desired Service),其含义为顾客希望得到的服务水平——期望的绩效水平。理想服务是顾客认为的"可能是"或"应该是"的结合物。而一般情况下,顾客虽然希望达到他们的期望,但还是能认识到并非总能达成期望,我们把这种可接受服务的门槛等级叫作适当服务(Adequate Service)——顾客愿意接受的最低等级的服务。适当服务代表了"最低的可接受的期望",即对于顾客来说是可接受服务的最低水平。

影响理想服务的因素主要为顾客的需要,在酒店服务消费中,顾客的需要又分为主要需

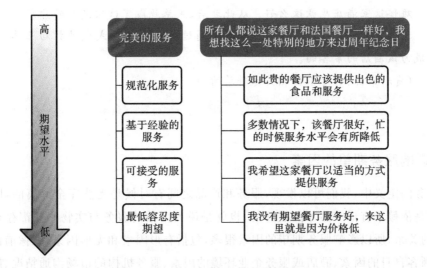

图 2-1　顾客对不同餐厅的不同期望水平

要和辅助需要,主要需要比较重要,而辅助需要相对来说没那么重要。例如,酒店旺季的时候或者"十一黄金周"的婚宴通常需要提前半年预订,那么客人对于自己婚宴的在意程度可想而知。而一场学术会议的参会人员对于会议期间的午餐或者茶歇的质量并不是这么介意。由于服务具有异质性,不同的服务提供商、同一服务提供商的不同服务人员,甚至相同的服务人员的服务绩效都会产生差别。对于顾客来说,顾客承认并愿意接受该差异的范围就叫作容忍域(Zone of Tolerance)。不同的顾客具有不同的容忍域。如果服务绩效超过理想服务水平,顾客就会感到异常惊喜。

对于酒店行业的顾客来说,其顾客感知也可以分成以下几个层次:①对于单个服务接触点的感知,例如,前台对客服务、餐厅服务员对客的服务都属于单个服务接触点的感知;②对于多次服务经历的感知,酒店的常驻客人、会员或者VIP客人会对酒店整体的服务有较多的感知与印象;③对于整个服务行业的感知,对多个酒店的评价感知就会造成顾客对于该行业的感知印象。所以从不同的方面去管理顾客的感知对于现在的酒店行业或者服务行业来说都非常重要。

同步案例 2-1　　理想的座位

王总到外地出差,在××酒店住了一个星期,他渐渐发现,每天他去吃早餐的时候服务员都能看清他的小心思,将他引领到他想坐的座位上,一个靠近窗户的区域。出差的最后一天早上,他又来到餐厅吃早餐。王总终于忍不住问了服务员:"小姑娘,你怎么总带我来这个座位呢?"服务员回答说:"第一次带您来这个座位的时候,您就惊叹外面的海景,还拿手机出来拍照了,所以我猜想,您大概挺喜欢这个位置的。"王总听完心里还挺感动的,虽然是微不足道的小事,但这家酒店的员工竟然注意到

案例分析

了。难怪这家酒店生意这么好。从此之后,王总就成了这家酒店的常客。

试着思考一下这位领位的服务员是通过什么样的方式成功打动王总,并让王总成为该酒店的常客的。

(资料来源:作者根据相关资料总结。)

三、影响服务期望的因素

从服务的定义中,我们可以发现,服务和产品之间有时候是无法完全分离的,服务在一定程度上是依赖于有形产品才能展开的,也就是说大多数的服务与实物产品都存在互相依赖、互动的关系,所以影响服务期望的因素很多,包括有形因素和无形因素,就像前面小节中提到的,顾客自身的因素、酒店或服务企业环境的因素、服务机构的市场沟通情况、网络的评价等,都会对顾客心目中的服务期望以及顾客感知产生影响。因为在信息高速传播的时代,顾客的需求、顾客的背景,以及顾客对服务的认知、周围人的态度、自己的价值观等都会影响顾客对于理想服务的期望。

首先是顾客的性质。从顾客性质方面来看,顾客的不同服务要求,就会产生不同的服务期望。例如,顺丰快递有普通件和安保特快件。顾客的不同专业水平也会影响期望值,例如,美食评论家、大厨去品尝一家餐厅和普通就餐者也会具有不同的感知和期望水平;当然顾客不同的消费经历、不同的消费情景,也会有所影响。其次是服务价格。期望值的大小一般与服务价格的升降呈现反比关系。再次是顾客的参与次数和程度。当顾客第一次接受服务时,其对适当服务的期望比较低,但是回头客往往就对适当服务的期望水平比较高。如果顾客认为预期服务所带来的效果比较好的时候,那么顾客很自然地就会对适当服务的期望值比较高。例如,餐厅或景区门票涨价,顾客就会对餐厅和景区有更高的要求,餐厅和景区收到投诉的可能性也会有所上升。顾客在整个接受服务的过程中,参与度越高,也就说明顾客对于服务整个流程越了解,对适当服务的要求也就越高,如在 KFC 单点与点套餐的期望值就会有所差别。给顾客挑选服务提供者或者服务产品的自由程度越大,顾客对于适当服务的要求就会越高,就会越挑剔。随后是顾客的经验。顾客对该行业越熟悉,对该企业的服务的理想期望和适当期望水平就会越高。最后是服务承诺。酒店或者服务机构在公开场合的承诺,例如,通过广告宣传、服务人员的推销等市场的沟通交流方式向顾客公开提出过的承诺,也会直接影响顾客心目中对于理想服务或者适当服务的期望的形成。具体包括服务质量的保证、服务时限的保证、服务附加价值的保证等。例如,我们在线上购物时遇到的 7 天无理由退换。酒店或者服务企业做出的暗示承诺也会影响顾客服务期望,所谓的暗示承诺就是类似于五星级酒店的定价和服务环境会促使顾客对其持有比较高的服务期望。服务企业和酒店的口碑也直接影响顾客的期望,一般来说,大多数顾客对国际连锁品牌的期望会高于对一般品牌的期望。也就是说顾客对于享用服务和对于此项服务所付出的代价和自己的感知与获得之间会进行权衡,如货币付出、功能性、时间、便利性上的权衡等,但顾客对于服务价值的感知也是基于个人的主观判断和以往经验的。除了以上的这些因素以外,顾客对于此项服务的风险认知也会影响顾客的感知,因为服务具有不可感知性和经验性的特征,消费者在购买商品之前得到的有关信息会比购买一件实物产品所获得的信息少,信息越少则意味着伴随的风险就越大,因为服务质量没有统一的标准可以衡量,虽然在很多行业中会有 SOP(Standard Operating Procedure,标准作业程序),但同一家企业不同的服务人员在同一件事情上提供的服务还是会有差距,同一个人提供的服务也有可能不完全一致,在提供一些具有很强的技术性或专业的服务时,如医疗服务,有时在接受过服务后,顾客也缺乏足够的知识或经验对其服务进行评价。所以顾客在购买服务产品时的不确定性就会加强,即使顾客在服务产品的消费过程中或者结束后感到不满意,却也无法重新更正或者退还此次服务。通过下面一个案例,我们来学习一下,同一件事情上,酒店服务人员的服务表现是如何影响顾客感知与期望的。

同步案例 2-2 不同的"吃瓜"方式,不同的感受

案例分析

炎热的夏天,入住同一家酒店的两名顾客,分别买了西瓜准备回到房间享用。不巧的是,在他们返回的时候,正好被楼层服务人员看见,为了避免西瓜弄脏地毯和酒店内的纺织物品,两位楼层服务人员分别到客人的房间进行了一系列的制止行动。楼层服务人员小王对客人说:"先生,对不起,您不能在房间内吃瓜,会弄脏地毯的,请您去餐厅吃吧。"客人很不高兴地说:"你怎么知道我会弄脏房间的地毯,我就要在房间里吃。"楼层服务人员小王再次向客人解释:"实在对不起,您不能在房间里吃西瓜。"客人此时更生气了,说:"房间是我的,轮不到你管,酒店那么多,大不了我换一家,我要投诉你。"

而另一个楼层服务员小李则对房间客人说:"先生,您好,在房间吃瓜容易弄脏您的居住环境,我们让餐厅为您切好瓜,您在餐厅的餐桌旁吃可以吗?"客人拒绝道:"去餐厅太麻烦了,我不会弄脏房间的。"小李又一次建议:"那我们把西瓜切好送到您房间,您看行吗?"客人点点头说:"那也行,谢谢你啦。"最后服务员将切好的西瓜附叉子一起用托盘送入客人的房间。

(资料来源:根据舒伯阳的《服务运营管理》一书内容整理。)

第二节 顾客关系管理

案例引导　欧莱雅的转型

欧莱雅创办于1907年,是国际美妆行业的领军品牌,也是历史较悠久的大众化妆品品牌之一,主要生产染发、护发、彩妆及护肤产品,其出众的品质一直倍受全球爱美女性的青睐。随着科技的发展,移动互联网进入大家的生活中,鉴于顾客的生活与移动终端识别联系得越来越紧密,欧莱雅也开始实施新型的移动顾客关系管理,将企业原有的顾客关系管理系统,转移到微信终端,使顾客可以更加便利地参与到欧莱雅的互动中,欧莱雅也可以更加便利地将各类宣传活动传递给顾客,为顾客提供更加快捷的反馈和服务。借助于移动终端,这种高黏性的顾客关系管理技术与传统顾客关系管理相结合,线上线下的多渠道融合,借助于大数据分析工具来整合、挖掘和分析顾客数据,为顾客提供更及时、更有针对性、实时的服务策略,能最大化调整和利用顾客关系管理的价值。欧莱雅通过有效地实施和挑战顾客关系管理的运作方式,为企业带来了数十倍的效益的增长。

案例分析

(资料来源:作者根据《欧莱雅的转型:CRM+大数据+O2O》一文整理。)

一、顾客关系管理的起源与界定

随着服务经济和以顾客为中心的时代的到来,无论什么企业,都必须重视自己的顾客,重视企业与顾客的密切关系,重视企业与顾客的互动,重视顾客价值的创造与传递,重视顾客满意度与忠诚度的提升。随着全球经济的发展,许多国家对过去由政府管制的产业也开始实施私有化改造,这种情况在电信业、教育业、航空、金融服务行业等传统行业中表现得比较突出,伴随着信息技术与电子商务的快速发展,越来越多服务企业开始重视顾客关系管理,通过数据分析,深入挖掘顾客的消费需求,运用多种营销方式吸引顾客眼球,提供特色的产品与服务促进顾客消费,从而提升企业的营业额。可以说,顾客关系的有效管理,日益成为服务企业打造其竞争优势的关键途径。

顾客关系管理起源于20世纪80年代初的"接触管理",即企业会专门收集、整理顾客与企业相互联系的所有信息,以此来改进企业的管理,提高企业的经济效益。所谓顾客关系管理(Customer Relationship Management),就是指通过对顾客行为长期、有意识地施加某种影响,以强化公司与顾客之间的合作关系。关于顾客关系管理的说法有很多,学术界和企业界众说纷纭,都从不同的角度提出了各自对顾客关系管理的理解。顾客关系管理的概念,最初是由美国的 Gartner(高德纳)咨询公司在 1993 年提出的,Gartner 最早对顾客关系管理给出了定义:顾客关系管理是代表增进盈利、收入和顾客满意度而设计的企业范围的商业战略。Gartner 强调顾客关系管理是一种商业的战略,涉及整个企业的所有部门。Gartner 认为信息技术是实现顾客关系管理的一种手段。

另一些观点认为,关系管理为企业提供了全方位的管理视角,Carson Marketing Group (卡尔松营销集团)认为顾客关系管理是企业通过培养每一个员工,使该企业的顾客对公司有更积极的偏好并留住他们,以此提升企业业绩的一种营销策略。顾客关系管理的目的是形成忠诚顾客,从顾客价值和企业利润两方面实现顾客关系价值最大化。还有学者认为,顾客关系管理是一种经营理念,其核心是以顾客为中心,这一理念主要来源于现代营销理论,旨在改善企业与顾客之间的关系。

现如今酒店行业的市场竞争相当激烈,顾客的选择非常多,顾客选择酒店也都不是盲目、随意的,而是有着自己的选择标准和参照点,其感知或者体验酒店服务的两个层面主要是酒店的环境设施以及整个过程中酒店员工的表现。例如,酒店的地理位置、酒店员工的服务态度、酒店的品牌口碑等。对于顾客来说,酒店或者服务企业就是主人,但酒店这个概念,还是比较抽象的,顾客到酒店所购买的是酒店的服务产品,顾客为得到这一服务产品对酒店进行了成本上的补偿,酒店作为给顾客的回报,就应该为顾客提供优质的服务产品。顾客购买酒店的服务产品,就是为了获得需求上的满足,顾客在入住酒店的整个过程中,酒店与顾客双方互相理解与合作,一段时间的相处下来,如果都非常满意,就很容易在彼此之间留下较为深刻的印象,结下友谊,顾客不仅是酒店的消费者,也是酒店的朋友。从酒店战略和竞争力的角度出发,顾客关系管理就是,通过酒店各类业务流程,对顾客关系进行交互式管理,提升顾客的满意度和可感知的价值,去建立长期的关系,拓展酒店行业附着于顾客关系网络的无形资产基础,从而为酒店获取有利的市场定位和提供竞争优势保证。

二、认识顾客的重要性

顾客的重要性体现在顾客对企业的价值上,不仅是指顾客的购买为企业带来了多少利润,而应该是指顾客为企业创造的所有价值的总和。随着整个市场环境的变化,顾客已经不再是被动的消费,他们对于产品与服务的要求变得更加苛刻,也变得更加个性化。一方面顾客越来越喜欢与众不同的个性化的产品,另一方面在同质化产品的消费上,顾客也有了追求个性化消费模式的倾向。所以对于酒店来说,也要了解顾客在产品、服务、渠道和沟通方式等方面的备选方案越来越多,顾客对于企业的忠诚度在日益降低,市场的控制权和选择权已经逐渐由企业转向到顾客手中,那么酒店企业应该如何看到顾客的价值呢?实际上,无论是传统的制造业还是服务业,顾客在企业的价值构成中,无形资产的作用逐渐起到了主导地位,成为企业资产中最有价值的部分,因为忠诚的老顾客,可以给酒店行业带来顾客终生价值(CLV,Customer Lifetime Value),即在顾客与企业关系中,顾客使用企业所提供的产品或服务替该企业创造的营收。顾客的价值还包括以下五个方面的无形价值。

(一)顾客是企业利润的源泉

只有顾客购买了企业的产品或者服务,才能使企业的利润目标得以实现。沃尔玛(Wal-Mart)的创始人山姆·沃尔顿(Sam Walton)曾经说过,实际上只有一个真正的老板,那就是顾客。只要顾客把钱用到别的地方,就能将公司的董事长和所有员工都炒掉。企业利润的真正来源不是品牌,品牌只是吸引顾客的一项有效的工具,再强大的品牌如果没有顾客的追捧与青睐,也是站不稳脚的,这就可以解释为什么有些知名品牌异地发展遭受挫折,因为在异地市场环境中,不是品牌本身出了问题,而是品牌没有被异地的顾客接受。

（二）顾客的聚客效应

通常说来,人气就是商家发达的生意经,顾客的从众心理都很强,喜欢追捧那些相对"热门"的产品或服务,也就是说拥有较多顾客的企业容易吸引来更多的加盟商,从而使企业的顾客规模不断扩大。

（三）顾客的信息价值

顾客的信息价值是指顾客为企业提供信息,从而使企业更有效地开展经营活动。酒店企业的顾客信息是指企业在建立顾客档案时由顾客无偿提供的信息,企业与顾客进行双向、互动的沟通过程中顾客以各种方式(要求、建议、抱怨等)向企业提供的各类信息。这些信息也包括顾客的需求信息、竞争对手的信息、顾客满意度的信息等。企业是为顾客服务的,检验服务优劣的唯一标准就是顾客的评价。顾客的意见和建议可以为企业的正确经营指明方向,也可以为企业节省收集信息的费用,还可以为企业制定营销策略提供真实、准确的一手资料。

（四）顾客的口碑价值

顾客的口碑价值是指由满意的客人向他人宣传本企业的产品和服务,从而吸引更多的新顾客的加盟,而使企业销售增长、收益增加所创造的价值。研究表明:口碑传播的可信度最大,远远胜过商业广告和公共宣传对顾客购买决策的影响。

（五）顾客也是对付竞争对手的利器

在产品与服务供过于求的今天,顾客对产品或者品牌的选择自由度越来越大,企业间的竞争已经从产品转向对有限客户资源的争夺,尽管当前企业间的竞争更多表现为品牌、价格和广告竞争等方面,但实质上都是在争夺客户。

三、顾客关系管理(CRM)的主要内容

顾客的不满或者投诉会引发连锁反应。例如顾客在酒店前台办理入住手续的时候发生了不愉快,那么在之后的服务接触点上,哪怕一点点小问题,也会让顾客感到非常的不愉快,如果这种情绪不断地堆积增加,那么在顾客办理退房手续时,就有可能升级为不可收拾的投诉事件。

顾客关系管理旨在通过培养公司的顾客(包括内部顾客和外部顾客),使其对该公司的产品或服务更加偏爱或偏好,留住他们并以此作为提升公司营销业绩的一种策略与手段。从管理科学的角度来考察,顾客关系管理(CRM)源于市场营销理论,从解决方案的角度来考察,如今顾客关系管理的理念通过信息技术的手段集成在软件上面,才使顾客关系管理系统得以在全球大规模普及和应用。荷兰顾客营销机构主席杰伊·柯里(Jay Curry)是顾客营销战略的倡导者,他从1989年开始引入顾客营销与顾客金字塔模型,将其作为一种外化和分析顾客行为的工具,在国外的数百家公司进行了顾客营销实施。Jay Curry从这些公司的经验中提炼出顾客金字塔的几大经验:

(1) 公司收入的80%来自顶端的20%的顾客；
(2) 顶端20%的顾客其利润率超过100%；
(3) 90%以上的收入来自现有顾客；
(4) 大部分的营销预算经常被用在非现有顾客上；
(5) 5%至30%的顾客在顾客金字塔中具有升级潜力；
(6) 顾客满意度是顾客升级的根本所在；
(7) 勉强满意的顾客经常会转向您的竞争对手；
(8) 营销和销售的目的是影响顾客行为；
(9) 公司其他部门和人员也会影响顾客行为；
(10) 顾客金字塔中顾客升级2%意味着销售收入增加10%，利润增加50%。

总的来说就是利用顾客关系管理系统提供的多渠道的顾客信息，确切了解顾客的需求，增加销售的成功概率，进而提高销售收入。做好企业的顾客关系管理系统也可以增加利润率。由于对顾客的更多了解，业务人员能够有效地抓住顾客的兴趣点，从而有效进行销售，避免盲目的以价格让利取得交易成功，从而提高销售利润。顾客关系管理的主要内容非常庞杂，涉及服务企业的方方面面，从顾客资料（包括名称、地址、联系方法、联系人、联系人喜好等）、业务类别、交易价值、交易时间、交易地点、采购特点、特殊要求，到对顾客价值的评估、顾客类别的划分与维护等方方面面。顾客关系管理系统也可以为企业提供多种形式的顾客沟通渠道，同时又确保各类沟通方式中数据的一致性与连贯性，服务企业可以利用这些数据，如销售部门就可以对顾客要求做出迅速而正确的反应，让客户在对所购产品满意的同时也认可并愿意保持与企业有效的沟通关系。图2-2所示为顾客关系管理实施金字塔。

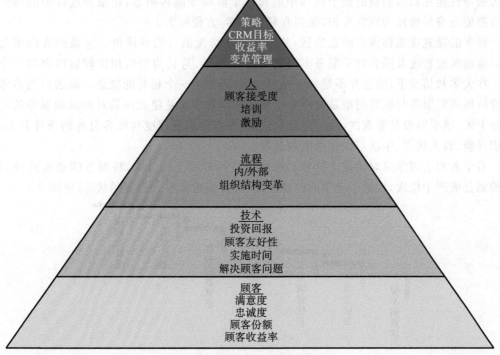

图 2-2　顾客关系管理实施金字塔

对于一个服务企业的运营人员来说,做好顾客关系管理,除了掌握基本的顾客资料外,可能顾不到其他那么多内容,但以下几个方面的内容还是需要特别关注的。

(1) 判断顾客是一次性顾客、间或顾客还是经常性顾客?

(2) 了解顾客购买产品或服务的最终目的何在?顾客之所以购买是因为看重产品或服务的哪些方面?

(3) 了解顾客对于购买产品或服务使用后的真实感受。

(4) 评估顾客对于公司的现实价值与潜在价值。

(5) 掌握与顾客有效沟通的方式与方法(包括顾客常用的非语言沟通习惯等)。

(6) 确保对顾客关系管理中的重要内容进行及时更新。

酒店企业做好顾客关系管理,可以提高酒店的竞争力,扩大酒店的客户群体,加强顾客对酒店企业的信赖度,从而扩大酒店企业的市场份额。顾客关系管理的精髓就是要求酒店行业做到吸引顾客,维持顾客关系并留住顾客,最后增进关系。

四、顾客满意与满意度

对于以顾客为中心的酒店或服务企业来说,顾客满意既是一种目标,也是一种运营中的营销手段。高顾客满意度是服务企业最具有说服力的宣传。不论是酒店,还是其他的服务企业,想要在激烈的市场竞争中脱颖而出,立于不败之地,就必须不断地了解顾客的期望与抱怨,及时进行产品和服务的改进与优化,从而在有限的资源范围内使顾客的满意最优化。

顾客满意是指顾客通过对一种产品或者一个服务过程的实际感知效果与他们期望的效果相比较后形成的愉快的或者失望的感觉状态。那么对于酒店来说,服务满意则是指产品或者服务性能在酒店消费的整个过程中的每一个阶段令顾客满意,在服务过程中的每一个环节都能设身处地地为顾客着想,做到有利于顾客,方便顾客。

顾客的满意度也称顾客满意指数,是顾客满足情况的反馈和评价。它是顾客期望与顾客体验的匹配程度及顾客对于服务本身的可感知效果,与其期望值相比较后得出的一个指数。在大多数情况下,满意并不是一个绝对的概念,而是一个相对的概念。酒店应当多考察自身所提供的服务与顾客期望是否吻合?顾客的满意程度是建立在其对产品和服务的使用体验上的,感受对象是客观的,而结论是主观的,顾客的满意程度与顾客自身的条件有关,如知识经验、收入状况、生活习惯和价值观念等。

有学者和心理学家对满意度这种心理状态进行程度上的分类,将顾客满意度这种自我体验划分成若干层次,根据心理学的阶梯理论,顾客满意度可分为不同状态(见图2-3)。

图 2-3　顾客满意程度层次阶梯

当顾客在消费了酒店的服务或产品之后,感到愤怒、难以容忍,不仅找机会投诉,还要采取一切形式进行恶意的宣传,这就属于很不满意的状态,主要的表现特征就是愤怒、投诉、反宣传。当顾客在消费了酒店的服务或产品之后产生了气愤、恼怒的情绪,但这种状态下尚可以勉强忍受,还希望酒店可以通过一定的方式进行弥补的时候,就属于不满意状态,这个时候可能顾客也会进行负面的宣传。当顾客不太满意时,是指顾客对服务商品产生了抱怨和遗憾的情绪,虽然顾客心存不满,但是想到现实就是这样,所以表现形式为抱怨和遗憾。当顾客在消费某种服务或产品之后,没有明显的情绪,说不上好,也说不上不好,这就属于一般状态,表现特征就是没有明显的正负面情绪。当顾客在消费了某种服务或产品时,产生好感、肯定和赞许,顾客内心还算满意,但与自己的要求还有一定的差距,还有可以提升的空间,这种就属于比较满意的状态。当顾客的表现为赞扬、愉快,且愿意向亲友推荐,对自己的选择给予肯定的时候,就属于满意的状态。当顾客在消费某种服务或产品之后表示激动、满足和感谢,还会为自己的选择而自豪的时候,就属于最高阶层,很满意的状态。

五、顾客满意度提升途径

如何提升顾客的满意度呢?企业是真的在意顾客的意见吗?实际生活中,在一些服务部门接受服务之后,服务人员或者语音信息会提示:"如果您对我们的服务感到满意,请按一,如果感到不满意,请按二。"相信每个人都遇到过这种情况,但是有多少顾客会去按那个"二"键呢,因为大家都知道,即使我们提供了反馈,也不会对结果造成任何影响,下次我们依旧还会听到同样客气而礼貌的要求,但是服务质量根本不会发生什么改变。对于服务企业来说,这些感觉都是在做做样子。还有的情况是为顾客提供服务的人员会亲自拿着一张顾客反馈意见表过来,让大家在非常满意、一般满意和不满意三个选项中,选择一个打钩,然后服务人员用一种看似真诚的目光望着你,让人感受到一种不好意思的压力,于是你迫于压力只能在非常满意的这个选项里打钩。其实对于服务企业来说,这些都是它们自己想看到的结果。其实以上例子的这些反馈都属于无效的反馈,因为结局是提前被设定好的,所以对于这种反馈的需求,顾客只会感觉到厌烦,员工也只会将这个顾客反馈意见的填写当成一种任务,而非激励团队前进的一个动力。酒店行业和服务行业都知道顾客的反馈可以帮助企业改善服务质量,但只有真正理解服务精神的企业,才会将顾客的抱怨视为它们珍贵的信息,通过顾客的意见,去深入了解未来如何去更好地满足更多顾客的需求。当然反馈也有正面、负面和中立三种,只有运用得当,才能让所有的信息都被很好地利用,让酒店或者其他服务企业可以持续地改进自己的服务。当顾客给予了肯定时,酒店或其他服务企业除了要对顾客表示感谢之外,还应该记录顾客对什么样的产品和服务感到满意,这个信息可以成为企业未来的一个目标和标准。当顾客不满意,对接受的服务给予了负面的评价时,酒店或其他服务企业要有能与顾客实时沟通的一个渠道,并且快速、妥善地去解决客人的问题,当酒店或其他服务企业有效地解决了这些问题,让顾客对结果满意后,顾客的信任感就会增加,忠诚度也会增加,就有机会成为该企业持续性消费的顾客,同时也能避免负面评价的传播。通常持中立态度的顾客会比给予负面评价的顾客少,一些顾客提出意见代表顾客的确有这样的

需求,参考顾客提供的意见,调整服务企业的产品和服务的状况是相当有帮助的。许多企业能够持续稳定发展的原因都是愿意接受并倾听来自各方的消费者的建议与声音,以改善服务企业的现状。

还有一些服务企业的管理者认识到了反馈的重要性,也愿意通过顾客反馈的信息来改进服务,但是总收不到正确的反馈信息。为什么企业的管理者会收不到正确的可用信息呢?举一个简单的例子,假如问顾客:"您觉得我们餐厅的服务怎么样?"这明显是一个宽泛且带有诱导性的问题,会让顾客感觉到一种不得不给出积极反馈的压力。所以问题的关键在于我们提出的问题要具体和明确,而且不能带有诱导性。为了获得真实的反馈,我们要仔细思考,提出一些更容易获得真实信息的问题,或者是针对某个具体的服务来提问,比如"您愿意把我们的餐厅推荐给朋友吗?""您在我们酒店入住的期间,遇到了什么问题吗?""您对酒店服务人员的服务还满意吗?""您对我们酒店的××餐厅××产品满意吗?""您认为我们餐厅最需要改进的是哪一点?"顾客的反馈是沟通的一种形式,反馈的目的不仅仅只是告知酒店,更深层次的目的在于如何去激励酒店去改进。一个好的反馈,可以帮助酒店和服务企业认识自己的不足,并使酒店和服务企业自发地采取一些行动来弥补这些不足之处。肯定和接纳顾客有效的反馈,与顾客及时沟通,都是提升顾客满意度的有效途径,也是拓展市场、增加企业利润、提高市场竞争力的有效手段。服务企业的产品生产和服务的过程本身就是一种人际互动的沟通,这也是服务企业跟其他一般企业的产品销售的差别所在。所以酒店员工在提供服务时,要让顾客感觉到自己是被肯定、被接纳的,服务人员要有耐心,保持微笑。一般情况下,微笑和答应可以让顾客感觉到你是乐于为他服务的。

第三节　服务需求管理

案例引导　　等候是全世界的普遍现象

大家有没有留意到,现在等候的现象随处可见,我们在餐厅用餐、在超市购物、在上下班高峰期的路上、在旅游景区游览的时候,都会或多或少遇到需要等候的情况。随着网络技术的发展,人们沟通交流的渠道也增多了,我们经常可以在网上看到,关于打车都变得越来越难,司机距离太近不去、目的地比较偏僻不去、交通高峰期不去。

案例分析

在发达地区,由于轨道交通网络化运营,公交线路也较为发达,出租车就扮演着这些公共交通的"补充"角色,被当成是个性化服务,而在欠发达的地区,公共交通没有那么发达,即无法满足公众日益增多的出行需求时,出租车就成为公共交通的主要角色,被当成是普通服务。随着近年来城市的迅速发展,人民生活水平的不断提高,人们对于有序的公共交通服务的需求越来越大,但由于出租车供给远远小于需求,打车难成为大多数城市普遍存在的问题,特别是旅游旺季、上下班高峰期和天气不佳的时候。造成这种打车难的现象的原因是多方面的,其中一个便是服务供不应求。当某设施或者某种服务能够承载的顾客数量超过了该设施系统的处理能力的时候,排队就出现了。

(资料来源:作者根据相关案例整理。)

一、能力管理

服务能力是指酒店或者服务企业能够提供服务的能力程度,通常被定义为这个企业服务系统一段时间内的最大产出率。从运营的角度来看,能力的利用率可以看作需求能力与可得能力之间的比率。能力利用率等于每个阶段实际服务的顾客数量与服务能力的比率。当能力利用率接近1或者超过1时,服务就显得拥挤,服务时间延长,或者说等待时间增加,顾客就会感觉到服务质量有所下降。当服务能力利用率接近1时,如果对顾客服务的时间稍有延长,就会导致排队等待的时间大大延长。对于制造业来说,服务能力,也就是解决供需平衡的方法有很多,如利用库存或者预售等。但对于服务业来说,由于消费者对于服务的需求无法储存,所以一般的服务企业都会对自己服务系统的服务能力利用率留有余量。无论是制造业还是服务业,如何使得供需达到平衡都是一个很重要的管理问题。

二、服务能力的五要素

服务能力的五要素包括人力资源要素、服务设施要素、设备和工具要素、时间要素和顾客参与要素。

(一)人力资源要素

人力资源对于服务能力来说是很关键的,主要包括以下几个方面。第一个就是技能水平和能力的调整。第二个就是工作组合的安排,对于服务业这种具有大量重复性服务工作的行业来说,各个岗位员工的安排、劳动生产率是服务产出的关键,也就是说,要求人力资源具有高度的灵活性。第三个就是领导的激励与团队的配合情况。高效的团队能对企业的服务能力产生不可估量的影响,领导的工作风格与激励也能进一步提高企业服务能力。

(二)服务设施要素

服务设施要素包括容纳顾客和提供服务的实体有形服务设施。例如,酒店的餐厅、客房等。这里的服务能力是指空间的容纳能力。当然服务设施要素还包括基础设施,例如,现在很多服务是需要通过网络、电话、电子邮件、广播等才能提供的,这些都是对客服务的载体。

(三)设备和工具要素

设备和工具是指服务过程中所需的用于处理人、物或信息的物质设备,如前厅电话、吹风机、计算机、打印机、修理工具等。如果缺少了它们,酒店服务几乎无法进行。酒店通常在设计服务提供系统时,就已经制订了设备计划,但有时一些简单且投入较小的替代设备或改良设备会大大提高生产率和生产能力。

(四)时间要素

时间从两方面来看都是一种能力要素。首先,通过改变两个时间段的组合或把产出从一个时间段改变到另一个时间段就有可能改变生产能力。这尤其适用于具有需求高峰期的服务业。其次,从更广泛的意义上来说,对于某一特定时间段来说,延长营业时间能够提高整体能力。

(五)顾客参与要素

在酒店服务领域中,服务能力的另外一个重要因素是顾客参与。许多服务的完成都要依赖顾客在服务提供期间的劳动。例如,自助餐厅的服务就要依赖于顾客自身的取餐、用餐情况,顾客的参与会对服务能力产生影响。

三、服务供需平衡状况

在服务能力与服务需求之间存在四种供需情况,服务企业要对此进行分析与管理。

(一)需求过度

需求过度也就是说需求水平大于最大服务能力,当需求大于服务企业的服务系统可提供的最大容量时,多出来的顾客只能离开服务机构,给服务企业带来客源损失。在这种情况下,一些潜在顾客就彻底流失了。

(二)需求大于最优服务能力

这种情况下,就会出现顾客接受有缺陷的服务的情形,这个时候虽然顾客没有离去,但是服务条件和服务质量的下降,也会造成顾客的不满。管理者必须采取措施来控制服务水准的降低,并防止顾客不满。

(三)供需平衡

在这种情况下,企业的最优利用能力与最大的服务能力是一致的,这是最理想的状态。例如,播放一场电影,电影院座无虚席。

(四)服务能力过剩

服务能力过剩即需求小于平均服务能力,当供给能力没有达到满负荷的时候,顾客会感觉更好,例如,餐厅里、飞机上的座位有空余。

四、服务需求管理——排队管理

在实际的运营过程中,需求波动是服务企业管理者不得不面对的一个问题,如果不能很好地解决服务供需平衡的问题,就会造成服务质量下降,顾客的满意度降低,顾客价值减少以及成本上升等问题。

前文中有提到,等候是现在服务企业的普遍现象。这种等候的队伍,被运筹学研究者称为排队。排队管理是指控制和管理服务等待的时间,包括针对预期的顾客人数和到达时间,配备必要的服务设施,确保必要的服务接待能力,尽量缩短顾客等待时间,努力满足顾客等待的心理需求和期望。从本质上说,排队是产能管理问题没有得到解决的表现。排队分析和排队模型其实属于运筹学领域的一个分支,排队理论,最早可以追溯到1917年,当时丹麦的一个电话机工程师负责确定电话交换机应该有多少,才能在合理范围内保留繁忙信号的数量。

当然没有人喜欢排队等候,排队会令顾客感觉不舒服,感觉在浪费时间,尤其是在连等候区域都没有的户外排队时。几乎每一个企业都会遇到排队等候的问题,所以管理等候队伍,成为企业管理者需要思考的一个问题。

管理等候队伍,减少顾客的等待时间,企业通常需要多方面战略。以迪士尼主题公园为例。在迪士尼主题公园排队的时候,往往游客不会意识到队伍有多长,因为沿路可以观看视频,或者是玩触屏游戏,又或者被其他消费者的玩耍吸引。在迪士尼主题公园中央,如旋转的小飞象里,家长和孩子可以在一个类似马戏团的帐篷里,边玩耍,边等待。迪士尼主题公园通过扩展游乐园的空间或者增加员工的方式来增加产能。在迪士尼主题公园里,也有专门的技术人员在监控着排队的队列,以确保没有消费者因为排队时间太长而离开,在指挥中心里,操作人员用计算机程序、摄像机、公园的数字地图以及其他的工具协助他们解决排队的问题,一旦出现问题,会及时加派人手去解决。如果一个板块的客流多于另一个板块,就会让游客适当转移,使游客量分布得更均匀。

但像这样以增加员工的方式来增加产能,通常不是减少等待时间的最佳方案。因为顾客满意必须与企业的成本考虑相平衡,所以类似于迪士尼主题公园这样的企业管理者应该采取更多的措施,包括:反思排队系统的设计、服务过程的设计,以缩短每次交易的时间;调整不同细分市场的排队系统,如通过紧迫性、价格的调节、客户重要性去进行对应的调整;企业可以使用预订、预约系统来合理分配需求;此外,还需要利用心理学减少等待中的不愉快,管理顾客行为和他们的等待感知。

排队等候的一大问题,就是浪费顾客的时间。虚拟排队战略是一种处理有形等待的创新性方法,现在已经被很多餐饮服务企业采用,顾客不仅可以在手机上进行排队等候,还可以选择将要聚餐的人数,只需要输入手机号码,顾客便可收到确认信息,包括可以实时查看他们的队伍排到哪里了,还有多少人需要等待,大概需要的等待时间。当轮到他们的时候,系统将会自动提醒,顾客可以通过回复1、2、3不同的数字以代表不同的情况,例如1是确定预订,2是请求延迟15分钟回到餐厅,3是取消此次用餐计划,这样的系统可以协助保持顾客的忠诚度,并在忙碌的经营中全速运转,协调时间。其实虚拟排队的概念还有许多潜在的应用。如果顾客愿意提供他们的手机号码或者在公司运营的范围内保持手机畅通,这项策略也同样适用于邮轮、全包度假胜地,还包括酒店行业。

研究发现,顾客感知的等待时间比实际时间要长,例如,对于公共交通的等待会比乘坐交通工具的实际时间要长。为什么会有一些顾客愿意花费一半的时间在游乐场等待,而会抱怨多等了十分钟的出租车呢?关于等待时长的感知,戴维·迈斯特和其他研究者有如下几点结论。

(1) 不被占用的时间比被占用的时间感觉要长。例如,很多餐厅会通过邀请顾客去吧台喝一杯饮料直到有空余座位这种方式来管理等待时间的问题,这样的方式既赚了钱,也留住了顾客。

(2) 独自等待比群体等待感觉时间要长。

(3) 身体不舒适的等待比舒适等待感觉时间要长。不管是坐着还是站着,当等待的环境温度过低或者过高,风大或者风小,或者没有遮雨防雪保护设施的时候,等待就更像是一种折磨。

(4) 服务过程前或服务过程后的等待比服务过程中的等待感觉时间要长。当游客等待买票进迪士尼主题公园的时候,跟游客在迪士尼主题公园里排队等待游玩项目的时候,这两者感觉的等待时长是不一样的。

(5) 不公平的等待比公平的等待感觉时间要长。

(6) 不熟悉的等待比熟悉的等待时间要长。

(7) 不确定的等待比已知的、有限的等待时间要长。也就是说没有解释的等待比有解释的等待要长。例如,电梯无缘无故停止了或航班晚点,没有人告知延误时间将持续多久的时候。

(8) 焦虑时感觉等待时间更长。例如,顾客在不熟悉的地方等待,尤其在户外的夜晚等待时,经常会担心人身安全问题而感到焦虑,这样感觉等待时间更长。

(9) 服务越珍贵或者越重要,人们愿意等待的时间越长。例如,为了买到自己喜爱的演唱会或赛事门票,有人会在恶劣的条件下,整晚地排队等候。

作为排队的替代或者补充,服务企业还可以通过预约系统汇总需求。预约系统使收益管理成为可能,预约系统为不同的顾客群体提供预售服务,预约系统的数据也能帮助企业为后期运营和财务保障做准备。服务企业在设计预约系统时,需要考虑到这个预约系统是否能够让员工和顾客都快速和容易地操作及使用,因为无论是通过预订员预订还是网上自己预约,顾客都希望能够得到快速的答复。目前一些服务企业对预约服务也是收取一定费用的。当然,如果顾客没有到场或者服务公司过量预订,那么问题也就出现了。处理这类运营问题的策略包括预交一部分的保证金、过指定时间没有付款即取消预约、补偿因过量预订给顾客造成的损失等。

本章小结

顾客感知是顾客在服务体验整个过程的"真实瞬间的感受",是影响顾客服务感知的直接来源,顾客感知又以服务接待能力为基础。相较于服务结果,服务过程中的接触,更能影响顾客的满意度或质量感知。由于酒店服务接触过程中涉及较多的顾客参与和互动,增加了服务提供时的不确定性和运作上的难度。任何一个接触环节的应对不当都可能会引起顾客的不满,因此,对于服务接触过程中的每个环节都应该对其进行监控以及不断的测评和改进,并加强与顾客的沟通与联系。顾客关系管理是现代管理科学与先进信息技术结合的产物,服务企业和酒店都应该树立"以顾客为中心"的发展战略。

关键概念

顾客感知与期望　顾客关系管理　能力管理

复习思考

1. 为什么对服务企业来说,产能管理非常重要?
2. 企业可以采取哪些措施来调节产能,使其与需求更匹配?

案例分析

破碎的玻璃杯

有一天小王正坐在一家餐厅里点单,一位年轻的服务员在一旁提供服务,突然旁边桌子的客人不慎将一个玻璃杯蹭掉了,杯子碎了一地,这位服务员显得有点不知所措,服务员看了一眼破碎的玻璃杯,又看了小王一眼,不知道该怎么办?这个时候她有两个选择,第一个就是继续为小王服务,但破碎的玻璃可能会给其他客人带来危险,第二个就是先整理地面,但小王这边的服务就会被打断。在向小王咨询,并得到小王的允许后,服务员一路小跑到后厨,拿了一个表示危险的警示牌,放在过道上,然后开始收拾破碎的玻璃,其实她已经处理得很不错了,因为她将安全放到了首要的位置,并且在行动前也获得了小王的理解,但是这仍然不是一个最好的解决方案,因为她在跑回厨房的时间内,仍然有客人可能会踩到玻璃,那这段时间是完全没有任何服务保障的"真空期"。而且小王在这段时间也会产生无效率的等待。针对这段带有危险的真空期,更好的做法是在得到小王的同意后,先将就近的一张椅子放在碎玻璃附近,以提出警示,然后再到后厨拿出警示牌和清扫工具。所以对于任何一段服务流程,如果仔细地进行分解反思,都可能会有更好的选择和替代方法,这就需要服务企业或者酒店人员多动脑筋。

(资料来源:作者根据《极致服务指导手册》整理。)

思考题:
1. 如果你是这名服务员,你会怎么做?为什么?
2. 如果你是这名服务员,对于这段"真空期",可以怎么做?

案例分析

第三章

顾客体验设计

学习目标

通过本章的学习,首先学生应了解体验及顾客体验的含义,并能根据每种不同的体验或者顾客体验进行种类的划分。其次,学生应掌握顾客体验设计的流程以及每一个设计步骤中所应该包含的具体内容,并能在实践中对提高顾客服务体验进行设计。最后,让学生了解信息技术在提升顾客体验中发挥的作用,启发学生了解并应用各种新兴信息技术去创新服务场景和模式,帮助酒店改进和提升顾客体验。

课件二维码

第一节　顾客体验的含义

案例引导　　鱼市的体验

刚刚飞过去的难道是一条鱼?你一定会怀疑是不是自己眼花了,但随后又有一条鱼飞过去。市场里的工人穿着白色围裙、黑色橡胶靴,非常容易辨认。其中一个鱼贩抓起一条大鱼,扔向 6 米左右远的柜台,并高声喊着:"一条飞往明尼苏达州的鲑鱼。"其余的工人齐声应和着:"一条飞往明尼苏达州的鲑鱼。"站在柜台后的那个工人单手接住鱼,简直令人感到不可思议!人群中又响起一片赞叹声,然后他像一个成功的斗牛士那样向喝彩的人群鞠躬致谢。这里的人真是活力四射!

案例分析

这就是位于美国西雅图市中心的派克街市场的真实景象,该市场原是当地一个传统的公开市场,距今已有上百年的历史。派克街市场规划完善、商品齐全,并形成自己独特的销售方式,现已成为著名的旅游景点,每年有近900万人到此观光。派克街市场内的鱼市以精彩的销售方式吸引顾客:前台售货员将顾客的需要吆喝着告诉后面的工作人员,后面的工作人员一起重复吆喝一遍,并手脚麻利地把鱼当作篮球一样抛向前台的售货员,又快又精彩。他们不但为顾客提供了一流的服务,还为他们创造了愉快的购物体验,派克街鱼市场因此而闻名全球。

在这里,鱼市已不仅仅是鱼市,还是一个表演的剧场;在这里,鱼也不仅仅是鱼,还是表演的道具;在这里,售货员已不仅仅是售货员,还是演员;在这里,顾客也不仅仅是顾客,还是观众;在这里,顾客购买的不仅是鱼,还是一种忘我的、愉悦的体验……

(资料来源:作者根据《中国经营报》的相关资料整理。)

一、体验的含义

体验是人们生活中重要的组成部分。随着社会经济的不断发展,在商业领域中关于体验的话题也日渐增多。什么才是体验呢?体验一词有着什么样的含义呢?可能有些人会说人们通过视觉、听觉、嗅觉、味觉和触觉这几种感官感受到的这个世界就叫作体验。当然,这与《现代汉语词典》中对于"体验"一词的解释意义相似,就是人们通过实践来认识周围的事物。其实,早在我国宋朝时期,著名理学家朱熹在《朱子语类》中对"体验"一词下过定义:"讲论自是讲论,须是将来自体验。说一段过又一段,何补!"鲁迅先生在其所著的《花边文学·看书琐记》中对"体验"一词是这样描述的:"文学虽然有普遍性,但因读者的体验的不同而有变化,读者倘没有类似的体验,它也就失去了效力。"综上所述,体验可以更具体地定义为人们通过亲身经历和实践所获得的经验。外国学者索恩(Throne,1963)和马斯洛(Maslow,1964)在20世纪60年代专门做过关于体验的研究,索恩在他的文章中提到"高峰体验"一词,所谓高峰体验是指一个人在他的一生的某一段时间所经历过的最充实、最刺激、最丰富的体验。相反,马斯洛在他的文章中提出一个与"高峰体验"相对的名词——"失落体验",失落体验是指一个人在他的一生中某一段时间所经历的最伤心、最不幸、最低谷的体验。正是这两位学者的发现开拓了心理学领域关于"体验"这个话题的广泛和深入的研究。在最近几年的文献中,史密斯与梅丽森(2018)对"体验"进行了系统的分类。他们根据体验的不同属性建立了一个系统的体验分类模型(见图3-1)。

在模型中史密斯与梅丽森按照人们体验时间的长短与引发形式将体验分为四种类型:哲学或宗教学体验、高峰或低谷体验、伸展性体验与转变性体验。哲学与宗教学体验解释起来比较复杂,因为这种体验取决于特定的情况下,或者人们处于特定的历史或信仰背景下才会产生,在一般的企业与顾客中这一类体验几乎没有产生过并且也没有过相关的研究。高峰或低谷体验在前文中已经做过解释,一般来讲,这种体验常常与一个事件、一种情况或者一种遭遇相关。这种体验不会持续很长时间,人们对于这种体验的记忆也不会持续很久。

图 3-1 史密斯与梅丽森体验分类模型

（图片来源：Smit，B 和 Melissen，F 的《Sustainable customer experience design：co-creating experiences in events，tourism and hospitality》。）

这种体验既有可能是消极的也有可能是积极的。例如，餐厅的服务员为顾客服务时使顾客产生宾至如归的感觉。相反地，如果餐厅服务员为顾客提供服务时态度粗鲁，顾客则会产生厌恶的情绪。显然，对于旅游或酒店行业的从业者来说，能否把握好这种类型的体验无疑是直接关系企业成败的关键。伸展性体验和高峰或低谷体验最大的不同在于体验所持续的时间。伸展性体验一般会持续几天甚至是几周，这种体验常常与一个或几个事件关联，它的发生可能是因为一个城市、一个地区或者一个国家，也可能是因为一次长途旅行或一次郊游度假。顾客一般都会有这种体验，不论是在旅游还是酒店中。转变性体验与伸展性体验一样都属于长期形成的体验。但是不同于伸展性体验，转变性体验一般是由于自身或者自然形成的，而不是受到外界影响才形成的。这类体验会随着个人的改变而改变，例如，一个人从一开始不会弹钢琴，对钢琴有一种陌生感或者抵触感，但是随着每天不断地练习，不断地进步，弹琴的技巧就会越来越娴熟，对弹钢琴的体验也会一步步变化。因此，这种体验被称为转变性体验。虽然顾客的这种体验很难与旅游或者酒店业联系起来，但是这种体验一般会直接关联到顾客的喜好，旅游或者酒店企业可以根据顾客的喜好和需求制定出相应的策略。综上所述，本书认为体验是人们通过感官上的刺激所产生的一种短期或者长期的刺激与记忆。

二、顾客体验的含义

陆雄文（2013）对顾客体验的定义是顾客在一个特定的场景或流程中，亲身感受或参与创造产品或服务价值的活动。在商业活动中，顾客的体验是指企业与客户关系间的一种交互产物。一个良好的顾客体验意味着顾客在与企业接触的过程中，企业所做的一切都达到了顾客的期望（Thompson 和 Kolsky，2014）。国外学者 Mathwick（2001）认为顾客的体验价值产生于顾客与消费场景之间的关系。这种关系随着顾客与消费场景的变化而改变。当顾客主动积极地参与消费，就会得到内在价值和主动价值，反之，当消费场景主动吸引到顾客，顾客被动地参与消费，顾客则会获得外在价值和被动价值。我国学者张凤超与尤树洋（2009）根据这一发现将顾客体验进行了分类，他们将顾客体验具体分为四种体验价值形态（见图 3-2）。

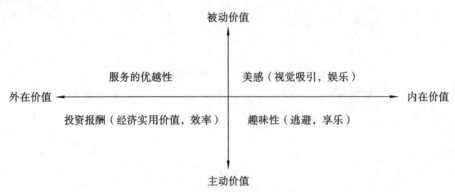

图 3-2 顾客体验价值形态

(图片来源：张凤超和尤树洋的《体验价值结构维度模型的比较研究》。)

在消费场景中，当外在价值和被动价值相结合时，顾客就会体验到服务的优越性。例如，虽然顾客没有点葡萄酒，但是当服务员向顾客介绍一瓶上好的葡萄酒时，顾客可能会体会到服务的优越性。当被动价值和内在价值结合在一起时，顾客则会产生美感的体验。例如，虽然顾客在入住客房时对房间的摆设并没有过多的要求，但是当酒店服务员在客人的客房中摆放了一些鲜花，顾客也会被这些鲜花吸引，从而体会到美感。当外在价值和主动价值结合在一起时，顾客则会分析投资与回报的关系。例如，当顾客准备在餐厅中点一瓶红酒时，他会考虑这瓶红酒的价格是否与其质量相匹配。当内在价值和主动价值结合在一起，顾客则会体验到一定的趣味性。例如，一位顾客爱好游泳，并且正好酒店里有泳池，这位顾客就会感到很开心、很享受。综合国内外学者的调查与研究，并结合酒店产业特点，顾客体验是指顾客针对酒店所提供的产品或服务所产生的感受。例如服务质量的好坏，或者对于服务提供者的喜好，等等。

一般来讲，人们是通过不同的感官来获取周围的信息的，其中包括视觉、听觉、触觉、味觉以及嗅觉。大脑通过对这些信息进行一系列的筛选与加工从而得出结论，这些结论就是顾客体验形成的基础。因此，企业如果想要为顾客提供良好的体验就需要从这几个方面入手。例如，当一个顾客与他的家人准备选择一家酒店度假，酒店经营者为了获得这位顾客的青睐，可以从不同的渠道去影响这位顾客的选择，如可以选择电视广告的形式，每天在不同的时间段反复播放该酒店的广告，从视觉和听觉上对顾客传递酒店的信息。这位顾客在选择酒店之前就可以通过电视广告对该酒店产生一定的印象或体验。当然，顾客的体验来源不仅仅只局限于视觉与听觉，另外几种感官体验对顾客来说也至关重要。例如，当顾客进入酒店餐厅进餐的时候，其会看重餐厅的菜品、酒水的包装，以及服务员的服务质量等。当然，顾客的体验在一定程度上取决于顾客已有的价值观。但是，对于一个企业来说，即使顾客对于这个企业所提供的产品或服务并没有很好的体验，企业自身也应该努力给顾客提供更好的体验从而留住这些顾客。例如，当一个有洁癖的顾客入住酒店时，在房间的枕头上发现了一根头发，他就会认为这个酒店的卫生是不合格的，因此产生一种不好的体验。可能这个问题对于一般的顾客并没有太大的影响，也不会影响顾客对于酒店的体验，但是，如果酒店想要留住这位有洁癖的顾客,就需要严格地要求客房的服务人员仔细检查并清理好客房的每一个角落,以免下次由于相同的原因给这类顾客带来不好的体验。

同步案例 3-1　　星巴克体验

速溶咖啡的售价是每小袋(一杯)约 1 元,要享受咖啡店里的服务,一杯咖啡就得付 5—20 元,而在星巴克咖啡店里一杯咖啡的价格却是几十元。在星巴克,人们品尝的不仅仅是咖啡,而是享受一种"星巴克体验"。

案例分析

将咖啡店变成"第三场所"。在环境布置和氛围营造上,星巴克努力使自己的咖啡店成为家庭和工作以外的一个舒适的社交聚会场所,成为顾客的另一个"起居室",既可以会客,也可以独自在这里放松身心。在这种时尚且雅致、豪华而亲切的环境里,人们可以放松心情,摆脱繁忙的工作,稍做休息,得到精神和情感上的满足。

将喝咖啡变成"星巴克体验"。星巴克的价值主张之一是:星巴克出售的不是咖啡,而是人们对咖啡的体验。在星巴克,咖啡只是一种载体,通过这一载体,星巴克把一种独特的情调传递给顾客。一方面,他们对产品质量的要求达到了十分严苛的程度。无论是原料的运输、烘焙,以及辅料的配制、水的过滤,还是最后把咖啡端给顾客,一切都必须严格符合标准,且恰到好处。另一方面,将产品本身的功能提升,让咖啡与品尝咖啡的人达到一种情感上的默契。从起居室风格的装修,到仔细挑选的装饰物和灯具,煮咖啡时的嘶嘶声,将咖啡粉末从过滤器敲击下来时发出的啪啪声,用金属勺子铲出咖啡豆时的沙沙声,都是顾客熟悉且感到舒服的声音,烘托出一种"星巴克情调"。

星巴克通过承诺其独特的"星巴克体验",改变了咖啡,改变了顾客对咖啡的看法,改变了顾客喝咖啡的消费习惯,改变了咖啡的盈利模式,改变了咖啡店的经营方式。星巴克成功地突破了价格障碍,星巴克似乎成了咖啡的代名词,星巴克咖啡的利润约等于行业平均利润的 5 倍。

星巴克的成长与发展,诞生了一个新经济时代的创富模式:将体验融入你的产品和服务,用体验营销创造未来,创造成功。

(资料来源:刘志明的《星巴克:接待好每一只"迷途的羔羊"》。)

第二节　顾客体验的设计

案例引导　Dave and Buster's：一家让你可以边吃边玩的餐厅

Dave and Buster's 餐厅（见图 3-3）的第一家店铺位于美国得克萨斯州，店内设置餐饮、娱乐和观影的全方位体验，是一家集餐饮、娱乐和观影于一身的"体验式餐厅"。

案例分析

图 3-3　Dave and Buster's 餐厅

公司把主要的目标客户群体定位在 21—39 岁的年轻人，Dave and Buster's 餐厅在迎合年轻人的餐饮需求的同时也在提升顾客就餐体验方面做了很多努力。例如 Dave and Buster's 餐厅这几年对公司的 Logo 以及店铺的内饰和外饰都进行了优化，变得更加符合年轻人的品味，更加时尚。在运动区还添置了很多大尺寸的显示屏，使运动迷们可以更好地观看体育节目。不仅如此，为了吸引更多的人进入餐厅用餐，Dave and Buster's 餐厅还会在夏日和假期开放更长时间，在非高峰期也增加餐厅的客容量以满足公司和社交活动的需求。为了提高顾客的就餐体验，餐厅从以下几个方面进行了特别的设计。

吃：Dave and Buster's 餐厅主要提供美式食物，因为更符合餐厅年轻活泼的风格，但并不是只有薯条这类食品，而是更精致的美式食物。

喝：店内的酒吧可以满足全方位的饮品需求，而且在店内的很多角落都可以购买，还有很多店内自创的饮品，如 Glow Kones、Tiki Drinks 和 Mega Mojitos。

玩：游戏是 Dave and Buster's 餐厅非常重要的体验，店内提供上百种的投币游戏,顾客可以在赢得游戏之后获得游戏票并且利用游戏票在柜台换取相应的礼品,包括品牌玩具和高端电子产品。

看:观看体育赛事也是 Dave and Buster's 餐厅娱乐体验的重要一环,所有的门店都配有多个大型屏幕和高质量的音响系统,加上周围的人也是体育迷,大家可以一起分享体育竞技的刺激,这样的环境是顾客选择 Dave and Buster's 餐厅的重要理由。

Dave and Buster's 餐厅在提升顾客体验方面付出了很大努力,因此,在餐厅的经营上自然也取得了显著成绩,截至 2016 年,Dave and Buster's 餐厅在北美地区一共拥有 87 家自营店铺,在过去的几年里,27 家新开的餐厅平均现金回报率高达 45.5%,未来计划在北美要开设超过 200 家店铺,甚至是把业务拓展到国际。

(资料来源:Dave and Buster's:一家让你可以边吃边玩的餐厅,https://www.sohu.com/a/121596975_472164.)

一、顾客体验设计流程

在酒店行业中顾客对于产品和服务的体验会直接影响一个酒店的收益甚至是成败。那么该如提高顾客的体验则成为一个需要认真思考的问题。因此,对于管理者或经营者来说顾客体验设计则变得尤为重要。在学习顾客体验设计之前,我们需要先了解一下什么是设计?"设计"一词对不同的人来说有不同的意义,"设计"作为名词的时候,可以与详细的计划、情节或者目标相关联。在作为动词的时候,"设计"则可以和准备、绘制、创建、起草相关联。而在作为形容词的时候,"设计"通常和"设计师"一词联系在一起,如设计师服装、设计师手表等。保罗·兰德作为世界著名的企业 Logo 设计大师曾经为 IBM、UPS 以及美国广播公司 ABC 设计过企业 Logo。他在《设计是什么》一书中提到,设计就是形式与内容的联系。形式指的是方法,而内容指的是创意。对于日本无印良品的艺术总监原研哉来说,设计则有不同的理解。他在所著的《设计中的设计》一书中认为,设计是一种捕捉事物本质感觉的能力。

史密斯与梅丽森(2018)指出,在服务行业中,设计尤其是顾客体验设计既与有形元素联系,又与无形元素联系,既与物理特征与行为相关,又与技术方法与情感相关。体验设计不仅仅局限于服务产品的设计,也在于服务过程的本身。只有在顾客体验设计的过程中既采用理性的方法又采用有创意的方法,才能创造出良好的顾客体验。

在了解顾客体验设计的含义以后,我们接下来学习一下顾客体验流程的设计。奈杰尔·克罗斯在《工程设计方法:产品策略》一书中对于设计过程进行了详细的阐述以及分析。因此,本书主要以他在书中所建立的七步通用设计模型为基础来进行顾客体验设计流程的讲解(见图 3-4)。

图 3-4 所示的七步通用设计模型并不一定适用于所有的情况,但可以适用于一般的顾客体验设计。顾客体验设计过程中的前几个步骤主要集中在分析问题或者任务,以确保找到每一个子问题的解决方案从而解决最终的问题。

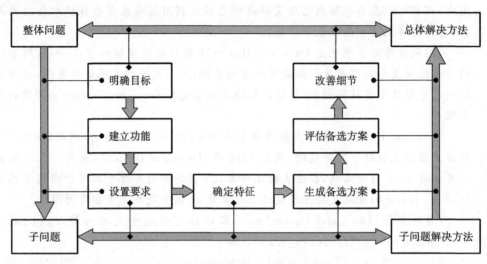

图 3-4　产品设计流程模型

第一步，明确目标。这一步的主要工作是解决我们设计的目的是什么这一问题，设计的最终目的是解决最终的问题，或者完成最后的任务目标。但是为了达到这个目的就必须对设计的过程进行控制和管理。在这个过程中一定要对问题或者目标有一个清晰的认识并且明确指出哪个问题是最终需要解决的或者哪个目标是最终需要达到的。

第二步，建立功能。这一步主要需要解决的问题是设计需要做什么，这个看似简单的问题其实直接关系着设计过程的成功与否。例如，你为你的投资者设计了一个拥有 10 间客房，每间客房中均包含简易的家具以供顾客休息、放松的旅馆，但是投资者实际想投资建立的是一个三星级以上并且至少包含 100 间客房的酒店。所以最后的结果一定会让投资者失望。因此，为了避免此类事情的发生，设计师就需要对所要达到的最终目标，以及达到这个目标所需要做的事情有一个明确的了解。

第三步，设置要求。这一步需要注意的是为了达到最终的目的，该如何对设计的过程进行要求。例如，如果建立一个三星级酒店最低和最高开销分别是多少，什么时候可以完工，酒店的占地面积是多少，酒店需要具备哪些功能，需要哪些设施设备等一系列的问题都需要在这一阶段明确。

第四步，确定特征。在完成了以上三个步骤后，设计团队应该已经对整个项目的设计有了一个大体上的轮廓，接下来的这一步就需要设计师根据顾客需求并且对最终的产品所需要具备的特征进行分析确认。例如，如果酒店设计师想要对餐厅进行设计，除了要满足餐厅所具备的一般功能，还需要对顾客的喜好进行调研，其中包括餐厅灯光的明亮度、墙壁的颜色、背景音乐、选用的香氛等。

第五步，生成备选方案。这一步也可以称为生成可替代方案，意思就是经过上面四个步骤的设计，已经有了一个比较具体的设计方案，但是对于一项工程或者一个任务来说，只有一个方案是远远不够的，因为在执行或者展示的过程中，如果所设计的方案出现了问题，可能最后达不到既定的预期目标。此时，就需要设计师团队准备一些备选或者可替代设计方案以确保达到最终目的。

第六步,评估备选方案。在准备好备选方案或者可替代方案以后,设计师需要对这些方案进行分析和筛选,从而确定最好的一个或者较好的几个备选方案。还是以设计三星级酒店为例,在有限的面积内需要设计一个健身房和一个 SPA 馆。第一个方案是健身房占地面积大一些,而 SPA 馆占地面积小一些。第二个方案是健身房占地面积小一些,而 SPA 馆占地面积大一些。设计师需要针对这两种方案进行筛选,因为不同方案的设计成本也不同,其所面对的风险也是不同的。如果大部分顾客都是年轻人,可能健身房的收益就会好一些,如果大部分顾客都是来度假的老年人,可能 SPA 馆的收益就会好一些。因此,设计师需要在这一步中确定哪一种设计才是最好的选择。

第七步,改善细节。经过上一个步骤的筛选以后,已经选择了一个最佳的设计方案,这一步是最后一步,即需要对该设计方案进行细节的改善,这个阶段的目的是运用较少的或者一定的成本来增加顾客的体验价值。例如,酒店从几个成本一样的地毯中选择了一个摸上去比较柔软的在客房进行铺设,顾客在入住客房的时候可能会感觉更舒适一些。

通过以上描述,酒店从业者可以根据这七个设计步骤流程对顾客体验进行设计,从而确保解决相关的问题,提高顾客的体验,从而达到企业的最终目标。

二、顾客体验设计内容

前面我们主要梳理了顾客体验设计的主要流程,接下来我们将结合顾客体验设计的流程来讲解顾客体验设计的具体内容。

第一步,明确设计的目的,即顾客想要获得什么样的体验?为了获得这些问题的答案,在设计的过程中可以采用以下方法:首先了解哪些是潜在的客户,其次了解这些顾客想要寻求哪些相关的体验,最后根据潜在顾客的描述来确定如果想要满足这些顾客的体验相关提供者应该做哪些工作。例如,投资者准备投资一个五星级酒店,这个酒店聘用你作为酒店的设计师,那么你需要首先了解有哪些客户是五星级酒店的潜在客户,是商务人士还是背包客?是中年人还是年轻人?其次,这些潜在顾客来到酒店想要寻求或者得到哪种体验?仅仅是为了放松还是为了寻找奢华的氛围?最后,需要通过这些潜在客户了解到该如何满足他们的体验需求?是仅仅只需要提供一个普通的客房还是需要一个超大空间并配有私人温泉的客房呢?这些问题都是需要在顾客体验设计中明确的。

第二步,为了达到这个目标应该设计哪些内容?例如,酒店已经确定了顾客想要寻求的是一种奢华的体验。那么酒店的设计中就需要考虑加入奢华的元素,如在酒店中建立私人泳池、各国的风味餐厅等。利用这些设计来提高顾客的体验。

第三步,对提高顾客体验所需要满足的需求进行整理分析。顾客的体验主要与三种需求相关联:第一种就是顾客的需求,这一种需求可以分为心理上和物质上的需求,心理上的需求包括希望被尊重、希望被取悦等,物质上的需求包括产品的价格、服务的时间等。例如,五星级酒店的顾客可能需要自己在酒店随时随地都可以联系到服务员进行点餐服务。在服务员服务的过程中,顾客可能希望服务员对自己说话的时候轻声细语、举止得体。第二种是技术需求,技术需求可以包括空间、时间、人力等方面。顾客可以通过这些技术需求来获得更好的体验。例如,酒店如果拥有充足的占地面积,可以考虑建设一个高尔夫球场,为顾客提供良好的休闲体验。第三种是管理或者企业层面上的需求,这种需求一般包括企业的声誉、财务状况、顾客的回头率和网上的评论等。这些需求往往也会影响到顾客的体验。例如,顾客在选择酒店之前可能会上网查找推荐的酒店,如果酒店评价比较好,声誉比较高,顾客可能在入住酒店之前就会对酒店有一个比较好的印象。

第四步,根据这些需求来确定所设计的产品或者服务应具备的具体特征。设计者该如何了解顾客的具体需求呢?以服务行业为例,外国学者比特纳(1992)提出一个模型用来描述服务场景中的物理环境对于顾客体验以及行为的影响(见图3-5),设计者们可以根据这个模型结合所需要对顾客体验进行设计的项目进行参考。

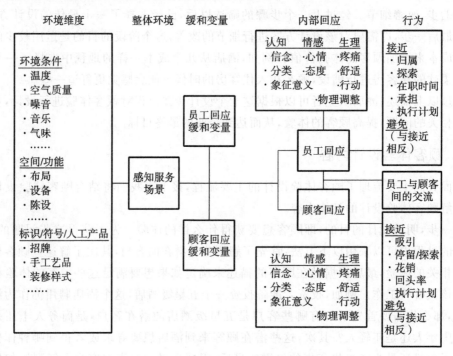

图 3-5 服务场景模型

(图片来源:M J Bitner 的《Servicescapes: the impact of physical surroundings on customers and employees》。)

这个服务场景模型主要是研究服务场景中的物理环境对于顾客与员工的内部心理与外部行为的影响。具体来说,环境维度会影响人们对于服务场景的感知,以服务场景中的员工和顾客作为缓和变量进行研究发现,员工与顾客对于环境的感知既有内部回应(如认知、情感上的),也有外部行为的体现(如接近行为、避免行为)。因此,设计者如果想要针对顾客体验进行产品或项目设计,首先就需要了解什么样的环境对顾客可以产生什么样的影响,只有这样才能确定设计出来的产品或者项目满足顾客体验的需求。例如,假设在酒店餐厅中播放背景音乐,我们发现音乐节奏的快慢可以影响顾客在等待就餐时候的心情,因此设计者可以在顾客等待就餐的时候播放一些节奏舒缓、放松的音乐,这样顾客在点完单,等待就餐的过程中心情也会比较放松,不会变得焦虑急躁,会更有耐心地等待就餐。

第五步，对设计方案进行可行性测试。对顾客体验设计进行测试的方法包括角色扮演、事件演绎、顾客访谈等。这些方法可以对设计方案进行反馈，设计者可以针对这些反馈对设计方案进行调整，经过调整后的方案可以作为设计备选方案或者可替代方案。例如，如果酒店餐厅新推出一种套餐组合，其中包括主食和酒水，为了了解顾客对于这个套餐的感受和体验，设计者可以邀请潜在顾客来进行品尝，通过顾客的反馈或者对顾客进行访谈从而了解到什么样的主食搭配什么样的酒水可以受到这类顾客的青睐，并基于此来对设计方案进行调整。当然，每一位顾客的体验可能会不一样，所以，这一套方案只是作为备选方案而不是最终方案。

第六步，设计者对所有的设计方案进行筛选，在筛选的过程中设计者需要对所有的设计方案进行列表对比，对比的内容包括总开销、资源配置、法律法规、完成时间、潜在顾客满意度等一系列的要素。设计者在这一步中需要选出一套最优设计方案。例如，酒店客房多意味着酒店可接待顾客的数量也会增多，但是随之而来的问题是，可能每间客房的面积会减小，对于一些想要更舒适住宿体验的顾客来说，这无疑会给他们的体验带来负面的影响。因此，设计师需要仔细权衡每一种客房设计方案的利与弊，要既能保证入住率，又能满足客人的住宿体验，从而获得最优配置。

第七步，对方案细节进行改善。当一个方案制定完成以后，设计师的工作还没有结束，还需要对设计过程中的每个细节进行斟酌和改进，以确保最终的目标能够顺利达成。设计师需要对整个设计方案进行回顾，发现一些可能会被忽略的问题或者还可以改进的问题，从而完善最终的设计方案。例如，酒店大厅的灯饰需要进行安装，同样亮度的灯管，使用普通灯管的成本会低一些，但是缺点是耗电高，使用寿命短，而如果使用节能灯管，成本可能会比普通灯管稍高一些，但是它的耗电低，使用寿命长，性价比要远远高于一般灯管。为了降低酒店的运营成本，设计师在设计酒店大厅灯饰的时候需要考虑到这些细节。

以上部分是对顾客体验设计流程与内容进行的一个系统性介绍与描述，在现实生活中，酒店顾客体验的设计工作非常繁杂，工作量非常大，其中涉及的专业技能、专业知识非常多，并不是一个人或几个人在短时间内就能够完成的。因此，本书并不能对每一个细节进行具体的解释，但是希望通过本节的学习，读者能够对顾客体验设计有一个宏观上的认识。

同步案例3-2　　设计能够提升客户体验的产品

绝大多数改善都要立足于解决现有产品的缺陷。例如，很多年前安飞士汽车租赁公司（Avis）的客户们面临的一个最大问题就是，在机场的还车点办理还车手续等待时间太长，甚至会让客户错过登机时间。当公司意识到这件事严重影响了公司的营业额时，就决定打破陈规，开始使用手持无线电子终端来接待还车的客户，从而消除了客户排长队现象以及由此导致的误机问题。现在这已经成了租车行业的普遍

案例分析

做法。

　　有两家行业领先的重工业公司,一家是化工品集散运输公司,另外一家是造纸公司,这两家公司都想和同行进行差异化竞争。它们所在的行业,其经营惯例都是由第三方公司用卡车和火车进行运输;当货物起运后,再将起运时间和承运商情况通知客户,由客户负责发现货物运输过程中的延误情况并与承运商联系进行处理。当公司开始对运输情况进行追踪,并将货物延期情况通知客户时,客户会感到非常满意。这两家公司都安排专人每晚花一小时登录承运商追踪系统,查看运输进程。虽然相比旧系统,企业只是多做了一点工作,但是这种流程上的小变化成了非常显著的差异化竞争力。

　　产品设计方面经常出现的一个问题是,产品设计过于复杂以致客户难以掌握,其实,产品设计的高明之处是能够化繁为简。另外一个问题是设计制造出的产品看上去过于廉价。例如,飞机、大件家用电器和水龙头用了很多塑料材质的材料,在很多客户看来,比起金属材质,塑料显然不够坚固、耐用,除非能向客户讲清楚这样做的合理性,比如产品的强度和耐久性提高了,否则可能会导致客户不满。产品设计成功的关键就是要提升产品的价值,同时又不至于令人产生不快。

　　(资料来源:约翰·古德曼《细节决定体验:客户体验全流程设计》。)

第三节　信息技术在提升顾客体验中的角色

案例引导　　变与不变,来自一名海底捞智慧餐厅顾客的真实体验

　　在媒体体验日过后,海底捞豪掷1.5亿打造的智慧餐厅一号店终于迎来正式开业,在智慧餐厅的送餐机器人、收盘机器人、机械手臂、巨屏投影墙壁"沉浸式"用餐环境的映衬下,似乎一夜之间,传统的"海派服务"被淘汰掉了,5万名海底捞员工每天近12个小时的辛劳付出仍旧令人感到了落伍的气息。各方媒体倾巢出动,不断搜集来自客户和其他方面的体验反馈。

案例分析

　　"餐饮业的富士康"以后难道要换掉服务员吗?在智慧餐厅开业的前后几个月,这样的质疑声不断从自媒体小编笔下流出。不是说好了不会用机器人替换灵魂服务员们吗?图3-6所示为Peanut送餐机器人。

　　带着这样的疑问,顾客吴女士和家人一起走进了海底捞智慧餐厅,让她感到吃惊的是,门外并没有长长的排队大军,仅有少许顾客正在等位区开心地玩游戏,一

图 3-6　Peanut 送餐机器人（人与机器人的合作）

问才知，海底捞智慧餐厅在等位区人数达到一定数量后，就不再发餐号了，而且等位环节一改"苦闷乏味"的状态，巨幅的投影屏幕专为组织顾客开展对战游戏而制（见图 3-7），在过"火锅瘾"之前，先玩个不亦乐乎。

图 3-7　排队等待区巨幕

吴女士和家人拿到号后就加入了对战游戏，儿子和老公都玩疯了，差点忘记还要去吃东西。走进餐厅，吴女士被整个餐厅的氛围、格调惊呆了，2200 平方米的餐厅，摆放的93张餐桌全部采用磨砂灰黑色的桌面，配以蓝色座椅，餐位周边的墙壁和天花板都布置有投影仪，十分酷炫（见图3-8）。

图3-8 海底捞智慧餐厅

到达餐位后，吴女士和家人在iPad上点了各自喜欢的菜品，服务员却并没有走开去取餐，反而在原地和他们亲切地聊了起来，一边被服务员的幽默贴心再次征服，一边在心里不禁疑惑的时候，不远处一个设计别致可爱的移动物体"飘"了过来，这就是大家口中所说的送餐机器人了。在机器人萌动且灵巧的语音中，服务员将锅底热好、菜肴一一放在桌上，之后吴女士一家开始用餐。看着店里的送餐机器人有条不紊地穿梭在过道上，大家都忍不住多看几眼，吴女士的儿子更是调皮地想要去逗它。在一旁观察许久的吴女士本身也是做餐饮行业的，她突然觉得似乎看到了餐饮行业的另一种可能，这样实用又可爱的送餐机器人还是第一次见到，带给客人别样的用餐体验（见图3-9）。

从吴女士一家的用餐体验过程中，我们更详细地了解了顾客眼中的智慧餐厅与以往传统人力服务之间的区别。在这家海底捞智慧餐厅里，有很大一部分工作都依靠机器来完成，它在保留了传统的服务的同时，加入了高级的科技元素，与众多有科技实力的企业合作。其关注度最高、备受食客追捧且主动在各娱乐平台发布的机器人，出自擎朗智能的送餐机器人和收盘机器人，据了解，该机器人租赁价格仅为99元/天。

图 3-9　Peanut 送餐机器人

除了保留员工的贴心服务,送餐机器人的加入让整个送餐过程流畅自如、能准确抵达餐位,对于提升服务效率、优化人力资源配置和改善用户体验有极大的便利之处。

(资料来源:《变与不变,来自一名海底捞智慧餐厅顾客的真实体验》,https://it.sohu.com/20181109/n554862607.shtml。)

一、酒店发展新趋势——智慧酒店

随着酒店行业同质化现象越来越严重,市场竞争日趋白热化,如何创新服务场景以提升顾客服务体验也就成为酒店在激烈的竞争中脱颖而出的关键。因此,众多酒店管理者纷纷致力于改善服务质量、降低服务成本,以提升顾客满意度。此外,物联网、云计算、移动互联网、人工智能、数据挖掘等新兴信息技术的推广和应用,为传统酒店向智慧酒店方向转型发展提供了助力。

智慧化发展对于酒店整体业务效率的提升和质量的保障起到了重要的促进作用,顺应了新时代智慧旅游的发展潮流。如何运用各类先进信息技术,为顾客提供智慧服务是构建智慧酒店的核心所在,引入符合自身服务实力的相关技术来创新服务场景,改善顾客体验,

有效地提升酒店的整体服务效率和质量，进而提升酒店的核心竞争力是促进酒店行业不断发展的内在驱动力。

现阶段在酒店业对智慧酒店这一新兴的概念还没有形成统一的界定和定义。智慧酒店的建设主要围绕智慧经营、智慧管理、智慧控制这三大应用领域来开展，而在这三大应用领域中实现酒店的智慧服务是智慧酒店建设发展核心驱动力。智慧酒店建设除了要引入各类新兴信息技术实现酒店信息化、智能化、节能环保等目标以外，更需要实现对客服务的人性化。服务是酒店的根本，智慧酒店的建设旨在以顾客体验为根本，为顾客提供人性化甚至个性化的服务，改善和提升顾客的体验。因此，智慧服务也可以看成是智慧酒店建设的内涵所在。基于此，本书将智慧服务作如下定义：智慧服务是指智慧酒店以顾客体验为根本，利用各种信息技术，为顾客提供更便捷、舒适、安全和个性化的服务。

二、酒店智慧服务应用现状

（一）智慧预订服务

智慧预订服务指的是从酒店客房预订开始，结合信息技术以及相关的新技术手段来满足用户预订酒店需求的各类做法。随着互联网的发展和普及，很多酒店都借助信息技术构建了在线预订平台，包括酒店官方网站、各类旅游OTA预订平台、酒店微信公众号等，以此提供相关的预订服务。顾客借助个人电脑或智能手机就可以方便地了解、查看酒店所在地理位置、房型、过往顾客的评价等信息，也可以快捷地完成各类传统的客房预订需求。其中部分酒店的智慧化建设相对比较完善，在预订平台上提供了融合VR技术的酒店360度全景展示，顾客可以在电脑或手机上查看自己心仪的酒店的全景，在进行预订之前可以通过网络终端查看和了解酒店的详细信息，这样可以为顾客提供更好的选房服务，改善顾客预订服务体验。

（二）智慧前台服务

在旅游旺季时，酒店办理入住或退房总要排队等候，且排队等候时间较长，对提升顾客体验而言是不利的。而智慧酒店在顾客入住和退房时可以在自助系统上（见图3-10）结合人脸识别系统以及证件识别系统来自动完成相关的识别工作，顾客可以根据自己的需求快速完成选择房型、人证对比、缴费等流程手续。在退房时，经过服务人员的确定后也可以直接退房，如此不仅会节约大量的时间，也会提升顾客的入住体验和退房体验，对于提升整体的顾客体验而言有很好的帮助。另外，顾客也可通过酒店App客户端或官网远程办理入住顾客身份识别及退房结算、开票等手续，操作简单快捷。一些老顾客甚至可以直接通过ID识别或者会员管理技术，利用智能房卡完成各项手续的办理，比如登记、入住、退房等，为顾客带来别样的入住体验。目前来说，自助入住、退房系统在经济型连锁酒店应用较多，在有些高端酒店的应用还不是很多。虽然高端酒店提倡为顾客提供面对面的更加人性化的服务，但这种应用能带来全新的顾客体验，在差异化竞争中有利于突出酒店的个性化特征。

图 3-10　酒店智能自助入住系统

（图片来源：http://baijiahao.baidu.com/s?id=1666191741100586829&wfr=spider&for=pc.）

（三）智慧停车服务

智慧酒店的智慧停车服务十分便利，结合识别系统将用户的个人信息和相关证件信息传递到系统之中，对整体的停车场车辆做出智能的调度指挥，给出相对合理的指引服务和车辆信息服务，结合显示屏显示的数据可以帮助相关的人员了解空闲的车位和进行车位引导。智能停车卡计时系统以及智能找车引导系统等智慧服务都会给顾客带来更好的体验，帮助他们在最短的时间内寻找到自己满意的车位，并引导他们快速到达位置。一些 VIP 客户则可以结合在线以及信息服务的模式来提前预订车位，大大节约顾客的时间，这对提升整体的服务效率和顾客体验而言很有帮助。

（四）智慧信息服务

传统的酒店旅游信息咨询服务基本都是酒店前台服务人员接受顾客的口头问询或为顾客提供一些纸质宣传介绍资料，放在酒店前台，有需要的顾客自行拿取查阅，这种咨询方式可能存在信息更新滞后、人员沟通解答不清晰等问题。如今通过酒店提供的智慧信息服务，顾客可利用智能手机直接通过酒店官网或 App 获得一站式详尽的信息查询服务，可以方便快捷地查询到酒店服务内容和促销活动、酒店消费账单、酒店所在地的天气状况、出行方式、周边的美食、购物及旅游景点等信息。现在部分高端酒店还在前厅放置了融合强大AI技术的迎宾机器人,机器人可以用多种语言和顾客进行语音互动交流,可以实时为顾客提供各种详细的信息咨询服务,这也为顾客带来了好的入住体验。

（五）智慧电梯和客房导航服务

利用RFID技术,通过一张智能房卡,就能实现智慧电梯和客房导航服务。这张智能房卡中储存了顾客的相关信息,顾客手持智能房卡,控制电梯,到达客房所在楼层,智能电梯能有效控制非酒店住客的电梯使用权,使得客房区域更安全有序。客人到达所在楼层后,客房导航系统就会自动闪烁箭头指示灯指引顾客到达入住的客房。

现在部分智慧酒店也在尝试通过智能机器人为客人提供引导服务(见图3-11)。顾客在前台办理完相关手续后即可在机器人的带领下前往客房,机器人全程引导顾客乘坐电梯,进行电梯控制,穿越楼层走廊直至到达指定客房,全程为客人提供一对一引导服务。这一服务在一些规模较大、酒店内部建筑结构比较复杂的酒店特别适用,可以帮助顾客快速到达入住的客房,为顾客提供非常好的引导服务和入住体验。

图3-11　机器人引导服务

(图片来源:https://www.sohu.com/a/278679009_760318.)

（六）智慧客房服务

客房是酒店提供的核心产品之一,也是顾客在酒店消费过程中停留时间最长的场所,融入各种科技的智慧客房服务可以给顾客带来比较全面的智慧服务体验。

顾客在办理完入住手续后即可获得所入住客房的智慧系统控制权限,在顾客到达客房前,顾客可以通过手机、平板电脑等移动终端远程控制自动打开空调,设置适宜温度,如果是老顾客,智慧客房控制系统还会自动依照客人的习惯、偏好进行温度设置等操作,为顾客提供个性化服务。顾客在到达客房门口时可以通过门上摄像头实现刷脸核对身份后快速开门,省去翻找门卡、刷卡开门等琐碎的步骤,另外刷脸开门还可以避免顾客因出门忘带门卡或者门卡丢失导致不能顺利进入客房的麻烦。顾客进入房间后,客房内的所有设备,如灯光、空调、电视、窗帘等都可以通过移动终端或者语音交互进行控制,带给顾客全新的智能操作体验。当客房门铃响起时,顾客无需走到门前询问来访者是谁,只需通过安装在客房门上的摄像头将门外来访者的图像实时投射到房内智能电视屏幕上,同时进行语音播报提示即可知道,从而有效保护房主人身安全。客房还可根据顾客不同的需求,通过调节灯光等设备来营造不同的室内氛围,如办公、睡眠、游戏、休闲等,顾客只需通过一个按钮或者一句话即可切换到想要的模式。当顾客有客房服务需求时,也无需致电前台,通过手机移动终端的客房服务功能就可直接将所需的具体服务要求发送至服务器,即可获得相关的客房服务。图3-12所示为智慧客房控制系统。

图 3-12　智慧客房控制系统

(图片来源:https://www.xiezhuwang.com.)

(七)智慧餐饮服务

顾客在入住酒店期间,如果有用餐需求,可以直接通过智能终端登录酒店的智慧餐饮系统进行自助点餐。通过智慧餐饮管理系统,顾客可了解餐厅提供的所有菜品、酒水及其生产日期、营养成分等信息,为顾客点餐提供更多参考信息。顾客在线完成点餐操作后,由机器人充当外卖员,把顾客所点的食物亲自送到其房间。在疫情防控期间,这种无接触式自助点餐送餐服务,一方面可以很好地满足防疫要求,另一方面也给顾客提供了高效便捷的消费体验。

综上所述,随着大众旅游的高速发展和休闲旅游时代的到来,旅游呈现出大众化、散客化、深度化的特征,传统酒店的标准化服务已难以满足顾客日趋个性化的服务需求,应用各

种新兴信息技术构建起来的智慧酒店可以帮助解决这一难题。如智慧信息服务,智慧酒店可将游客整个旅游过程中所涉及的一系列旅游服务信息加以整合与共享,为游客提供有针对性的服务,满足其个性化的需求,当然这就要求智慧酒店的建设不能是孤立的,应积极与智慧旅游对接,实现资源信息的共享。总之,智慧酒店可以在提供传统服务的基础上,借助各种智能技术为顾客提供更个性、更多元的服务,可以为顾客提供更好的入住体验,从而提升酒店竞争力。各种信息技术在酒店中的普及和应用是大势所趋,酒店应用科技的最终目的是为客人提供更为优质的服务,进而改进和提升顾客体验,只有以顾客体验为酒店服务的根本出发点,才能更好地实现技术应用目的。

值得注意的是,酒店在科技应用时要把握一个很重要的原则:不要一味地"为技术而技术",不要刻意减少人际互动,更不能忽视酒店服务的本质。酒店应该将科技应用与人员服务有效结合起来,特别是将可替代人员服务的自助服务技术设备作为酒店服务的辅助性工具,而不是成为单纯的技术性卖点。酒店应在保证优质顾客体验的基础上,找到科技应用和人员服务的平衡点。另外,一般智慧服务都是以顾客的各种信息为基础,酒店在收集使用顾客信息的过程中需要特别注意信息安全问题,酒店企业可采用一些手段加强顾客对科技安全性的正面认知,减少顾客对科技应用的焦虑感。

本章小结

为了帮助学生更好地理解、掌握顾客体验的概念及设计方法,本章对体验与顾客体验的概念与分类进行了讲解,并列出了顾客体验设计的步骤及相关内容。为了使学生能更简单明了地理解相关理论概念,运用了相关的案例进行讲解分析,可以更好地帮助学生结合所学知识进行实践运用。

关键概念

体验的分类　顾客体验的价值形态　顾客体验的主要途径　顾客体验设计流程

复习思考

1. 根据体验的特征可以将体验具体分为哪几类?每一类都代表什么?

2.什么是顾客体验？顾客体验可以分为哪几类？

3.假设一个新开业的咖啡店，其投资人想请你来对该店的顾客体验进行设计，请你根据顾客体验设计流程以及每个流程所对应的内容，为投资人设计出相应的设计方案大纲，并进行简单的解释。

4.在酒店的服务场景中大量引入并使用新兴信息技术来替代传统的人工服务，对酒店和顾客来说各有什么利弊？

案例分析

"Thru"让客人能够利用自己的手机来办理酒店入住

2020年8月，DigiValet公司推出了"Thru"，该服务系统让入住酒店的客人能够利用他们自己的个人设备，轻松完成整个酒店入住流程，不必下载任何应用程序或软件。通过"Thru"可以在世界上的任何地方远程完成酒店入住，"Thru"可以取消所有传统的触点，让客人和酒店员工不必再通过这些触点来进行接触，同时，"Thru"可以确保客人不会在酒店前台排很长的队，也不用现场提供身份证件和信用卡，以及填写表格，而是仅仅利用四步来创造无缝和安全的体验。

（1）在客人计划入住酒店前48小时，"Thru"会发送短信，邀请客人来使用这一服务。

（2）在点击链接之后，"Thru"会提示客人扫描他们的身份证件，而且会利用这些身份证件的信息来自动填写登记卡中的空白之处。

（3）客人随后能够查看所有细节过程，以数字化方式签名，甚至能够利用他们所喜爱的支付方式，安全地支付预授权的款项。

（4）确认码会确认整个流程的完成。一旦抵达酒店，客人只需出示确认码，就能拿到经过消毒的酒店房间钥匙，并前往他们的房间。

不只是客人，"Thru"还能帮助酒店提升其运营效率，降低人力成本，让酒店大堂和前台在入住与结账高峰期时不会人满为患。"Thru"支持多种语言，可以确保语言不再是当今旅行者沟通的障碍。

在宣布推出"Thru"时，DigiValet创始人和首席执行官拉胡尔·萨尔贾（Rahul Salgia）表示，"Thru"可以被酒店迅速采用并实现无缝部署。利用完全在线的注册过程，"Thru"只需一天就可以在任何酒店中进行部署。酒店无需购买任何额外的硬件或软件。此外，"Thru"也绝对不会收取费用，或是产生任何要价过高的资本支出。事实上，"Thru"采用每次入住才予以使用的模式，意味着这项服务节省下的钱就足以负担购买的成本。

"Thru"利用DigiValet公司在提供一流酒店解决方案上面的优势,凭借先进的技术来支持更大的酒店市场,服务于众多全球有名的酒店品牌。

(资料来源:https://www.prnasia.com/story/288519-1.shtml.)

思考题:

1. "Thru"的出现对酒店传统的入住程序带来了哪些改变?
2. 这些改变对酒店今后的运营带来哪些挑战?

案例分析

第四章

服务运营流程与服务设计

学习目标

通过本章的学习,学生应了解酒店服务运营流程、服务设计及服务蓝图等核心概念、内容及其特点,理解信息技术在酒店服务运营流程优化中的作用;掌握服务运营流程和服务蓝图绘制,并能够在酒店中灵活运用。

课件二维码

第一节 服务运营流程

案例引导

某酒店是一家国际品牌高星级连锁酒店,成立于2017年,虽然酒店成立时间不长,但是良好的市场前景、高端优质的服务使该酒店成长迅速,在短短的几年内便成为该城市非常著名的酒店。然而在发展过程中,也发现了酒店在管理中所存在的一些问题,如员工的工作任务往往难以按时完成,员工的理由是客人太多,忙不过来;当工作未按时或按要求完成时,员工总会以其不知道或者是别人未准时提供相关信息为由来辩解;相互配合的工作事项往往会出现推诿扯皮的现象,工作的延误导致客人经常投诉;到底是谁的责任,总是无法清晰地界定……

(资料来源:根据作者经验整理。)

案例分析

一、酒店服务运营流程的含义

酒店服务运营流程是指酒店把一定投入变换为一定产出的一系列任务,对于酒店来说,产出的主要是服务,其中的一系列任务包括接待顾客、与顾客沟通、按照顾客的不同要求为顾客本身或顾客的物品提供服务,其服务流程主要由提供服务所经历的步骤、顺序、活动构成。

对于一个酒店来说,即使已经设计了很好的产品和服务提供系统,制定了良好的竞争策略,但最后顾客是否满意仍取决于服务的提供过程以及过程中顾客的感受。因此,服务流程的管理是最终赢得顾客的必不可少的一环,需要企业精心管理和控制,我们把服务过程中顾客与服务组织的接触称为"服务交锋"。顾客是否对一项服务满意,很大程度上取决于服务接触的那段时间,我们把服务过程中顾客与服务组织的接触称为"服务接触点",服务流程的管理和控制还需要对服务接触有特别的关注。

二、酒店服务运营流程的类型

服务运营管理的对象是服务流程和运营系统,服务流程作为一个"投入-变换-产出"的过程,其最后产出的结果不是一件有形产品,而可以被描述成为"一种行为、行为的结果或一种努力"。运营系统是指上述变换过程得以实现的手段,它的构成与变换过程中的物质转换过程和管理过程相对应。

酒店服务运营管理控制的主要目标是质量、成本、时间,它们是酒店竞争力的根本源泉。从运营的角度,我们往往更关心的是管理的流程类型,不同类型的流程会给我们提供不同的机遇与挑战,极其灵活的流程往往能够满足有更多特殊要求的顾客,但其维护成本较高。而适合于提供大量低成本服务的流程通常不是很灵活。一个酒店行业的简单示例说明了其差异:一家五星级酒店以为其顾客提供广泛的服务而自豪。前台的工作人员花时间处理每位顾客的要求,并努力回答每个问题,结果为每位顾客办理入住手续的时间都比较长,而且酒店还要雇用额外的工作人员,以确保始终为顾客提供高标准的服务。相反,经济型酒店为顾客提供基本、舒适的住宿条件。在这种情况下,接待程序的设计只是为了尽快进行基本的登记和付款活动,不鼓励顾客要求额外的服务,并将前台工作人员的人数保持在最低水平,以保持低成本。

由此可见,运营过程设计受到两个关键参数的影响:每个单位周期内执行的任务量,以及由一组给定的人员和流程执行的任务范围(种类)。

(一)商品型流程(任务量高、任务范围窄)

这里的流程定义明确,没有为个人定制留下多少空间。许多服务采用这些类型的流程,具有一致性和经济性的特点。我们之所以称之为商品型流程是因为服务内容之间几乎没有差别。但它们的好处在于提供了一个明确的服务概念,如顾客清楚地知道在麦当劳购买"巨无霸"时期望得到什么样的产品和服务。

（二）能力型流程（任务量低、任务范围宽）

在另一个极端，我们发现了"能力型"过程。这里的流程中每个任务可能都与前一个任务有着显著的不同。五星级酒店的接待活动可能更接近这个位置，这种服务理念远不像麦当劳"巨无霸"汉堡和随之而来的"祝你愉快"问候那样机械化。

（三）简单型流程（任务量低、任务范围窄）

一些小型企业如小型啤酒厂以及小型专业咨询公司会选择简单型流程。一些规模较大的组织也可能开发"简单的"业务作为初创服务，然后可能在数量或多样性方面增长，或者两者兼而有之。

同步案例 4-1　　宜家（IKEA）零售商店——自助式服务流程

宜家（IKEA）家居集团是一家著名的家具制造商和零售商，拥有非常多的产品。其产品特点是价格低廉、便于拼装。由于实现了模块化设计，顾客可以自助购买各种家具组装件，并按照自己的想法拼装成多种不同形式的完整家具。宜家家居以出色的自助式服务流程设计著称，具体自助式服务流程如图 4-1 所示。

案例分析

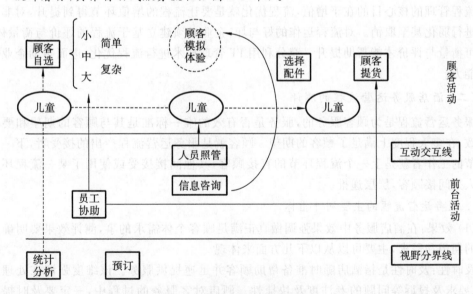

图 4-1　宜家的自助式服务流程

（资料来源：作者根据宜家官网资料整理。）

(四)复杂型流程(任务量高、任务范围宽)

粗略一看,这个流程似乎是理想的,然而,在现实中,为大量顾客提供灵活性服务始终是昂贵的,这只有通过雇用大量高技能人员或购置高科技设备才能实现。

服务管理面临的挑战之一是确保流程类型适合于服务企业。

三、酒店服务运营流程的改进

5G、虚拟现实、人工智能、大数据等信息技术的发展,对酒店发展也带来了挑战。不断变化的商业环境影响企业的运作方式,企业对运营流程进行改进才能适应发展需要。运营流程改进通常被称为运营流程优化,是一种战略规划方法,旨在确定可以改进的流程,通过更有效的工作流程来实现整体业务的增长。该过程也可以被称为功能过程改进,通过识别并改进影响效率的关键流程,既可以大幅降低运营成本,又可以提高企业运营效率,甚至促进业务增长。

(一)酒店服务运营流程改进的基本原则

1. 以客户(终端用户)为中心

企业流程管理的目的在于通过供应商到终端(客户)的高效运作,保证顾客价值最大化。因此,企业在进行流程优化的时候,始终要以顾客为中心,强调把整个供应链纳入"顾客满意"流程体系。

2. 以价值为中心,全面优化

流程管理的核心目的在于增值,流程优化就是要让流程的增值环节得到提升,对非增值环节进行弱化甚至取消。对流程运作的好与坏,企业必须建立基于流程的评价与衡量体系,只有可衡量与评价才能帮助提升。充分利用IT管理技术进行流程优化,进而帮助企业提升管理能力。

(二)酒店服务运营流程的测评

服务运营流程是为顾客服务的,服务是否有效的唯一标准是其与顾客的期望和要求是否一致,在多大程度上满足了顾客的期望。顾客就是服务运营流程产出的接受者,下一个流程环节的工作者就是上一个流程环节的直接顾客,其他间接接受或使用了某一流程环节结果的人是间接顾客,层层递推。

1. 服务运营流程的主要测评指标

(1)效果:在酒店服务中效果强调做真正满足顾客个体需求的事,测评效果要明确顾客主要的期望和需求,主要可以从以下几方面来体现。

及时性:及时性是指酒店随时准备帮助顾客并迅速提供服务。该维度强调在处理顾客问询、要求及投诉等问题的专注度及快捷性。酒店对客服务的过程中,一定要及时提供服务,不能立即提供的,也要明确告知顾客准确的等待时间。及时性可以体现酒店服务传递的效率,并且反映其服务体系的设计是否合理。

准确性:高质量的酒店服务都非常关注细节,做到精准服务,给顾客留下深刻的印象,为顾客口口相传打下较好的基础。

可靠性:可靠性是指酒店准确可靠地完成所承诺的服务。可靠性是服务质量的核心和关键,是顾客感知服务质量较重要的部分。无差错的服务是消费者所期望的,顾客都愿意和信守承诺的企业进行交易。如果酒店不能保证其服务的可靠性,就会失去顾客的信赖,从而影响企业信誉。

灵活性:酒店服务流程的规范化保证酒店运行的有序性和规范性,然而,酒店顾客不同的文化背景、相异的价值体系,造就了千差万别的个性特质,基于一般人的需求而制定的服务程序,在一些有个性需求的顾客面前,就不适用,所以必须灵活处理每一位顾客的个体需求。

(2)效率:在酒店服务中效率强调的是服务提供者在规定时间内通过不断优化服务流程以及提升服务技能,从而达到高效的产出。

时间投入:每个流程与环节的周期时间、等待时间、工作处理时间。周期时间=等待时间+工作处理时间。等待时间一般是不增值的,许多流程的真正处理时间只占整个流程的10%左右,处理时间又分为增值时间和非增值时间,增值时间的比例是测评的重点。例如在酒店餐饮服务流程中,客人实际用餐时间大约在1到2小时(增值时间),但是服务人员的工作内容还包含客人用餐前的准备工作以及客人用餐结束后的清洁整理工作(非增值时间)。所以在整个服务过程中,客人主要会对增值时间的效率进行测评,反馈服务人员是否能在规定时间内高效地完成服务任务。与此同时,非增值时间的测评也是服务运营管理人员必不可少的工作内容,等待时间的效率是劳动生产率的直接表现,管理人员应该充分地进行监督与管理,以提高服务人员的工作效率。

资金投入:具体包括人员数量、场地、办公设备数量和价值、过程性材料的价值、质量问题导致的返工、延误、积压和失去业务的损失、办公费用、管理费用等。这些因素都应设法换算成现金单位计量。要防止流程投入的此消彼长,比如压缩了流程时间,却增加了大量人力和设备;或减少了人力和设备,却造成大量的延误和返工。

适应性:适应性一方面是指酒店服务流程对多种特殊要求的适应,另一方面是指流程本身的可变性以适应新环境的需要。值得注意的是,适应性会提高顾客满意度,但有可能和效率发生冲突。

(三)酒店服务运营流程改进的方法和工具

在全球化、信息化和变革创新主导的新经济时代,企业管理面临着许多新挑战,如何快速响应市场需求,使用合适的运营流程改进方法和工具,建立客户导向的运营流程,已经成为酒店制度创新中的一个关键性课题。

1. 标杆瞄准法

1) 标杆瞄准的定义

标杆瞄准指企业将自己的产品、服务、成本和经营实践,与那些相应方面表现最优秀、最卓有成效的企业(并不局限于同一行业)相比较,以改进本企业经营业绩和业务表现的一个不间断的精益求精的过程。

2) 标杆管理的步骤

(1)成立小组,确定主题。

成立标杆研究小组,小组成员担负发起和管理整个标杆瞄准流程的责任。在许多大型组织当中,该小组通常扩建为一个独立的部门,从而能够更有效地为所有的标杆瞄准活动提供平台支持。小组成立后,需要确认标杆学习的需求和主题。在决定主题时有一点很重要,这项学习的主题必须对企业的经营或获利成果有重大的影响,如业务流程的标杆瞄准、机器设备的标杆瞄准、产品生产与制造的标杆瞄准、产品与服务标杆瞄准。只有瞄准了企业的这些关键成功因素,企业从事标杆学习才有意义。

(2) 内部数据收集分析。

标杆研究一个基本而重要的步骤,就是在了解另一个研究对象的作业方式、产品、服务等信息之前,彻底地了解企业本身。在这一阶段中企业必须搜集分析自己的内部作业信息,了解作业方式,并且进行检讨,找出需要改进的部分。这个步骤是企业到外界搜集资料前的准备工作。只有这样,企业才能正确地评估自己。

(3) 选定研究对象。

确定外部标杆企业时应该对标杆企业进行数据收集与分析,确定要改进的尺度和标准。比如是只要对现行的作业进行一些基本的改善还是要达到树立典范的程度,这涉及想要改善绩效的程度与投入资源两者的均衡。企业可以通过报纸、期刊、国家级奖项名录或者咨询公司来找到标杆学习的对象。在选定标杆学习的对象后,企业可以通过电话访谈、问卷调查、书刊、当面访问、数据库查询等方法来收集所需要的资料。必要时可以购买竞争对手的产品,对竞争对手的产品进行倒序制造。在内外部资料信息收集的基础上,将自身流程、产品、服务进行比较,找出之间关键性的差异,以确定需要对什么进行改进及改进的程度和方向。

(4) 采取变革行动。

在找到改进的方向和程度后,需要制定出变革的最佳方案,并进一步明晰变革的实施步骤以及如何对改进效果进行评价。实施计划的重要任务或重要组成部分应包含一份组织变革管理计划,一方面尽可能排除组织内部对待变革的抵触力量,另一方面促成组织成员对方案的理解、接纳与支持,以保证变革目标的达成。

(5) 持续改进。

正如所有的变革一样,标杆瞄准也要求对其进行持续的改进,方可获得理想的效果。为了使标杆瞄准过程中所付出的心血与汗水获得更大的回报,应设计一个流程或程序,及时预警标杆项目的绩效可能在什么地方、在什么时候发生逆转。必须对标杆瞄准数据库进行及时更新,标杆项目的绩效改进过程是永无止境的。

2. 因果分析图法

1) 因果分析图法的定义

因果分析图又称鱼刺图、树枝图,这是一种逐步深入研究寻找影响产品质量原因的方法。由于在实际管理过程中,产生服务质量问题的原因是多方面的,需要在考虑综合因素时,按照从大到小、从粗到细的原则,逐步找到产生问题的根源。

2) 因果分析图法的步骤

(1) 确定要分析的特定问题或事故,写在图的右边,画出主干,箭头指向右端。

(2) 确定造成问题的因素分类项目,如安全管理、操作者、操作对象、环境等,画出大枝。

(3) 将上述项目深入发展,画出中枝并写出原因,一个原因画出一个枝,文字记在中枝的上下。
(4) 将上述原因层层展开,一直到不能再分为止。
(5) 确定图中的主要原因,并标上符号,作为重点控制对象。
(6) 注明图的名称。

3. 六西格玛企业管理战略

1) 发展由来及内涵

六西格玛是 20 世纪 80 年代由摩托罗拉公司提出的概念和相应的管理体系,并全力应用到公司的各个方面,从 1986 年开始实施到 1999 年,公司平均每年提高生产率 12.3%,不良率只有以前的 1/20。

目前所讲的六西格玛管理方法已进化为一种基于统计技术的过程和产品质量改进方法,进化为组织追求精细管理的理念。一般来讲,包含以下三层含义:①是一种质量尺度和追求的目标;②是一套科学的工具和管理方法,帮助对流程进行设计和改善;③是一种经营管理策略。六西格玛管理是在提高顾客满意程度的同时降低经营成本和周期的过程革新方法,它是通过提高组织核心过程的运行质量,进而提升企业盈利能力的管理方式,也是在新经济环境下企业获得竞争力和持续发展能力的经营策略。

2) 六西格玛企业管理方法

六西格玛管理建立在科学的统计理论基础上,它包括两个组成部分,即六西格玛设计和六西格玛改进。它一般采用项目管理的方式,运用 DMAIC 流程分析技术——定(Define)、测(Measure)、分(Analyze)、改(Improve)、控(Control)来实现产品和服务质量的持续改进。

(1) 定义阶段。

①定义顾客需求,分析系统,寻找浪费或变异,确定改进机会。

②分析组织战略和组织的资源。

③确定项目,包括项目的关键输出、所用资源、项目范围。

(2) 测量阶段。

①定义流程特性。

②测量流程现状(包括各流程或动作需要的时间)。

③对测量系统分析。

④评价过程能力。

(3) 分析阶段。

①分析流程,查找浪费根源或变异源。

②确定流程及关键输入因素。

(4) 改进阶段。

①确定输入与输出变量之间的关系,提出优化方案。

②制订改进计划。

(5) 控制阶段。

①建立运作规范、实施流程控制。

②验证测量系统,验证过程及其能力。

③对实施结果进行总结,规范成功经验,提出新问题。

同步案例 4-2　　吉隆坡传奇酒店

吉隆坡传奇酒店拥有 414 间客房和套房以及 206 间公寓，位于吉隆坡世贸中心附近。世贸中心是吉隆坡的一个主要贸易和会议场所。与马来西亚的许多企业一样，20 世纪 90 年代末经济危机之后，酒店的业务出现了下滑，由于酒店需要迅速采取行动来改善其财务状况，许多酒店管理层发起了一系列"愿景和价值观倡议"，为酒店员工提供指导。不幸的是，其中许多倡议都是短暂的。传奇酒店的管理团队在看到其他企业采用六西格玛改善业绩的做法之后，决定在传奇酒店采用这种方法为各部门主管提供解决问题的策略和重点。在看到其他企业是如何改善业绩之后，管理团队通过对酒店业务加以分析得出的结论是，"客房住宿"和"餐饮"是酒店的核心业务，管理团队应将注意力集中在这两个领域。餐饮部设有七个餐厅，分别对其进行 SWOT 分析。团队领导被指定领导项目团队，他们参加了关于创业技能的研讨会，以及探讨了六西格玛过程改进方法：定义、测量、分析、改进、控制（DMAIC）。他们还接受了关于使用六西格玛工具的完整培训。

案例分析

一项对日本料理店用餐范围和顾客消费的分析显示，在星期一、星期二和星期三按菜单点菜的时候，用餐人数非常少且消费金额非常低。然而，当自助餐在星期四、星期五、星期六和星期日供应时，表现则好得多。由 8 名服务人员和 8 名厨房工作人员组成的项目小组进行了头脑风暴会议，以确定出现这一现象的根本原因。该团队确定了三个主要问题：不一致的服务提供，缺乏营销策略，以及无效的市场推广努力。该小组对这些问题进行了因果分析，并确定了需要改进的地方。图 4-2 显示了对其中第一个问题的分析。随后改进六西格玛的行动计划被提交给高级管理层，并获得批准和支持。在采取了措施之后，该料理店的顾客用餐量有了显著的增长。

该料理店的改进鼓励了领导者在传奇酒店餐饮部门实施六西格玛方法。在传奇酒店实施六西格玛管理理念促进了实践交流，并加速了劳动力之间的学习。六西格玛方法为传奇酒店员工系统地创造新知识和提高客户满意度提供了结构化和可见的路线图。

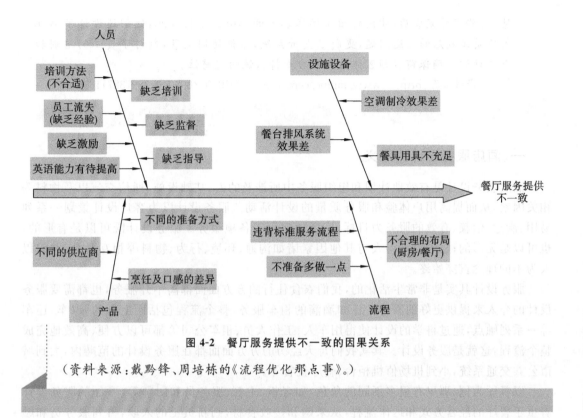

图 4-2　餐厅服务提供不一致的因果关系

（资料来源：戴黔锋、周培栋的《流程优化那点事》。）

第二节　服务设计

案例引导

某市南京路上有两家相邻的咖啡店，咖啡的售价相同，咖啡的品质也相同，但是 B 咖啡店的生意却比 A 咖啡店的生意好很多。经过调查研究发现：A 咖啡店设计了一款 App，他们召集了一群设计师埋头工作了几个月，然后交付给顾客使用，顾客下载了这个 App，却发现里面并没有他们所需要的内容。而 B 咖啡店更注意顾客的体验，他们与顾客交谈，进行研究分析，看顾客们在喝咖啡前、喝咖啡时、喝完咖啡后都做些什么，找到一些服务的接触点，才开始寻求解决方案。团队找到一些利益相关者，包括店员、市场团队、供应商等，听听他们平时遇到哪些问题，与这些利益相关者一起确立了明确的商业目标，然后设计出一些概念，并且向已有的顾客测试这些概念。他们进行了技术分析，并绘制服务蓝图，确保中后台系统能支持概念的落

案例分析

地,这些工作完成后,才设计出了顾客喜爱的App。不仅如此,他们还设计了App解决员工到店的交通问题,更新了支付系统,保证协同运营,制订了员工的培训和参与计划。确保前台顾客体验和后台支持系统的完整性。

(资料来源:http://www.pinlue.com/article/2019/05/0920/078897387116.html。)

一、酒店服务设计的定义

酒店服务设计是有效地计划和组织服务中所涉及的人、基础设施、通信交流以及物料等相关因素,从而提高用户体验和服务质量的设计活动。服务设计以为客户设计策划一系列易用、满意、信赖、有效的服务为目标,广泛地运用于各项服务。服务设计既可以是有形的,也可以是无形的;服务设计将人与其他因素诸如沟通、环境、行为、物料等相互融合,并将以人为本的理念贯穿始终。

服务设计其实是非常生活化的,我们衣食住行的方方面面都离不开服务,也都需要服务设计的介入来提供更好的服务。比如滴滴的租车服务,整个流程包括网上预约、取车、还车等一系列触点,通过科学的设计使得用车人、工作人员、租车公司等都可以方便、高效地完成整个流程,这就是服务设计。其实我们每天经历的方方面面都在服务设计的范畴内,大到城市公共交通系统,小到机场值机柜台、餐厅就餐等。

以餐厅为例,那里有很多不同的角色,如老板、主管、服务员和厨师等,餐厅的服务设计着重于餐厅的经营方式和运作流程,从采购和接收食材,到新员工的入职,再到服务员和顾客的沟通等,整个运作流程中的每一部分都对最后顾客的就餐和买单直接或间接地产生影响。

二、酒店服务设计要素

(一)利益相关者

交互设计、体验设计等更多是将使用者作为设计的对象,是唯一的核心利益相关者。而服务设计需要综合考虑所有利益相关者,如何通过设计让各方利益相关者都可以方便、高效地完成服务流程。其中利益相关者又可以按照和服务的联系紧密程度分为核心利益相关者、直接利益相关者和间接利益相关者。如酒店的利益相关者包括酒店投资方、管理团队、客户、供应商等。

(二)接触点

接触点字面上的意思是事物之间相互接触的地方,而在服务设计中则是指利益相关者与服务系统进行交互的载体。接触点可以是有形的,也可以是无形的。接触点的种类繁多,大体可分为物理接触点、数字接触点、情感接触点、隐形接触点和融合接触点等。比如酒店前厅接待这个服务环节的接触点可以是面对面办理入住,也可以是线上直接办理入住。接触点的选择和设计是服务设计的重要环节之一。

(三)流程

服务设计的对象不是单一的接触点,而是由多个接触点组成的系统的、动态的流程。服务系统的节奏、各接触点、服务阶段的划分与组织都是进行服务设计时要重点考虑的。比如滴滴打车的支付环节,这一服务既可以设计成在到达目的地时支付,还可以设计成在下车后支付,甚至可以设计成在下次打车之前支付,服务流程和节奏的变化对体验有很大影响。

(四)服务

设计服务系统,最本质的要素是服务。比如很多经济型酒店只提供住宿服务,不提供餐饮服务,而星级酒店服务要素俱全。

三、服务设计原则

基于服务设计的特性,服务设计有 5 个被广泛认可的原则:以用户为中心、协同创新、有序性、有形化、整体性。

(一)以用户为中心

以用户为中心的设计理念已经被广泛运用在产品设计、交互设计等领域,在服务设计范畴内也要贯彻以用户为中心这一原则。用户的参与使得服务系统形成闭环,以用户为中心、洞察用户需求,以优化整体服务的体验是服务设计的重要原则之一。

(二)协同创新

在服务系统中不只有消费者即服务使用者,还有服务提供者、管理者等多方利益相关者。如果充分调动各利益相关者在服务设计过程中的参与程度,可以得到更多角度、更全面的设计概念。除了设计,服务设计人员还需要有组织能力,去激发各利益相关者的创造力,以调动各利益相关者在服务设计过程中的参与积极性。

(三)有序性

完整的服务系统是由多个服务阶段、多个接触点共同组成的,要遵循一定的服务流程。服务设计要考虑每个环节给用户带来的节奏,保持精准的节奏控制,把用户与服务互动的每个点连接起来。

(四)有形化

在服务系统中很多服务都是无形的,这就需要在一定程度上将无形化服务进行有形化体现,进而增加用户对服务的感知。

(五)整体性

服务设计是设计一个系统,不只是某个接触点的设计。服务设计的对象不只是用户(消费者),还有服务提供者、系统管理者等多方利益相关者,所以在做服务设计时需要全局思考,从整体性考虑问题。

四、酒店服务设计流程

在设计领域,广泛被接受和传播的设计流程分为五个步骤:共情、定义、概念、原型、测试。此外,英国设计学会提出了双钻模型,包括发现、定义、建立、产出四个阶段。首先确保在设计正确的事,其次是需要经过概念产出与测试的反复迭代过程。服务设计也遵循同样的设计流程,以下选用双钻模型来说明服务设计的流程。

（一）发现

发现阶段主要包括质疑需求、罗列研究对象、选择研究方向、展开研究。在服务设计中，发现阶段通常包括了解服务背景、了解现有服务中的利益相关者、了解现有服务过程中的问题等。常用的方法包括田野调查法和桌面调查法。

（二）定义

定义阶段是指对发现阶段所得到的原始研究数据进行分析梳理，定义设计目标，具体包括以下几个步骤：总结研究原始数据、聚类分析、设计洞察、重新定义设计需求。在此阶段，设计师会对原始需求进行重新定义，并为之后的设计概念发散和产出打下基础。一些服务设计工具，如用户体验地图、利益相关者地图等在此阶段作为思维梳理和视觉表达的工具，帮助设计师将设计研究转化为洞察。

（三）建立

建立阶段是设计师最熟悉的创意发散并提出设计概念的过程，其中包括对概念的不断打磨与完善，其主要步骤有：创意发散、概念评估（迭代过程）、设计方案。需要注意的是，服务设计的设计概念产出不只需要考虑服务使用者，同时还要考虑服务提供者，如何创造一个完善的服务流程从而给各利益相关者更好的体验是核心。在设计概念发散阶段，如果设计师作为组织者和赋能者，通过组织协同设计的方式把各利益相关者带入创意设计的过程中，会有更多的收获。一些服务设计工具，如用户体验地图、服务蓝图等会在此阶段帮助设计师了解背景、全局思考、发散思维。

（四）产出

在这个阶段，最终的方案将产出，包括创建原型、测试分析、方案迭代。产出服务设计方案后，通过快速创建服务原型对方案进行测试与改进，建立服务原型以节省试错的成本，早发现问题早解决。即使是落地的方案也需要不断地测试迭代并进行改进。

同步案例 4-3   海底捞体验纪实

为了充分感受海底捞的特色服务，我们先后两次前往海底捞进行体验，切切实实地感受到了海底捞服务的优质性和精细性。

1. 就餐前百分之百的精心准备

去过海底捞的顾客都会发现，在等待区等待就餐的顾客可自取免费水果、饮料和零食；如果是几个朋友一起，服务员会主动送上棋牌等。在海底捞，从我们进入餐厅的那一刻起，服务员自始至终都保持着微笑，像朋友一样，并且对我们亲切称呼"哥""姐"等，让人印象格外深刻。刚一入座，就会有服务员送上清洁、温热的毛巾供我们擦手。此外，服务员会为戴眼镜的顾客提供一块眼镜布，以防在吃饭的过程中，眼镜上有雾气；会为顾客提供一个小袋子，方便顾客将手机放在袋子里，以免溅上油污；会为长发的顾客提供皮筋和小发卡等。当

案例分析

然,服务员还会为每位顾客提供围裙,防止吃火锅时油滴溅到身上,弄脏顾客的衣服,这些服务使人不得不感慨海底捞的细致周到。

我们第二次去海底捞的时候,是由一位自称"大胖"的服务员为我们提供服务。在指引我们落座以后,她就进行了简洁明了的自我介绍:"我是海底捞××号员工,你们可以叫我大胖,有什么需要找大胖就行。"这位服务人员豪爽的性格和热情的服务给我们留下了深刻的印象。这家海底捞的每位员工都配备了一个员工编号牌,上面的名字也都朗朗上口,让人倍感亲切,比如为我们服务的大胖,还有为邻桌服务的飞虎等,这些形象化的名字与他们的性格或者特点相符,这就拉近了顾客和服务员之间的距离,给顾客留下了深刻的印象。

2. 就餐时,对顾客贴心周到的服务

就餐过程中,服务员细致周到的服务着实让我们有了宾至如归的感觉。在等待火锅煮沸的过程中,我们在服务员的引领下去了自助选料台进行选料,这里另外还提供各种搭配的小菜和汤。

在服务过程中,不论我们有什么需求,服务员都会热情回应,及时提供服务。当饮料喝到一半时,服务员就会主动帮我们加满;上菜时服务员会询问是否要帮我们加入火锅中;负责看台的服务员则自始至终都在各桌间来回巡视,看到客人的骨碟垃圾多了就会主动更换,并且及时回收空盘。在点菜的时候,服务员会留心哪道菜是谁点的,在上菜的时候会放到点菜人的旁边。就餐时一位顾客不小心把筷子掉在了地上,附近正在忙活的服务员会立即转过身来说:"请稍等,我马上为您取来!"这与我们平时在很多火锅店吃饭时只有向服务员招呼"拿筷子",服务员才会拿来的情形形成了鲜明的对比。不仅如此,有位顾客在吃饭的时候让服务员帮忙冲药,服务员特别细心地询问她冲一杯还是半杯,然后按照相应的要求为这位顾客送上冲好的药,同时提醒她哪些食物在生病的时候是不宜食用的。

我们第二次去海底捞的时候,服务员给我们出了一个谜语让我们猜,答对即可赠送一份拉面。这种形式激发了顾客的参与性,增加了顾客与员工之间的互动,丰富了顾客的就餐体验。我们成功地答对题目以后,服务员很快就送上了一份拉面,并为我们献上精彩的表演。师傅一边拉面一边跳舞,动作娴熟,引来了周围人的围观和赞叹,这也成了海底捞的特色表演。

3. 就餐后,依然坚持顾客至上的理念

海底捞从始至终都能够让人体会到"顾客就是上帝"这句话的含义。即使是在最后的结账环节,他们也会尽最大的努力让顾客满意。当我们就餐完毕起身准备去前台结账的时候,服务员赶忙说:"您请坐,我们为您拿账单、POS机。"结账前,他们提醒我们仔细核对账单,确认无误后,再进行刷卡。即使在这一过程中我们并没有等待多久,他们还是会送上一声真诚的道歉,并欢迎我们再次光临。

(案例来源:笔者根据亲身经历进行整理。)

第三节 酒店服务流程与服务蓝图

案例引导

星巴克作为全球最大的咖啡连锁店,其提供的服务一直被作为研究对象进行研究。以成都地区星巴克门店为例,通过服务蓝图技术,将星巴克门店提供给一般消费者的服务的全过程记录下来,对星巴克服务质量进行了简要分析,以便更好地观察服务流程与服务蓝图的关系(见图 4-3)。

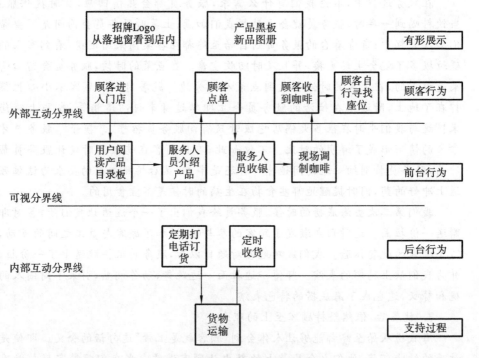

图 4-3 星巴克门店服务蓝图

(资料来源:https://wenku.baidu.com/view/b191caae24fff705cc1755270722192e44365863.html。)

一、服务蓝图、服务流程、服务操作程序

服务蓝图是详细描画服务系统与服务流程的图片或地图。它把一项服务分割成若干逻辑部分,各部分分别描述服务过程的步骤或任务以及任务执行的手段,它是顾客体验服务的一种展示。即通过描述服务传递过程、与顾客接触的时刻、顾客与员工的角色及服务的有形因素而形象地展示某项服务。酒店服务蓝图对于酒店最初的服务设计非常重要,同时对于酒店的流程再造也具有非常重要的意义。酒店服务蓝图的作用主要体现在以下两个方面:一方面,通过蓝图的勾画来辅助酒店进行服务设计(包括服务概念、服务活动的逻辑顺序、人员需求等);另一方面,向顾客展示酒店服务的内容和功能分区。

酒店服务流程实际上就是针对某项具体服务设计的操作顺序和标准。服务流程是服务蓝图的进一步细化,也叫蓝图中的蓝图。它可以细化到一项服务的操作流程及每个部门的服务流程,而这些流程的组合构成了服务蓝图。

蓝图、流程、操作程序的设计既针对酒店的管理层,也针对员工和顾客。对于高层管理人员,蓝图更重要,因为它是对整体服务概念的描述,关乎酒店的建筑设计、人员规划和组织结构的设置问题,是宏观层面的;对于部门经理,流程也很重要,因为流程可以准确描述部门的各项服务内容及其提供方式,从而具体确定人员素质要求、主要任务和操作程序;对于员工,操作程序和流程同样重要,因为员工需要标准化的程序来帮助其按标准提供服务,明确与同事的任务分工与合作,这都是由操作程序和流程图体现出来的;对于顾客,蓝图和流程会起到信息沟通的作用,帮助他们了解酒店的服务内容和功能分区、服务提供方式和自己的责任与义务,甚至是投诉的渠道。服务蓝图、流程、程序的顺利执行离不开顾客,因此,涉及顾客参与的服务流程和程序必须以某种方式告知顾客,这样才能顺利地为顾客提供服务。例如,酒店入住流程对提供身份证的要求和退房时间的具体规定等,都需要与顾客提前沟通,否则可能会导致服务失败和顾客不满意。

蓝图或流程中有两点需要关注:"等待点"和"失败点"。它们是顾客需等待或服务容易失败的时刻。等待极易引起顾客的不满。为了保证质量,要尽量想办法减少顾客的等待时间或利用其他手段(如电视、服务准备工作等)让顾客能够消磨时间。具体可参考第二章排队管理的相关内容。此外,要在容易失败的地方加强质量管理,提高成功率。

流程和程序的设计主要考虑服务传递的时间和距离两个要素。对于酒店服务,最佳的流程设计是按照"时间最少""距离最短"的规则,来方便顾客享受服务。很多酒店的VIP顾客采取直接入住客房而后办理入住的程序或通过刷卡来完成一切消费或交易过程来节省顾客时间和缩短其行走距离;很多酒吧将吧台设计在中间位置,便于各个方向的顾客购买。制定服务蓝图、酒店服务流程和操作程序的意义有很多,综合起来,可以总结出如下几点。

(一)提供标准化服务

服务具有异质性,不同服务人员的服务会产生差异,同一服务人员在不同的时间和环境下也会产生服务差异,这种差异往往会给顾客造成服务质量不稳定的印象。要克服这一点,统一标准的程序必不可少,如连锁酒店的服务概念(包括服务内容、装修、流程、衣着等)的一致性。而通过流程和程序提供的标准化服务可以克服不同员工服务的异质性,提升服务质量。

（二）保证服务质量

酒店服务流程及员工操作程序都是经过不断的经验积累，在专业知识的支撑和指导下逐步完善形成的，为服务质量提供了科学保证。例如，三声铃响必须接听电话是根据顾客的等待心理研究出的结果。有些酒店要求前台员工记录顾客眼睛的颜色实际上是要员工与顾客进行目光接触，而没有目光接触的服务互动则反映了员工对顾客的不礼貌和不尊重。酒店员工应在收款时重复所收金额并让顾客确认，是为了避免发生金钱方面的争执，因为有些顾客会忘记付给收银员的具体金额。这些都与顾客对服务的感受和安全感有关。

（三）提高服务效率

服务流程的优化可以提高服务效率。例如，顾客办完入住手续后对酒店的服务项目和区域还是不了解，就会打电话询问或者因为嫌麻烦而放弃消费。如果为顾客提供消费指南等类似的蓝图，就会免去很多麻烦，也会促进消费。另外，员工操作程序会保证员工工作效率。固定的操作程序会让员工熟练掌握其提供的服务，减少服务随意性造成的时间浪费。例如，擦洗的抹布在使用前要先对折2至3次，再逐渐摊开分别使用不同的部分，这会提高抹布的使用效率并减少洗涤次数。

（四）便于管理人员进行检查

规定操作程序后，管理人员可以根据程序进行检查，检查员工服务过程是否符合标准。服务提供后的检查也是根据服务程序进行的。无形的服务通过程序固定化后，就部分解决了服务质量管理难的问题。

酒店的服务蓝图、流程和程序具有非常重要的营销作用，而且这些内容都是早于酒店运营而设计的，非常重要。即使是正在运营的酒店，也要不断对其流程进行完善或改造，以提高服务质量和效率，这就是我们常听到的"流程再造"。

二、服务蓝图的元素分析

服务蓝图的元素包含有形展示、顾客行为、前台员工的服务行为、后台员工行为和支持过程，并通过三条线把这些活动分为四个部分。这三条线分别叫作外部互动分界线、可视分界线、内部互动分界线。图4-4所示为服务蓝图的基本格式。

（一）三条线的解释

1. 外部互动分界线

这条线表示顾客与前台员工或酒店功能区的直接互动。穿过这条线的竖线表示服务互动的发生。

2. 可视分界线

这条线以有形屏障或无形关系把顾客能看到的服务活动与看不到的服务活动分开。这条线也把前台员工与后台员工的活动分开。例如，酒店前台接待人员和顾客直接接触，但销售人员在销售部为前台提供预订信息。餐饮部的服务人员把顾客菜单信息传给后厨，由后厨准备顾客所点的餐饮。这些后厨人员、销售人员被这条可视分界线与前台员工和餐饮部服务员及顾客隔开。管理人员如主管、部门经理会为一线服务人员提供后台支持，他们不一

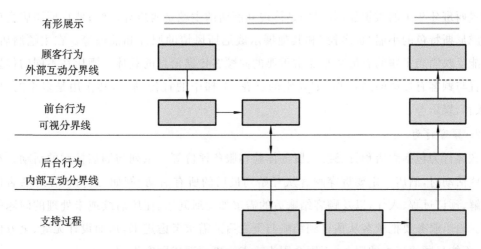

图 4-4　服务蓝图的基本格式

定与顾客直接互动,但会出现在酒店的各个区域,进行走动式管理。

随着酒店服务层次的提高,可视分界线可能被淡化或去除。例如,很多餐厅为了让顾客对餐饮卫生质量放心,把厨房活动通过透明玻璃完全展示给顾客;酒店的早餐会以现场制作的方式提供;还有些餐厅会把食品制作或加工过程作为艺术展示给顾客,如全聚德的烤鸭切制过程、海底捞的面条制作过程等。

3. 内部互动分界线

这条线是区分后台员工活动和酒店内部其他支持活动的一条线。穿过这条线的竖线表示内部服务人员间的互动,例如酒店后厨人员与原材料采购员之间的关系。

三条线根据服务过程中的逻辑关系把酒店的员工分成几个部分,目的是做好服务分工,提高服务效率并提升员工对其工作的熟练程度和专业技能。这就像制造业的生产流水线一样,每人负责一部分服务工作,这是一种纵向的流水作业,同一项服务工作由不同的人员分工合作完成。例如,顾客办理入住手续时,前台服务人员进行操作,但信息由后台的销售人员或预订人员提供,同时前台要与客房部服务人员沟通确认房间状态。在服务蓝图中,前台服务人员的横向活动是指对应顾客在不同时段或区域的服务活动,是一种横向的流水作业,即不同的服务由不同的人员完成。例如,顾客在前台办理入住手续时接受前台服务人员的接待,到了客房要接受客房部服务人员的服务,就餐时则由餐饮部服务人员提供服务。这种流水作业法是酒店服务提供的特征,也是服务复杂性的体现。

当然,对于 VIP 顾客的前台服务活动,酒店会通过非流水作业的方式提供一站式服务,从而免去 VIP 顾客的麻烦,其典型表现就是酒店的金钥匙服务。金钥匙服务可以克服服务的异质性造成的质量不稳定,同时简化顾客接受服务的复杂过程和降低成本。

(二) 几个元素的解释

1. 有形展示

服务蓝图的最上方是有形展示。在服务蓝图中,每一个接触点处的服务的有形展示都应表示出来。其目的是向顾客传达服务概念和质量。例如,深圳洲际大酒店会在不同的地方放置西班牙斗牛的雕塑品,其目的是体现其酒店的主题是西班牙风情;威尼斯酒店会摆放具有威尼斯特色的小船"贡多拉"和其他展示威尼斯风情的照片和油画等。在主题酒店中,一些能反映酒店主题的有形物是非常重要的向顾客传递信息的载体。酒店在不同的位置都会布置与顾客有接触的展示物,如大堂的鲜花、电梯中的宣传画等,其作用是多重的,如宣传、教育、娱乐等。

2. 顾客行为

顾客行为包括酒店预订、到达、服务体验和服务评价等一系列与酒店接触的活动。在考虑这些活动时,酒店一定要贯穿顾客从开始到最后的所有活动,例如,最初顾客对酒店信息的了解、预订过程、入住,以及顾客结账后的需求如交通问题、住店后续或未处理的问题的解决等。酒店服务要把顾客从预订到结账乃至之后的需求考虑进来,从而设计无缝、全方位的服务,不能只顾酒店内的服务,否则会因为一点小事而造成顾客失望。

3. 前台行为

前台(一线)行为是顾客可以看到并直接产生服务接触的活动。前台行为针对顾客接受服务的每一环节而设计,如泊车服务、门童服务、前台接待等。每个步骤都会发生服务接触,影响顾客入住满意度,因此这些接触非常重要。

4. 后台行为

后台行为是指顾客看不见的一些支持前台员工服务的活动。虽然顾客看不到他们的活动,但是对整个服务的过程非常重要。例如,酒店客房辅助用品的质量、餐饮部食品原材料的质量、酒店信息系统的正常运行等,这些都关系到酒店服务效果与质量。

5. 支持过程

支持过程是指覆盖了内部服务、步骤及支持一线员工传递服务的一些交互活动。酒店的工程部是典型的服务支持的提供者。设施设备的维修及更新在酒店很常见,这些工作做得不及时或做得不好会影响顾客的体验。

三、服务蓝图的建立过程

步骤1:识别需要制定蓝图的服务过程,并对整个服务过程进行分解。

步骤2:识别目标顾客对服务的经验。针对细分市场中顾客的具体要求,制定具体的服务,使服务过程更加清楚明白。

步骤3:识别顾客的角色描绘服务过程,或称描绘顾客的行为,即描绘顾客在购买、消费和评价服务中的行为。对于内部服务,应描绘员工的行为。

步骤4:描绘前台与后台员工的行为。主要区分哪些是顾客能看到的行为(前台),哪些是顾客看不到的行为(后台)。

步骤5:把顾客行为、服务人员行为与支持功能按步骤相连。

步骤6:为每个顾客行为步骤加上有形展示。

同步案例 4-4　　酒店服务蓝图范例

图 4-5 所示为酒店服务蓝图示例。

案例分析

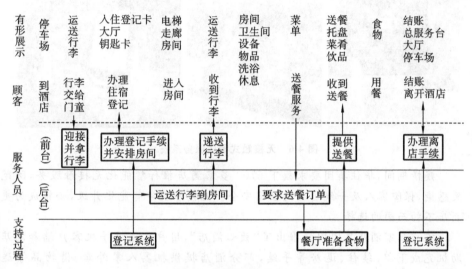

图 4-5　酒店服务蓝图示例

（资料来源：舒伯阳、徐静的《服务运营管理》。）

第四节　信息技术在酒店服务流程优化中的作用

案例引导　　智能化的无接触服务，直击疫情下酒店的"痛点"

2020 年 1 月，一场突如其来的新冠疫情席卷全球，自从专业人士表示"确定新型冠状病毒存在人传人"后，保持距离成为一种礼貌，人与人之间尽量减少接触。

疫情之下，作为旅游业核心支柱的酒店行业，无疑受到了灾难性的打击。据 STR 初步数据分析，2020 年 1 月 14 日—26 日，中国（不

案例分析

含港、澳、台地区)酒店在两周内入住率下滑近75%。众多酒店遭遇停业,出租率、营业收入大幅下滑。在无数的酒店被迫宣布暂停营业时,也有不少品牌在这场危机中自救,其中最常见的方式就是"无接触服务"。

特殊时期"无接触"似乎成了最安全的方式。美团、饿了么、盒马、瑞幸、喜茶等纷纷推出无接触配送、无接触取餐服务。其实,无接触服务对于酒店来讲也同样合适,因为酒店是人流量大、人员更为复杂的场所,无接触服务或将最大限度保障顾客和员工的安全,让顾客在居住期间更安心(见图4-6)。

图4-6 无接触式酒店服务系统

疫情期间,华住集团要求旗下5700多家酒店推行智能化无接触服务,防范交叉感染,保障客人及一线员工的住宿安全。无接触服务智能化升级,必将成为更多酒店不约而同的选择。

首旅如家酒店集团同样推出了"放心酒店",用户可通过手机客户端和酒店自助机完成下单、续住、退房等手续,部分酒店提供机器人拿外卖、借物品等送物服务。

此外,开元、晗月、东呈、兰欧等酒店也均提供"无接触服务",减少人员接触,最大限度地保障客人及员工的安全。

随着5G时代的到来,物联网和人工智能已得到广泛应用,顾客可通过智能手机终端App操控客房内的常用设备,如电视、窗帘、灯光等。这些设备都属于多次碰触的物件,有可能成为病毒传染的载体之一。通过物联网和人工智能打造更便捷、更卫生的住宿环境,顾客可轻松实现"非接触性的客房智能控制",大大地消除了顾客对酒店的卫生疑虑,极大地降低了接触式感染风险,保障了顾客与一线工作人员的健康和安全。

引入无接触机器人设备将会是未来酒店业的趋势,会有越来越多的机器人逐渐为酒店解决重复性工作,如自助入住、机器人送物、零秒退房、远程办理入住等。这样能够尽可能地减少人员的面对面接触,降低交叉感染的风险,在满足顾客住宿需求的同时,也更好地保证顾客与一线员工的安全。酒店在无接触机器人的帮助下,不仅能降低交叉感染的风险,还可以大大提高运行效率,减轻酒店一线员工的负担,有效解决人员不足等问题。

(资料来源:作者根据网络资料汇编整理。)

竞争全球化和信息技术的飞速发展使得酒店企业之间的竞争进一步加剧,酒店同行之间的竞争很大程度上归结于服务效率的竞争,尤其是在硬件配置高度同质化的今天,谁能提高团队协作力、优化服务流程、减少客服环节、提供高质量的服务、有效满足顾客多元化和个性化的需求、全面提高顾客满意度,谁就能在市场赢得竞争优势。

通常企业的工作业务流程可以分为经营流程、管理流程和服务流程三大类。其中服务流程是指顾客享受到的、由企业在每个步骤和环节上为顾客所提供的一系列服务的总和。这些流程最终输出的是企业交付给顾客的产品或服务,直接决定了对客服务的质量和顾客对企业服务的满意程度。业务流程是企业运行的脉络,它直接决定着企业的运作逻辑。企业总体流程框架是否科学、合理,具体流程运行是否通畅、快捷,关系到企业运行的效率和效益。因此,业务流程是企业管理的基石,也是企业管理水平的重要标志,还是企业管理规范化、制度化的基础。

业务流程优化理论作为当今世界企业管理领域极受关注的焦点问题,已较广泛地运用于制造业企业的流程再造中,而将这种思想运用于酒店业务流程中,并对酒店主要服务产品的作业流程进行优化设计,能在提高酒店工作效率、降低成本支出方面实现突破性的改进。在业务流程优化中,技术是进行"根本性改变"业务流程优化成功的关键要素。现阶段,通过引入大量信息技术对酒店进行信息化改造和转型,同时基于信息技术对酒店各项业务流程进行优化,这往往成为酒店管理者提高酒店自身竞争力的组合措施。

一、什么是业务流程优化

业务流程优化(Business Process Improvement,简称 BPI)是指企业内外环境变化所共同作用的结果,但流程优化的直接驱动力是企业为了更快、更好地满足顾客不断变化的需求。业务流程优化是针对竞争环境和顾客需求的变化,对业务流程进行调研、分析、梳理、完善和改进,从而使企业在服务质量、运作效率、运营成本等方面获得改善,并强调充分利用信息技术使企业的业绩提高。通常,企业进行流程优化是受企业战略的驱动,是基于对各种竞争要素评估的结果。影响企业经营的各种要素包括企业外部要素和内部要素两种。外部要素包括经济环境、文化因素、产业竞争、社会因素、技术革新以及客户需求等方面;内部要素包括企业发展的历史沿革、企业以往变革的成果、企业文化、企业IT、资源等方面。

二、业务流程优化与信息化的关系

企业在业务流程优化过程中,通常采用信息化技术,即利用IT技术和其他配套支持手段,规范管理体系,固化业务流程。业务流程优化离不开信息化手段的支持。信息化是实现信息集成、信息共享和执行业务流程的工具和载体,它可以提高流程的运行效率和对外部变化的响应速度。

企业信息化是指企业在生产、管理和经营等各个层次、各个环节和各个领域,采用计算机、通信和网络等现代信息技术,充分开发、广泛利用企业内外部信息资源,不断提高生产经营管理决策的效率和水平,稳步实现企业办公自动化、管理科学化、决策智能化,从而为企业在市场竞争中赢得优势。

企业信息化的普及和应用推动着管理模式的发展和变化,倒逼企业进行业务流程优化。

新的管理模式的出现需要有新的信息化手段给予支撑,而新的信息化手段的出现,必然促进新的管理模式的出现。信息时代的到来使得企业的内外部环境发生变化,促使企业进行流程优化。随着信息技术的进步以及市场竞争局势的变化,企业所面临的外部环境也发生了改变。同时,信息化促使企业内部生产过程、流通过程、管理过程和组织结构都出现变化,原有业务流程不再适应现有的企业经营。内外部环境的改变促使企业必须面对新的环境重新整理并审视自己的价值链,重新定位核心业务,对业务流程进行优化,提高企业目标的实现效率。

此外,信息化的软硬件系统也为企业业务流程改造提供了载体。与业务流程优化配合实施的信息化使流程优化成果得以固化,以免在一段时间之后重新回归到陈旧的流程中。

企业信息化可以实现管理信息集成和信息共享。信息化缩减或优化了企业业务流程,比如,信息系统的开发与利用加强了企业管理信息的集成和共享。与不采用信息系统的传统模式相比,信息化省去了很多信息传递的中间环节,省去了大量重复信息的录入,省去了大量信息校对环节,省去了很多信息汇报与分析等环节,极大地提高了企业的运作效率。

三、基于信息技术的酒店业务流程优化的原则

(一)坚持从业务流程出发进行优化

基于信息化的业务流程优化,必须树立需求导向、流程第一的思想,只有明晰酒店业务管理的需求,理顺业务流程,才能结合信息技术,提出一个合理的整体业务流程解决方案。因此,只有坚持从业务流程出发,而不是从信息系统软件出发,才能避免使设计出来的业务流程陷入软件操作流程之中。不应为了适应信息系统软件而改变业务流程,否则信息化将成为形象工程。业务流程优化应该从酒店的实际需求出发,参考流程的客户、价值和运行环境,不要妥协于现有流程和软件固有流程。业务流程优化的核心是业务,而不是软件,应通过信息系统软件理顺和固化业务流程,降低酒店运营成本,使酒店效益最大化。

(二)建立以流程为核心的协同工作平台

酒店作为传统的服务型企业,机构部门、工作人员、服务项目均较多且工作细致,各部门之间、工作人员之间信息流量大、协作性强,而简洁的服务流程与高效的服务效率可帮助酒店赢得客户满意。因此,针对酒店信息流量大、协作性强的特点,酒店在进行业务流程优化时,应充分引进、利用信息技术来进行信息化建设和改造,为酒店各业务部门构建一套协同工作平台。通过协同工作平台可以实现酒店内部信息资源的迅速、有效共享,使信息交流顺畅,从而打破时间和空间的界限,实现各部门的协作,提高酒店服务、运营工作效率;构建协同工作平台还可通过技术实现对酒店现有业务系统资源的整合,避免由"信息孤岛"问题而带来的资源浪费。

构建一个基于多媒体技术、网络技术和数据挖掘等先进信息技术的酒店协同工作平台,可以实现酒店前台与后台信息的统一管理,集成客房管理系统、前台收银系统、预订系统、客户关系管理、人力资源系统和财务系统等,建立以流程为核心的酒店内部信息平台和以客户为中心的外部商务平台。通过平台可以实现酒店内外部信息资源的共享与顺畅流通以及部门间的高效协作,利用酒店的集中管理平台对人、财、物进行全面管理,增强酒店的环境适应

能力与市场竞争能力,使酒店的整体运作效率、服务质量、管理水平及领导决策能力得到大大提高。例如,杭州绿云科技运用 AI、数据挖掘分析等各种先进信息技术开发了酒店信息化云平台(云 PMS),该平台融合了常规的 PMS 酒店管理信息系统、CRS 酒店中央预订系统、CRM 客户关系管理系统、POS 餐饮管理系统、BI 商业智能、GMS 集团管理系统等各个子系统,用户可在该平台上实现基于流程的信息流通和共享,大大提高运作效率。

(三)以顾客为导向

一般企业往往忽视对顾客需求的研究与挖掘,而以内部管理为核心设计流程,即认为服务流程的起点和终点都是管理,顾客利益需要服从内部管理的需要,因而导致由内到外的、一厢情愿的服务流程设计模式,缺乏对顾客需求的真正关注。不转变此观念,企业就无法通过服务流程优化而提高服务质量。以顾客为导向的流程意味着企业必须真正以顾客为服务流程的起点与终点,围绕顾客体验、顾客利益、顾客满意度而进行流程优化。对顾客需求的理解与把握,是服务流程优化的第一步,也是酒店打造优质服务的关键。酒店需要了解目标客源市场顾客的生活习惯,以及顾客对酒店产品、服务方式与服务渠道的偏好,从而设计顾客喜欢的服务流程,提供符合顾客需求的服务,提升顾客的满意度。

如商务客人需要差旅报销,需要酒店提供发票,过去顾客必须在酒店前台排队等待前台工作人员帮忙办理退房手续,顾客核对账单确认无误后再由前台工作人员开具发票。在旅游旺季或者遇上团队办理手续时,顾客往往需要排队等待比较长的时间,这不利于提高顾客的满意度。现在很多酒店都充分应用各种信息技术推出了酒店自助系统和服务,顾客可以在自助系统上快速地完成退房、开票等一系列操作。借助信息技术对服务流程进行优化,快速满足顾客的需求,极大地缩短了顾客等待的时间,从而提高顾客满意度。另外,针对开票时需要提供企业具体信息、纳税号等详细信息的需求,酒店还联合税务部门推出了发票辅助系统,顾客可以在自助系统上查询开票信息,自主提交申请开票。

本章小结

本章对酒店服务运营的流程进行了分析,详细介绍了酒店如何进行服务设计。结合现代信息技术的使用和酒店智能化的发展趋势,把信息化融入服务流程设计中,优化服务流程,提高服务效率。通过相关案例,帮助学生进一步理解这些知识在实践中的运用。

关键概念

服务接触点　服务设计　服务蓝图　信息化服务

复习思考

1. 请思考酒店在进行服务运营管理过程中,如何保证服务人员遵循标准服务流程。
2. 请对某餐厅进行深入调查,绘制其服务蓝图,对比其服务特色并对其服务设计提出改进建议。
3. 讨论信息技术在服务设计中的作用。

案例分析

日本机器人酒店:怪异酒店

如果你今天住进一家酒店,结果发现柜台接待你的不是"人",而是恐龙、机器人这些东西……有没有一种进入科幻世界的感觉?

在日本就有一间名为 Henn na Hotel 的酒店,中文译为海茵娜酒店,又叫怪异酒店。这家酒店既不主打豪华,也不主打食物有多好吃,那么它怪的地方在哪里呢?因为这间酒店中 90% 的服务人员都是机器人。机器人承担了酒店 80% 的工作,它们可以为旅客搬运行李,引导客人到前台办理入住,打扫房间卫生、倒咖啡之类的杂事也都可以由机器人来完成。这是将 AI 技术用于服务业的成功尝试。

这间酒店也被认为是世界上第一间员工都是机器人的酒店,顾客从前往柜台办理入住到回房间睡觉几乎都看不到真人。柜台有恐龙、仿真机器人等前台接待员供顾客选择,但入住手续还是需要顾客自己点击屏幕来进行办理。图 4-7 所示为酒店前台接待机器人。

图 4-7　酒店前台接待机器人

说英语的前台接待员是一只看上去很凶恶的"伶盗龙",说日语的接待员则是有着长长睫毛的"日本女士"。"如果想要登记请按 1""伶盗龙"解释说,除了自己按按钮,顾客还需要在触摸屏上输入个人信息自己完成入住手续的办理。

这家酒店位于长崎豪斯登堡主题乐园（一家荷兰主题游乐园）内，豪斯登堡主题乐园总裁长泽田秀雄（Hideo Sawada）坚持认为，使用机器人并不是为了哗众取宠，而是为了通过技术提高效率。怪异酒店仍然有少数工作需要人类完成，比如打扫清洁，虽然有自动吸尘机器人，但挑剔的顾客可能会嫌它们扫得不够干净。另一种仍然需要依靠人类完成的工作就是安保。酒店到处都设置了摄像头，真正的人类坐在监控器后面，除了确保顾客的安全，还要防止有人企图偷走昂贵的机器人。

在大厅的玻璃隔间里，安放着一只像是工业流水线机器人的巨大机器手臂。它专门负责将一个个盒子放进墙上的小隔间，这里便是一个行李寄存处。墙壁上的盒子里都装着顾客们寄存的行李物品。其实一个简单的投币式寄存箱就足以提供完全相同的服务，但这并非重点。长泽田秀雄说："我们想要强调技术，同时也希望解决酒店费用上涨的问题。"怪异酒店的住宿费起价9000日元，相对于日本的消费水平而言相当实惠，同等档次酒店的费用一般是这里的2至3倍。图4-8所示为行李寄存机器人和行李托运机器人。

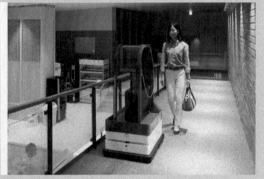

图 4-8　行李寄存机器人和行李托运机器人

除了机器人，酒店的另一大特色是人脸识别技术。顾客在前台登记时留下自己的数字图像，代替电子钥匙，只需要刷脸就能开启房间。

每个房间还配有一个小小的机器人管家，不但会通过智能检测帮顾客关灯，晚上还能放音乐让顾客入睡，早上叫顾客起床，连早餐吃什么、天气如何等问题都能够回答顾客，是不是感觉非常神奇呢？顾客还可以用房间内的平板电脑呼叫机器人进行客房服务。图4-9所示为客房人脸识别和智能控制系统。

怪异酒店的创办对其来说，既能把机器人作为噱头吸引顾客，又能通过无人化管理节约人力成本，还能缓解"用工荒"的问题。机器人服务员不用培训就能上岗，效率得到了大大的提高。对于顾客来说，酒店人力成本的下降会使酒店降低售价，顾客还能体验新奇的机器人服务，有社交恐惧症的人也能更加舒心地入住。

（资料来源：作者根据网络资料整理，http://roll.sohu.com/20160320/n441160648.shtml；https://www.sohu.com/a/252542752_161479.）

图 4-9 客房人脸识别和智能控制系统

思考题：
1. 机器人服务适用于所有顾客群体吗？如何确定这样的新奇服务的客源市场？
2. 机器人服务会对传统服务流程带来什么挑战？如何对其进行服务管理与控制？

案例分析

第五章

酒店服务运营中的人员管理

学习目标

通过本章的学习,学生应了解员工和客人在服务过程中的关系,明确服务提供者是酒店运营过程中的重要资源,有效理解提供服务是一项有压力的任务以及应对压力的方法。在新的社会发展环境中结合酒店人力资源发展趋势正确理解如今酒店业人力资源角色的转变,有效掌握如何管理和激励服务提供者及服务接受者,从而提高酒店运营效率。

课件二维码

第一节 服务在人员管理中的角色

案例引导

2020年9月的一个早晨,杭州法云安缦酒店根据运营安排,当天只开放西餐厅提供住店客人的早餐服务,因客人就餐时间段较为集中且就餐时长较长,餐厅里显得很忙碌,导致有些服务细节无法完全达到预先要求,客人的需求未能在短时间内得到满足。如有一桌客人不愿意在餐厅室内就餐,希望在餐厅前的户外就餐,但之前未提前预订,酒店本着客人为本的原则,克服当下餐厅客人人数多等困难,及时组织员工满足客人需求。在这样用餐集中的情况下,如果服务人员熟练程度不够或配合不默契,就容易出现菜品对不上点单、上错菜等问题,引发客人投诉。此时酒店服

案例分析

务人员可向客人提供一些专业及合理化的建议,既能让客人更好地享受酒店的就餐环境又能让其品尝到美食,也能有效保证餐厅的有序运营。如客人点单较多时,应及时提醒客人餐厅菜品的分量,建议先暂点一部分,如有需要可在用餐过程中根据自身情况再加菜。

(资料来源:根据杭州法云安缦酒店实习工作人员的经历整理。)

酒店是一个劳动密集型的企业,员工数量较多且分工细致,包括面向客人的员工(我们称之为一线员工)和支持面向客人的员工(我们称之为给前线员工提供服务的二线员工)。从客人的角度来看,卓越与平庸的服务之间的区别往往在于为他们提供服务的人,尤其是给他们提供直接服务的人员,这些服务提供者是酒店品质的代言人,是酒店服务水平的直接体现。客人对服务的感知在很大程度上受到他们看到的与所体验到的服务互动方式所影响。尽管酒店在一丝不苟的流程设计、奢华的硬件设施上进行投资,但如果不能在人员上进行投资,就无法提供让顾客满意的服务。

一、服务人员是酒店的价值体现

(一)一线服务人员代表酒店并展示其品牌价值

当服务人员穿上酒店制服出现在酒店服务现场时,不管是正式员工还是实习生,不管是基层员工还是主管,在与客人面对面的接触并提供服务的过程中,客人体验的优劣影响到其对酒店的认可或否定,甚至会直接影响到客人的再次消费选择。员工提供超出常规流程服务时,客人才会留下深刻印象。客人在遇到问题时,会根据第一个为他们解决问题的员工的表现来判断一家酒店的服务质量,直接为客人提供服务的员工是直接体现酒店服务质量和酒店待客文化的直接传递者。客人在享受服务时逐渐对酒店文化产生认同,产生再次消费的欲望,并逐步成为忠诚客户。例如,香格里拉酒店及所属酒店"至善盛情、源自天性"的待客之道,以及香格里拉酒店员工赋予自己的使命宣言是以发自内心的待客之道,创造难以忘怀的美好经历,时刻令客人喜出望外,这充分体现出品牌的服务价值。

同步案例 5-1

潘先生是知名的《时尚旅游》杂志的高级编辑,他在离店时给酒店的宾客关系主任 Lingco 写了一封表扬信,还给酒店总经理发了一封电子邮件,讲述了自己的住店经历并对酒店提供的优质服务表示感谢。潘先生因为工作原因,常年在国内外采访报道,品牌酒店是他经常接触及报道的对象。在 10 年的旅行生涯里,香格里拉酒店几乎成为潘先生在国内外旅行工作时的"旅伴",包括北京、上海、广州、深圳、武汉、苏州、呼和浩特、长春、成都、吉隆坡、悉尼等地的香格里拉酒店和度假村等。尤其是

案例分析

他在温州香格里拉的经历,让他觉得这是他10年酒店旅行生涯里最好的体验。

那天晚上倾盆大雨,他的航班晚到近两小时,抵达酒店时宾客关系主任Lingco仍然在酒店大堂等待他,还为他奉上了手泡欢迎饮料,为湿漉漉的他送上温暖。在他入住之后,Lingco还非常关切地询问他是否需要夜宵。

在潘先生的住店期间,发生了意外,因为他的疏忽,将随身携带的笔记本电脑丢在了飞机的椅背上,笔记本里保存着他从业10年以来发表过的200多万字的文章,以及30多个国家的摄影作品,重要性不言而喻。他拨打温州机场失物招领电话,但对方无人应答。他把此事告知Lingco以后,Lingco让他安心休息,Lingco自己打电话过去追问笔记本事宜。Lingco几乎一夜没睡,第二天一早就联络到他,说电脑找到了!

这件事情让潘先生感触很深,他经常在想:"如果我是宾客关系主任,在深夜遇到类似事情,我会怎么处理?或者面对一个素昧平生的人,我如何才能真心以待,让宾客的旅途成为一段有温度的回忆?大多数情况下应该是不了了之或者是第二天让我自己联系航空公司去解决这样的问题,因为这件事情毕竟是我个人原因造成的,和酒店没有关系,酒店也没有责任为我(酒店众多客人中的一个)去奔波。当时要是我,未必会像Lingco这样负责任。这个女孩的微笑,时隔半个月依旧很清晰,这段记忆于我而言,如同《消失的地平线》里邂逅那座温婉的高原城邦。这记忆会让我爱上温州这座城,并时常回来看看,这也是我选择入住香格里拉酒店的主要原因。"

(资料来源:根据香格里拉酒店资料整理。)

(二)二线员工为一线员工服务

二线(后勤)员工在酒店是为一线对客员工服务的。这里所说的后勤员工,通常分为两类:一类是间接为客户提供服务的人员,他们不直接与客人接触,但他们所提供的服务可通过酒店提供的设施或环境等让客户体验;另一类是为员工提供服务的人员,他们为员工的技能提升、工作环境改变、员工生活保障和个人发展等提供诸多的服务,以减少一线员工的工作负担和额外烦恼,让他们在工作中能专心地为酒店客人提供服务,或以提供创新式的服务为目的,只有这样才能赢得客人的再次光顾。要让酒店所有员工都能在提供服务过程中体现酒店的企业文化、品牌文化,并通过文化把员工们团结起来成为一个强有力的服务团队。

二、员工是酒店的重要资源

(一)员工是酒店最大的可变成本

员工的人力成本是酒店运营总成本的重要组成部分,人力成本的高低会影响到酒店经营利润。员工也是酒店创造利润的源泉,员工的积极性、主动性得到有效发挥能给酒店带来巨大的利润和增值空间,人员增效、技术革新、资金注入是酒店迅速发展的"三驾马车"。反之,机构臃肿、效率低下、组织落后等因素直接影响酒店前进的步伐。有效地管理酒店员工,对酒店运营管理来说意义重大。

这里谈到的员工的积极性、主动性是指员工的一种态度。态度是个体对环境中某些事物或事物某个方面的一种内心感受。例如工作满意度是一个多维度的态度,它由对工资、晋升、同事、上级、工作本身等的态度组成。另一种态度就是组织承诺,是指一种使个体很难离开组织的个体和组织之间的联系。态度影响行为,通过行为得以展示。与态度积极的员工相比,那些对工作不满意的员工和没有强烈组织承诺的员工们会经常迟到、缺勤,甚至更加频繁地辞职等。因此,不好的工作态度会直接导致工作生产力下降、客人满意度降低、回头客减少,间接造成酒店效益滑坡等。

(二)专业服务的本质在于服务提供者的技能、知识和能力

奢华的酒店设施、舒适的居住环境、便捷的服务流程这些都有可能被迅速地复制,甚至被别人超越。这些都是我们通常所说的硬件,而我们所称的软件即服务,从某种意义上来理解就是酒店的服务人员,正是他们的专业知识与客人之间那种奇妙的化学反应,才是当今客人所需要消费的东西,而酒店服务人员的专业服务水准是不会轻易被复制和取代的。正如我们所理解的那样,酒店售卖的不仅仅是简单的床位、菜品或有空调的会议室等,而是在这些基础产品之上联结而成的相关服务等一系列服务产品体系。

同步案例5-2　　泰国的东方大酒店

泰国的东方大酒店曾堪称亚洲酒店之最,几乎天天满房,不提前预订是很难有入住机会的,而且客人大都来自西方国家。泰国的经济在亚洲算不上特别发达,但为什么会有如此受欢迎的酒店呢?

案例分析

于先生因公务经常出差泰国,并下榻东方大酒店,第一次入住时良好的酒店环境和服务就给他留下了深刻的印象,当他第二次入住时几个细节更使之对酒店的好感迅速提升。那天早上,在他走出房门准备去餐厅时,楼层服务员恭敬地问道:"于先生是要用早餐吗?"于先生很奇怪,反问:"你怎么知道我姓于?"服务员说:"我们酒店规定,晚上要熟背所有客人的姓名。"这令于先生大吃一惊,因为他频繁往返于世界各地,入住过无数高星级酒店,但还是第一次遇到楼层人员能熟记客人姓名的情况。于先生高兴地乘电梯下楼到餐厅所在的楼层,刚刚走出电梯门,餐厅的服务人员就说:"于先生,里面请。"于先生更加疑惑,因为服务员并没有看到他的房卡,就问:"你知道我姓于?"服务人员答:"上面来电话,说您已经下楼了。"如此高效让于先生再次大吃一惊。于先生刚走进餐厅,服务员微笑着问:"于先生还是坐老位子吗?"于先生的惊讶再次升级,心想:"尽管我不是第一次在这里吃饭,但最近的一次也有一年多了,难道这里的服务员记忆力那么好?"看到于先生惊讶的目光,服务员主动解释说:"我刚刚查过客史记录,您去年6月8日在靠近第二个窗口的位子上用过早餐。"于先生听后兴奋地说:"老位子!老位子!"服务员接着问:"老菜单?一个三明治,一杯咖啡,一个鸡蛋?"现在于先生已

经不再惊讶了。"老菜单,就要老菜单!"于先生已经兴奋到极点。上餐时,餐厅赠送了于先生一碟小菜,由于这种小菜于先生是第一次见到,便问道:"这是什么?"服务员后退两步说:"这是我们餐厅特有的××小菜。"服务人员为什么要后退两步呢,他是怕自己说话时口水不小心落在客人的食物上,这种细致的服务不要说在一般的酒店,就是在美国最好的酒店里于先生也没有见过。这次早餐让于先生终生难忘。

后来由于业务的调整,于先生有三年的时间没有再去泰国,于先生却在生日那天突然收到了一封东方大酒店发来的生日贺卡,里面还附了一封信,内容是:"亲爱的于先生,您已经有三年没有来过我们这里了,我们全体人员都非常想念您,希望能再次见到您。今天是您的生日,祝您生日快乐。"于先生当时激动得热泪盈眶,发誓如果再去泰国,绝对不会到任何其他的酒店,一定要住在东方大酒店,而且要说服所有的朋友也像他一样选择入住东方大酒店。

(资料来源:根据酒店管理案例整理。)

三、客人也是服务运营资源

客人经常在服务提供过程中发挥着积极的作用,因此就像服务人员一样,客人也是需要企业去"管理"的运营资源,他们会被企业选择、培训,以完成他们的"工作"。当客人在享受和体验服务的过程中,经常会给服务人员提供很多专业的建议,甚至凭借自己的个人喜好决定是否需要酒店提供某项服务,而无需酒店销售人员或者服务人员的推荐。如在客人入住期间,提出某种使用过的枕头非常好,若该酒店也能提供那就会让客人满意,一句不经意的话被细心的服务人员听到、记下并跟进实施,酒店就有机会在下次的对客服务中为客人提供该项服务,客人便会赞叹酒店服务的周到、贴心。

同步案例5-3　　甜蜜的忠诚

赢得客人忠诚的最佳方法就是认真倾听客人的需求,并能够积极主动地满足他们的需求,即使客人并未明确表达。住在温州香格里拉酒店的客人吴先生会定期在大堂酒廊召开业务会议。大堂酒廊的员工Vera在与吴先生的谈话中了解到他有低血糖。由于业务会议持续时间无法预料,用餐时间不规律,吴先生会由于血糖过低而感到头晕。了解到这一情况后,每当吴先生来到大堂酒廊开会时,Vera都会为他准备充足的水果软糖。Vera的体贴周到令吴先生印象深刻。

案例分析

这一天,吴先生又来到大堂酒廊,而Vera休假,但Vera的同事仍在开会期间为他准备了软糖,这令吴先生喜出望外。自此之后,每次吴先生光临时,大堂酒廊员工都会在他开会期间为他准备充足的糖果。Vera把他的喜好和健康状况告诉了所有同事,确保他能在酒店员工团队成员的关照下感到愉快。

吴先生说:"每次来到大堂酒廊,我都能感受到家人一般的关爱。我会一直来这里。"

(资料来源:根据香格里拉酒店资料整理。)

第二节 管理和激励服务提供者

案例引导

广州某国际品牌五星级酒店,拥有近500间客房,客房楼层服务人员40多名。以广州现在的经济发展水平和市场需求,酒店满房是常有的事情,客房服务人员每天最少工作量为清理11间房,面对较高的客房入住率,客房服务人员平均清洁房间数量都要提高到13间/天,有时甚至高达16间/天。为了赶房(客人在前台等候入住,需要把房间清理供客人使用)服务人员经常延误了正常的就餐时间。有时由于客人投诉房间部分物品的缺失或房间某处不洁净,客房服务人员还要被客房管理人员批评工作不认真,甚至可能会被签过失单。酒店的运作部门排班通常是轮休制,休息日不一定是在周末,导致有些员工的休息与家人的正常周末休息时间不一致,不可避免地会错过一些家庭团聚的时光。因此,酒店服务人员的工作压力需要得到人力资源部门的重视。

案例分析

(资料来源:作者根据采访该酒店时的资料收集整理。)

酒店为客人提供全年无休的专业服务,日复一日,年复一年,24小时不间断,这并非易事,作为服务人员不仅要具备专业的知识、技能,还要面对形形色色的客人,面对行事风格不一的同事和管理者,随着时代变化和职场的需要,酒店服务人员要不断学习,接受培训,提升自我。职场中的酒店从业人员会面临来自多方面的压力,如何将压力转为动力,微笑地面对客人,提供高效的服务,给客人创造印象深刻的服务体验,并给酒店创造利润成为其需要思考的重要问题。

一、酒店服务人员的压力来源和减压方法

(一)压力的来源

1. 来自酒店的压力

酒店的服务任务、客人接待会给服务人员带来挑战,同时也会给服务人员带来工作上的压力。不同的工作任务,酒店的服务设计、工作流程和各种业务资源的配置之间不平衡等都会对员工产生重大的影响。例如,接待餐饮客人,客人到来前,要预先知晓客人的基本信息,客人到来时要在前台提供微笑迎宾服务,称呼客人并进行必要的寒暄,客人入座后要按服务程序进行一系列的程序化服务,这些是服务人员的例行工作;而客人的情绪也需要服务人员予以及时的关注并能有效地提供个性化服务,由此产生的工作上的心理压力需要服务人员进行自行调节和承担。另一种场景可能是这个服务接待任务由一位经验不够丰富还未能独立工作的新员工承担,那么其还需要面对技能不娴熟、服务流程不够熟悉及其他因素带来的心理恐慌等诸多方面的压力。

2. 来自客人的压力

客人最初期望能得到规范性、流程化和标准化的服务,以满足他们物有所值的消费需求。当客人接受规范、程序化的服务之后,又期望能得到针对客人个体差异的个性化服务,希望能得到物超所值的服务消费和体验。在享受服务消费的过程中,客人甚至希望有难以忘怀的消费经历,这种不断升级的客人期望会给服务人员带来工作压力。

客人的心情和情绪也能给员工带来压力。许多客人在酒店举办商务活动或其他特殊活动,他们对酒店特别是服务人员会提出很多超出正常服务范围的要求,因为他们希望这个场合或本次消费与众不同且不会出现任何问题,这就会给服务人员带来很多额外的工作量及工作创新的要求,如果这些服务不能满足客人,随后而来的将是客人的不满甚至投诉。

3. 来自自身的压力

每个人对压力的感知程度不一样,同样的工作任务和环境,适应性好的人就认为没有压力,适应性差的人会倍感压力。个人的情绪变化和承压能力会因个体差异而不同。

压力往往还来自他们自己的家庭和周边的亲朋。酒店工作时间的不规律、工作收入整体偏低、工作稳定性欠缺、职业发展通道的多变性等造成了酒店服务人员的家人及朋友对他们的不理解,以及个人对待家庭的愧疚感等。这些都是酒店从业人员的压力来源。

(二)适当的工作减压方法

随着社会的发展和竞争的不断加剧,快节奏、高强度的工作压力已经使部分酒店员工产生了各种各样的生理和心理问题。面对目前酒店行业不安定、不可测的多变环境,酒店服务人员应如何"智"胜压力?

(1)劳逸结合。任何人都不应该让工作耗尽自己的精神和体力,因为工作永远做不完,应学会劳逸结合。比如可以利用工作闲暇尝试短暂的休息,常见的几个措施:查看一下电子邮件、向同事提供帮助、与其他人进行交谈、做伸展运动或散步、去趟洗手间、喝杯咖啡等。

(2)养成随时放松的习惯。利用上下班路上的时间进行有效的放松,到家后与家人进行交流,这样做可以缓解压力,释放情感。

(3) 工作上的时间管理。很多人经常感觉自己完全被工作困住，如何在有限的时间内完成工作任务，并有空闲时间做自己想做的事情，关键在于按时完成适当的工作，拒绝其他要求，这会让自己的工作更有效率。

(4) 加强人与人之间的信任感，科学地管理疲劳与压力。在日常工作和生活中多与人接触，保持开朗的心情，与人多用眼神交流、语言交流，减少不必要的手机使用时间。参与团体活动，照顾他人的同时也多多接受别人的照料，培养自己的兴趣爱好，在闲暇时间减少工作上的思考等。改变不良的个人饮食和作息习惯，进行适量的中低强度的有氧运动，保证充足的睡眠，多到大自然中去，改变自己对压力的思维模式。利用科学的方法来管理自己的日常生活与工作，才能让自己保持充沛的精神状态，提高工作效率。

知识链接　　工作压力处理的小贴士

- 开通员工意见反馈渠道，设立员工意见箱
- 设定午休时间
- 下班后适当运动
- 设置支持系统帮助有压力的员工
- 改善午餐并鼓励健康饮食
- 每天上下班前保持自己的桌面或工作环境的整齐和清洁
- 片刻休息时做自己感兴趣的事
- 在转移到新的办公室时更新室内布置
- 快速记录每天的基本问题，列出问题清单，找出一定的规律
- 给工作设置截止日期并制订实现目标的计划
- 若有紧急事情要求同事电话联络
- 勿要求他人提供无能为力的协助
- 工作一小时以上时让自己放松5分钟
- 必要信息及时传递给对方，不要认为有时间可以缓一缓
- 记下待回复的信息并追踪，能当天回复的不要第二天再回复
- 若需要较长时间回复的信息，记得设置截止日期
- 诚实面对拒绝工作的理由
- 不要在有压力的情况下仓促做出重要决定
- 鼓励同事将问题视为机会，做一个乐观派
- 将日常工作进行排序，优先做最重要的工作，把握轻重缓急

(三) 员工压力过大导致的后果

员工压力过大时，会对酒店、客人和个人产生严重的后果。对酒店而言，这可能意味着

高缺勤率、高员工流失率、不和谐的劳资关系。对客人而言,在店消费物无所值,对酒店的产品及文化的不认可,乃至另选别家。对员工个人而言,一个糟糕的工作环境会导致员工在日常工作中表现出被动、不适应的行为。例如,行为的不成熟、工作被动接受、工作无创造性等。直接体现就是服务质量差、员工士气低落、健康状况不佳等。

同步案例 5-4

2016年8月24日晚,林女士和家人在某火锅店用餐。因为火锅加水问题与服务人员朱某言语不合,一个执意要加汤水,一个说汤水还有很多没必要加。客人因服务人员的服务态度差就现场发微博进行投诉,并@了店家。该服务人员在餐厅遇到经理,经理告诉他被人投诉,而且被发到微博上了。被经理训斥后的朱某很生气,就返回餐厅找到客人,质问客人:"微博是不是你发的?"并要求其删除微博,但客人执意不删。几分钟后朱某从厨房端着一个盛了开水的塑料方盒,快速地走向了正在用餐的林女士,在林女士毫无防备的情况下,将滚烫的开水对着她的头浇了下去,并将塑料盒扣在了她的头上,然后又一把将林女士从座位上拽了起来,进行了殴打,一场悲剧就这样上演了。最终造成客人全身42%面积被烫伤,其中头部、颈部、躯干等处伤势较为严重,店家赔偿客人人身损害赔偿金约24万元,朱某因其行为构成故意伤害罪,被判处有期徒刑22个月。

(资料来源:作者根据闽南网新闻中心资料整理。)

案例分析

二、提高领导力,创建高效团队

(一)领导力素质特征

领导力素质主要包括以下特征:责任、忠诚、担当、勇气、竞争力、自信、同理心、果断、热情等。

(二)团队领导者的关键特征

团队领导者在团队的成功中扮演着关键的角色,就像所有服务提供者一样,他们也感受到来自组织推动业务成果的压力、团队成员寻求支持和关怀的压力以及来自客人的压力。通常他们感受到的压力比普通员工更加强烈,团队成员将他们视为管理者,管理者自己也往往将他们视为团队成员的一部分。这类管理者通常具有6个关键性特征:组织能力强;知晓所管辖领域的商业运作;亲和力强和可接近;移情性强;对团队的支持力度大;了解团队成员应扮演的角色和具备的能力。

(三)拥有高效团队对于酒店运营的益处

团队成员中的个人能力有优有劣,一个高效团队的成员间能形成技能和经验的互补,发

挥个体优势的同时发挥集体合力。当团队成员在一起工作并攻克重大挑战时,会建立起相互之间的信任,甚至会搭建一个更加有效的服务提供系统。例如,酒店顺利接待完一系列大型会议后,与之相关的宴会预订团队、宴会接待团队、宴会厨师团队等若干个小团队之间就形成了一个高效有序的宴会接待服务团队,形成了自有的一套对客服务体系。团队成员共同参与、一起努力制定明确的目标,持续改善他们参与的过程,合力创造更有效的沟通手段,建立一个更为有效的服务提供系统,进而提高满足客人需求的能力。

三、人力资源管理应顺应时代发展并做出改变

(一)数字时代下的人力资源管理

1. 数据共享,技术赋能

科技飞速发展和数据时代的来临,给人力资源管理的方式带来了重大变革,以往的人力资源工作在报告和表格里徘徊,一些数据和现状报告需要花费很长时间的收集、整理才能完成,召开员工沟通会也要提前很长时间进行策划和安排,而现在可以利用数据采集设备及云端系统、线上网络会议平台、各类社交软件等进行人力资源管理工作,使得琐碎的事务性工作化繁为简,高效率工作使得人力资源管理能够聚焦更多、更有价值的事情。依据大数据,合理规划人员配备、人力成本控制等,与业务运作部门保持高度的融合,未来的人力资源管理将是数字化、网络化、人性化的结合。如今很多酒店集团,如香格里拉、万豪、凯悦等都拥有自己的人力资源管理系统,人员数据共享,资源共用。2020年疫情期间,各酒店集团都利用自己的人力资源系统推出了集团内的人力资源岗位共享政策,利用集团数据优化人力资源配置,合理调配人力资源。

2. 顺应潮流,迎接新时代

随着客人要求的不断提高以及日益激烈的行业竞争,吸引、发展和留住人才的问题摆在了酒店人力资源工作者的面前,唯有改变才能破局,变革已成为一种常态,人力资源管理在企业变革中充当着重要角色。在激烈的市场竞争中,酒店只有不断提高效能,才能产生效益,提高员工的工作效率首当其冲。这就需要酒店更加关注流程设计,关注科技发展,缩短找到合适人才的时间,加强员工培训与职业发展。

(二)变换人力资源角色,提高服务能效

1. 成为杰出的商业合作伙伴

全面支持酒店的运营工作,酒店的人力资源部能更加燃烧自己,点亮团队,成为杰出的合作伙伴。雅高集团近年来就将酒店的人力资源部门更名为人才与文化部,变化了人力资源职能,将其转变成人才与文化社区,这个社区把酒店员工当成内部客人,让每位员工感到被重视。同时推出相应的人才发展项目,如青年领导者计划、WIN项目等。

2. 成为员工代表

建立员工对酒店的忠诚感,帮助员工和酒店之间达成心理契约。近年来网红酒店、网红打卡点的形成,正是年轻一代人生活方式的写照,如上海的W酒店、广州的瑰丽酒店等都成

为"千禧一代"年轻人的打卡地。如何让酒店成为更具有吸引力的行业,吸引、留住年轻人才,如何让年轻人对酒店行业充满激情,热爱工作,渴望成为其中一员,提高他们的整体满意度和参与度是摆在新时代人力资源工作者面前的一道难题。人力资源工作重心已从招聘员工、管理员工向以员工为中心转移,围绕让员工进得来、留得住、有发展来开展工作,打造企业文化,以文化为纽带、团队为核心开展酒店运营。

3. 成为变革的推进者

在酒店变革或组织转型中,处理好酒店的人员事务是重中之重,同事间人际关系的恰当处理则是关键。酒店的工作都是以人为基础的,做好人力资源的开发和利用,围绕人来做好文章,以文化吸引人、以绩效鼓励人,推动人的发展就是推进酒店发展的根本。

(三)加强沟通、鼓励参与、团队合作

1. 开放多种渠道,与员工建立有效沟通

良好顺畅的沟通,从管理上可以更加有效地了解酒店各方面的业绩表现,有助于未来酒店战略的实现。开通面向客人的员工(一线员工)与酒店高级管理层之间的沟通渠道,有助于传递客人宝贵的反馈信息。如雅高集团酒店推出的每月下午茶活动,在此期间酒店的人才与文化部会邀请酒店基层员工(一线和后勤员工)与酒店行政委员会成员共度下午茶的美好时光,在此期间酒店员工可提出对于酒店建设、宾客反馈的改善意见等,行政委员会在采纳了有效建议后要求相应部门予以实施,或由建议提出者主导该项目的实施。目前酒店比较有效的沟通渠道有管理层简报、公司年会、员工心声、酒店内部的网络邮件系统、酒店内部社交群(实体群或网络社区)、非正式会议或聚会等。

2. 开展各类活动,鼓励员工参与其中

在服务客人的过程中,难免会受到客人的投诉乃至辱骂。有些刁钻的客人会经常因为一些小问题就将个人不满情绪转嫁给一线员工。酒店人力资源部门会开展各类丰富多彩的员工活动,既能消除员工日常工作带来的枯燥、乏味,也能帮助员工缓解因处理客人投诉带来的消极影响,还能有效促进员工之间建立良好的人际交往,增强团队成员的凝聚力、向心力。同时鼓励员工参与到部门管理或过程改进项目中,培养员工对酒店的主人翁意识,因为有员工的参与会增加员工的成就感,把工作中的"叫我干"变成"我要干",提高员工的工作积极性、主动性。

3. 加强团队合作,提升工作能效

团队的合作可以帮助团队成员产生一种共同的目标感,可以为其他成员提供工作轮换、支持、激励和互助的机会。在日常的对客服务中,管理层可以给团队或团队成员更多的工作授权及工作自主调配权等,以便在一系列政策规定的领域做出决定(如团队间对于工作班次的调换比较有自主权,某位员工需要调班时,有其他成员愿意调换上)。员工受到重视,团队合作顺畅,团队成员的工作主动性得到积极发挥,不但可以提高工作能效,还能建立客户忠诚。

第三节 管理和激励服务接收者

案例引导　有效"管理"客人

北京香山"雕刻时光"是一家设在香山景区的咖啡馆。在常人眼里客人进店就是要消费的,不消费不能进店,即使进店也会遭到服务人员的白眼。而在"雕刻时光",只要是进店客人,不管你是进来吹吹空调、歇歇脚,还是参观拍照,或是进来喝咖啡,服务人员都会为客人奉上一杯水,"雕刻时光"上水的方式也与众不同,别人家可能只是送上一杯水,"雕刻时光"会给客人用托盘托端上一杯柠檬水送到客人桌前,这会让客人觉得自己是这家店的尊贵客人,受到服务人员的重视。当客人在喝着这杯柠檬水歇息的时候,就会看看桌上摆放的精美菜单,自然就会消费一些菜品。"雕刻时光"还在香山建立了流浪猫收留所,客人可以自由喂养猫咪,自然延长了客人的停留时间,有些客人甚至与这些猫咪建立了良好的感情,让更多对猫感兴趣的客人成为咖啡馆的忠实顾客,而这里也成为游客每次游香山必到的打卡点。"雕刻时光"通过服务的细节引导了客人消费,实施喂养流浪猫的举措留住了客人,招徕了回头客。

案例分析

(资料来源:作者根据网络案例整理。)

一、客人的角色

客人在享受服务的过程中也扮演着各种不同的角色,其确切的角色取决于具体活动性质和整个服务过程中服务流程设计人员,这些角色包括如下几种。

(一)客人是服务的提供者

在酒店提供服务的过程中,客人经常为自己,有时也为其他客人提供服务。如客人作为东道主在酒店进行宴请时,当尊贵的客人来到时,他会自己充当迎宾员上前问候客人并为之提供拉门、引位等服务。又如充当酒吧的驻场歌手,有时客人会主动上台发挥自己的特长为台下的客人们唱歌,渲染现场气氛,带动其他客人一起欢唱。

(二)客人是服务信息的提供者

酒店目前提供的大多数服务产品是预先设定好的,即使各酒店纷纷针对不同客人推出个性化服务,但这也是基于客人提供了相关需求的明确信息,酒店才能努力利用各种资源去选择和提供适当的服务及产品来满足客人。这在酒店付费服务中还算比较简单,因为客人对所需要的服务和产品有明确的认知,或者客人有这方面的经验,酒店按部就班执行就好。然而,在一些定制服务中,可能就没那么简单了,存在很多不确定因素,客人几乎没有相关知识和经验,甚至对自己想要怎样的服务和效果都没有明确的目标或者压根都不知道自己想要什么。如客人希望在酒店内设置一个订婚现场,但具体要怎样的场景布置、现场效果都不太明确,这就需要酒店服务人员不断与客人进行沟通、深挖客人需求,以达到最终的目的。

（三）客人是质量检验员

酒店除了聘请第三方专业评估机构进行服务质量监测外,也会邀请来酒店消费的客人作为酒店服务质量体验的检查员,同时会建立多种正式的反馈机制和渠道,如用邮件向客人发放入住体验问卷,通过客人扫码进行客户心声的体验反馈调查,也可以现场向客人收集服务体验感受,鼓励客人提出更广泛的意见。通过客户反馈引起客人更多地关注酒店服务质量,突破零缺陷,不断修正和提升酒店的服务流程设计以不断满足客人日益增长的需求。

（四）客人是企业服务的教练和榜样

有时客人会通过自己的行为给其他客人做示范。如在自助餐厅就餐时,某一种美食很受欢迎,虽说自助餐厅取食自由,但也要有序进行,一些客人担心排队会错过该美食或根本不知道餐厅礼仪,便插队取食,这样的行为会招来客人责备的眼神甚至积极的干预来警告违规者,客人通过自身行为维持了就餐环境的秩序。同时也给新来的客人做了示范,让他们知道在此拿取食物的规则。

二、客人参与的好处

（一）增加对酒店和服务人员的包容度

积极参与服务过程的客人通常会培养出更强的客户忠诚。客人常常以酒店的常客自居,有时其作为请客消费的东道主对很多接待的场景布置都有自己的想法和要求,这些特殊的要求通常是在酒店服务人员的共同协作下完成的,增加了许多服务创新。因此即使在服务过程中有不可避免的小失误,客人通常能理解,因为他们也参与其中。这类客人把酒店都当成家外之家,也不会在短期内更换其他酒店。

（二）减少酒店资源消耗,提高生产力

客人在扮演某些角色时,能分担部分岗位职责,减少了该岗位服务的资源投入。如对唱歌感兴趣的客人,会"强"占歌台,助兴全场,有品酒专长的客人会给大家现场分享自己的品酒知识,既吸引了对这方面感兴趣的其他客人,又减少了酒店这方面的资源投入。

（三）客人是整个服务过程的控制者

对以服务流程设计至上的酒店来说,让客户成为服务流程的一部分时,客人会觉得自己对发生在自己身上的事情有更多的个人控制权,客人可以根据自己的需要接受服务,也可以根据自己的意愿随时退出服务。5G时代的到来和物联网高科技的联合应用,已使得客人成为服务流程设计中不可缺失的一部分。如杭州阿里未来酒店,客人在酒店消费的全过程、消费项目和时间等可由客人自己自行决定,而不需要酒店的服务人员协助。

三、客人的管理和激励

客人是服务提供的重要组成部分,既是服务体验的接收者,也是共同提供者,因此,可以将客人当做"员工"来"管理"。然而,与员工相比,管理、控制和激励客人可能更难,因为他们是酒店的"上帝"。尽管酒店会制定很多服务协议、服务流程标准、产品标准或者免责条款等来监控和控制所提供和接收的服务,但仍存在挑战。

(一)服务接收者——客人的选择

酒店在招聘和挑选员工来履行工作职责的同时,也会招聘和挑选客人。不同的酒店品牌都在打造自己的酒店文化,它们在吸收符合并且认可自己品牌文化的员工,同样酒店的市场部门在打造自己品牌酒店产品时也在消费人群中吸引符合自己品牌定位的客户群体。如万豪酒店集团旗下的 W 酒店品牌,其是奢华网红潮店,以引领时尚潮流、打造活力无限的健康酒店为标杆,以追潮求新的"千禧一代"为主要目标客户群体。而一些追求宁静古朴或追求传统的客户消费群则不适合该酒店品牌,酒店拥有大胆创意的主题设计,各消费场所的取名也"潮"味十足,如餐饮点的取名有标志餐厅、艳汁酒吧、艳中餐厅、WOOBAR 等。

(二)引导和培训客人

客人和员工一样都需要被培训,这个可以由其他客人、酒店或酒店的服务人员来进行。例如,酒店新开发一个儿童乐园的项目,会面临小朋友及小孩家长争先恐后、活动秩序混乱的问题,这就需要服务人员预先制定相应的制度和游乐规则并通过各种方式告知客人,甚至要求客人签署相关协议。当然客人不是机器人,并不一定能完全按照这些规则去执行,有时我们就需要"聘用"一些会玩并懂得游戏规则的"大孩子"做榜样,教会和引导其他小朋友一起玩乐。这种方式比服务人员单纯地维持秩序更加有效,这样既能让整个服务有序开展,同时又能减少服务人员与客人之间的摩擦,更有利于降低酒店各类资源的投入。

(三)"激励"客人

与员工不一样的是,客人不可能因为在酒店的一些突出表现而获得任何直接的经济回报,因为他们通常是在直接或间接地为所接受的服务付费。例如客人在餐吧消费,在消费过程中为在场的客人助兴,登台献唱了几曲,酒店不会为此而付费,当然有些酒店会鼓励客人上台为在场的客人助兴,给予一些小的经济奖励,比如给上台的客人赠送一杯饮料或小食等。也有些酒店会使用惩罚制度试图"激励"客人遵守规定,如在自助餐厅就餐浪费食物超100 克,就要罚款 100 元等类似的规定。所以酒店应该分析客人的需求,在适当的时候采用适当的方式给予客人回报。

(四)对客人进行适当的选择

酒店开门营业,按酒店商业思维来讲,客人来店都要为其服务,但作为最后的手段,酒店也会拒绝为一些顾客提供服务,因为这些顾客可能会破坏大多数客人的体验。如餐厅新开业进行酒水畅饮的促销活动,个别客人在就餐过程中无节制地喝酒导致就餐过程中出现不文明的行为,干扰现场其他客人的就餐过程,在这个促销期内,餐厅经理就会拒绝为该客人提供餐食服务。还有些客人在消费过程中侮辱服务人员,甚至在大庭广众下做出不雅行为,酒店管理层也会拒绝这类客人来店消费。

总之，客人不仅仅是服务的接受者，而且在服务的过程中发挥着积极的作用，因此，我们必须在酒店运营服务中管理好客人，正如酒店经理必须选择、培训、激励和管理员工一样，更重要的是这样不仅能为客人提供更好的服务，同时也能大大提高酒店整体的运营效率。

本章小结

本章对服务提供者在酒店的价值体现，以及如何区分一、二线员工进行了分析。通过案例分析了酒店得到回头客关键在于酒店的员工而非酒店的豪华设施设备。阐述了服务人员的压力和高绩效团队的益处，了解这些，能有效地管理和激励服务提供者。并通过人力资源工作者角色的变化分析了酒店行业人力资源工作重心的转移，阐述了在管理和激励员工的同时要更有效地管理客人，让酒店、客人、员工成为一个有机的生命体。

关键概念

服务提供者　服务接受者　压力　管理　激励　高效团队

复习思考

1. 客人选择来酒店再次消费的原因是什么？
2. 员工在酒店服务过程中起到什么作用？
3. 如何面对职场压力？
4. 如何在服务运营中打造高效团队？
5. 如何理解目前酒店业人力资源角色的转变？
6. 怎样从酒店、服务人员、客人方面理解服务精神？
7. 有哪些有效措施和行动可以管理和激励顾客？

案例分析

服务质量监测超级联赛

吉隆坡商贸饭店通过员工集思广益，共同讨论研究出一种类似足球联赛的方式体现"服务质量监测"调查分数,促进各部门之间良性竞争,努力提高每月的得分,并实现"整体住店经历"目标。每个部门为一个"俱乐部"(就像足球联赛中的俱乐部一样),当俱乐部得分与上个月相比有所提高或下降时,将赢得或失去相应的分数。得分最高和提升幅度最大的俱乐部将获得奖励。年终时,将有一个俱乐部获得年度冠军。这一计划将酒店全体同事紧密联系在一起,既相互竞争,又像家人一样互相帮助,共同致力于提高酒店的"服务质量监测"分数。

(案例来源:作者根据酒店内部资料整理。)

思考题:
1. 案例中采取了什么样的方法管理和激励服务提供者?
2. 你是否认同案例中的做法?你有更好的建议吗?

案例分析

第六章

供应链和供应关系管理

学习目标

通过本章的学习,学生应了解酒店供应链的定义、特点,并理解供应链网络对于酒店运营的影响。了解酒店库存控制的意义、原理和方法;理解信息与库存之间的关系;了解酒店供应链管理中应用到的信息技术。理解供应商管理对酒店运营的重要性,掌握酒店供应商管理的策略并能灵活运用。

课件二维码

第一节 供应链和供应网络

案例引导 是什么撑起了海底捞的千亿市值?

说起海底捞,不少人想起的依旧是其"让地球人无法拒绝"的热情服务,这样的口碑营销,甚至会给很多人带来一种错觉:海底捞的业绩好是因为其服务做得好。

但是对于"民以食为天"的中国人来说,能让他们反复光临的原因,口味二字才是关键。而在川味火锅的口味和品质上,海底捞通过其庞大且严格的供应链体系,几乎做到了全国连锁店中的极致。从食材、底料供应到冷链物流运输,从人力资源培训到店内装修,海底捞供应链上的每一个环节,都有专业公司独立运作(见图6-1)。

案例分析

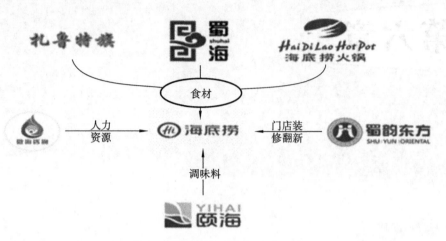

图 6-1　海底捞公司火锅全产业链

其中,上游食材由蜀海集团、四川海底捞、扎鲁特旗(羊肉)供应;中游调味品由颐海集团(火锅底料和自热小火锅)供应;此外还有蜀韵东方负责门店装修和翻新;微海咨询负责人力资源管理服务。

这些供应链公司,不仅向海底捞提供服务,同时还对外开放,为其他餐饮公司提供对口业务。比如前身为海底捞供应链部门的蜀海集团,目前已经为九毛九、西贝等200多家连锁餐厅提供新鲜食材的供应链支持。图 6-2 所示为蜀海集团业务合作方。

图 6-2　蜀海集团业务合作方

另一方面,海底捞通过其自身供应链获取的采购和服务已经占到总成本的近82%(见表6-1)。

表6-1 2017年海底捞自身供应链企业贡献率一览表

供应商	采购货物/服务	金额(百万元)	占总购买额百分比(%)
蜀海集团	食材	2603.3	43.20
蜀韵东方	装修材料及服务	1290.2	21.40
颐海集团	火锅底料	895.5	14.80
扎鲁特旗	羊肉	71	1.20
四川海底捞	食材	68.6	1.10
总计		4928.6	81.70

布局上下游火锅全产业链,在保证口味和食材品质的基础上,控制成本最优、服务最好。这些才是海底捞火锅供应链帝国最核心的秘密。

(资料来源:"沸腾"海底捞和它的产业链帝国,http://finance.sina.com.cn/stock/relnews/hk/2019-08-22/doc-ihytcern2629089.shtml.)

一、酒店供应链

酒店供应链包括在满足酒店顾客需求的过程中直接或间接涉及的所有环节。酒店供应链主体不仅包括酒店和酒店供应商,而且包括旅游批发商、零售商,甚至包括顾客本身。在酒店中,供应链包括接受并满足顾客需求的所有职能部门。这些职能部门包括前厅部、客房部、餐饮部、康乐部、销售公关部、财务部、采购部等,但又不仅限于此。

我们以一位顾客走进希尔顿酒店用餐为例。这个例子中的供应链开始于顾客以及他对用餐的需求。供应链的下一个环节是顾客所光顾的希尔顿酒店。希尔顿酒店向顾客提供餐食(比如牛排)的原料来自酒店的库存,而库存原料可能是由希尔顿的仓库提供的,也可能是由原料分销商通过第三方的货车运送来的。分销商的存货则是由食品制造商提供的。食品制造商从各家下游供应商那里购进各种原材料,例如牛肉来自屠宰厂,屠宰厂的牛来自牧场;牛肉的包装材料来自包装公司,而包装公司又从其他供应商那里购入生产包装的原材料。图6-3给出了这条供应链,图中的箭头反映的是产品流动的方向。

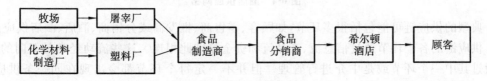

图6-3 牛排供应链的环节

供应链是一个动态系统,涉及不同环节间持续的信息流、产品流和资金流。在前文所举的例子中,希尔顿酒店向顾客提供产品,同时标出产品价格和相关信息,顾客则付款给希尔顿酒店。希尔顿酒店将终端信息和补货订单传给分销商,分销商用卡车将订单上的货物运送给希尔顿酒店。希尔顿酒店在收货后向分销商支付货款,分销商还会为希尔顿酒店提供价格信息和送货时间安排。希尔顿酒店还有可能把可回收利用的包装材料送还给分销商。在供应链的全过程都会产生类似的信息流、产品流和资金流。

再举一个例子。当一位顾客从美团网上向希尔顿酒店订餐时,供应链中包括顾客、美团网、希尔顿酒店以及希尔顿酒店的所有供应商和供应商的上游供应商。美团网为顾客提供希尔顿酒店各类餐食的定价、种类和是否有货等信息。顾客挑选好餐食后,填写订单并付款。顾客稍后便可再登录该网站查询订单状态。供应链的后续环节将利用顾客的订单信息为其服务。这一过程涉及供应链各个环节更多的信息流、产品流和资金流。

二、酒店供应网络

前面的两个例子表明,顾客是酒店供应链中一个不可或缺的组成部分。事实上,酒店供应链存在的主要目的就是满足顾客的需求,同时在这一过程中为自己创造利润。"供应链"一词形象地描述了产品或原材料沿着供应商→酒店→分销商→零售商→顾客这个链条移动的过程。除此之外,同样重要的是,它直观地反映了供应链上信息流、产品流和资金流的双向流动。"供应链"一词可能还暗示了在每一个环节只有一个参与者。在现实中,酒店可以从多个供应商那里购买原材料,然后供应给多个分销商。因此,大多数供应链事实上是一个网络。用供应网络或供应网来描述酒店供应链结构也许更为准确(见图6-4)。

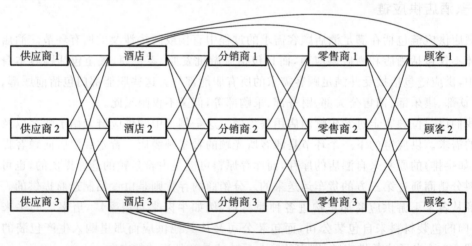

图 6-4　酒店供应网络

典型的供应链可能包括很多环节,如顾客、零售商、批发商或分销商、酒店、酒店供应商。

供应链的各个环节通过信息流、产品流和资金流彼此相连。这些流动经常是双向的,可以通过其中一个环节或是中介进行管理。但并不一定每个环节都会出现在同一条供应链中。恰当的供应链设计既取决于顾客的需求,也取决于为满足顾客需求所涉及的各个环节的作用。例如,希尔顿酒店用来服务顾客的供应链结构有两种:对于直接到酒店用餐的顾客,希尔顿酒店的供应链中不涉及单独的中间商(零售商、分销商或批发商);而有些顾客会通过美团网向希尔顿酒店订餐,与前一种情况相比,此时供应链中就多了一个环节(旅游零售商）。在其他酒店的例子中，供应链中可能还包括介于旅游零售商和酒店之间的旅游批发商或分销商。

三、酒店供应链的特点

在一般制造业中，重点是如何快速高效地生产出满足顾客需求的物质产品，在供应链上的表现是物质产品在供给与需求之间的传递。而酒店提供的主要是服务产品，其中包括人的服务、物的服务、人与物的组合服务以及共同组成的系列服务。所以，从基于产品的供应链来分析，酒店供应链与制造业供应链相比，表现出许多差别。

（一）供应商方面的差别

制造业供应链上的供应商一般只是物质产品供应商，而酒店供应链上的供应商既有物质产品供应商也有服务产品供应商。这是因为在制造业中，顾客的需求主要表现在一种具体的物质产品上，需求的多样性表现在对这件具体产品的功能指标、质量指标等方面的不同要求。而在酒店服务业中，顾客的需求一般为一系列的服务产品，包括住、食、行、购、娱等。对于具体某一个酒店而言，由于受到硬件设施及其服务能力的限制，它包含的服务功能不可能满足全部顾客的多样化需求。所以，基于供应链合理整合内外部资源的理念，酒店可以利用外部的服务资源，配置满足顾客多样化需求的系列服务。

制造业供应链上的供应商一般要追溯到供应源头，而酒店供应链通常只有一级供应商。这是因为制造业的产品与销售是分离的，供应链的运行以生产计划为依据，生产计划根据订单来安排，交货期是确定的，各种工艺流程也在制造之前已经确定。所以，从源头开始管理，确实能起到控制交货期、保证产品质量等方面的作用。但在酒店行业，服务产品的生产与消费几乎同时进行，顾客的需求具有多样性和很强的不确定性。比如，酒店的顾客在使用牙膏、香皂等日用品时，具有对不同品牌的偏好。酒店对于物质产品供应商的订购是根据预订和需求预测的，而且一般酒店业所用物质产品绝大多数具有同质性，没有必要去定制，只是极个别产品在包装上有特别需求。所以，酒店对于物质产品的供应，追溯到生产的源头乃至原材料的源头没有太大意义。对于酒店的服务提供商而言，酒店要考虑便利性、及时性等方面的因素，不应该有中间商的介入。

（二）顾客方面的差别

在酒店供应链上，酒店的服务产品直接面对最终消费者。这是由酒店产品的不可转移性和无形性所致。在制造业中，企业的产品也许是最终消费品，也许是中间产品（比如生产汽车发电机的企业），是实实在在的物品。所以，制造企业的产品可以在空间上转移，可以运送到商品的流通领域去销售，也可以运送给用户、用户的用户，直至加工成最终产品，送到顾客手中。而酒店产品，通常以相应的建筑为依托，该建筑物一旦建成就无法改变其空间位置，这就决定了酒店产品必须直接面对最终消费者。

（三）中间商职能不同

与制造业相比，酒店产品的中间商在销售方式上也有所不同。制造业企业产品的中间商一般是指商业流通领域的销售渠道。企业产品是通过物流配送到各销售网点，然后再运送到顾客手中的，所以中间商起商品流通的桥梁作用。而酒店产品的中间商则起顾客与酒店沟通的桥梁作用,酒店产品的特殊性使得酒店产品的中间商以招徕客人的方式来实现销售职能。

(四)核心企业内部的差别

与制造业相比,目前酒店内部的供应链更需要进行进一步的整合。在酒店服务业,许多内部的协调与整合问题还没有被深入研究并解决。在整合酒店内部供应链时,将服务的意识融入酒店内部供应链中是非常必要的。比如,目前酒店的物料供应系统有领用和配送两种方式,领用和配送的区别就体现出服务意识的差别。如果后台员工真正地以服务的心态从事自己的业务工作,对待自己的业务伙伴(即内部顾客),则有利于在酒店内部形成和谐、轻松的工作环境,也有助于把这种服务的理念上升为一种服务的精神,从而提高顾客的满意度。所以,在供应链上体现服务的内涵是酒店内部供应链整合过程中值得注意的问题。

(五)所包含生产要素的差别

与制造业相比,酒店供应链中加入了人的要素。首先,从顾客角度来讲,酒店的服务产品就是一段经历。在这段经历中,顾客的体验包括三个方面的内容,即对物质产品的体验,顾客实际消耗的物质产品,如食品、饮料等;感觉上的享受,它是通过住宿设施的建筑物、家具、用具等来传递的,顾客通过视觉、听觉、嗅觉等感受实现;心理上的感受,顾客在心理上所感觉到的利益,如地位感、舒适感、满意程度、享受程度等。顾客在这段经历中体验感的好坏取决于其有形物质,如建筑物、家具、食品、饮料等,以及其无形形态即提供的各种服务,同时,也取决于顾客主观的看法。顾客真正希望获得的最终利益是物质利益和精神享受相结合的服务。有形的物质利益以物为载体,无形的精神享受以人为载体,所以酒店供应链中纳入人的要素是必然的。其次,良好的服务是酒店产品中重要的组成部分。酒店的最终产品体现的是人对人的工作,也就是人的服务,这充分体现了在酒店中人的要素的重要性。人流与物流相整合构成的服务流是酒店供应链区别于制造业中供应链的显著特点。在酒店服务中,多数情况下是人的服务与物的服务的组合,物的传递、物的维护都要依托于人的服务,而人的服务始终离不开物的支撑(比如建筑物),所以,贯穿于酒店供应链中的服务流是人流与物流的有效整合。

四、供应链的决策阶段

成功的供应链管理需要制定许多与信息流、产品流和资金流相关的决策。每一个决策的制定都应当是为了提高供应链绩效。根据每一个决策的发生频率以及决策阶段所起作用的持续时间,可以将这些决策划分为三类或三个阶段。因此,每一类决策都必须考虑在决策时间范围内不确定性所带来的影响。

(一)供应链战略或设计

在这一阶段,酒店要决定在今后几年如何构建供应链。其中涉及供应链的配置是什么样的,资源将如何分配,以及每个环节将采用什么样的流程。酒店制定的战略决策包括是通过外包还是由酒店自己来实现供应链的功能,生产和仓库设施的选址及产能,在不同地点制造和存储的产品,沿不同线路的运输方式以及所采用的信息系统的类型。酒店必须确保供应链配置在这一阶段能够支持自己的战略目标并提升供应链绩效。供应链设计的决策通常通过长期思考决定的,如果在匆忙间进行调整可能会付出昂贵的代价。因此,酒店在制定这些决策时,必须考虑未来几年内市场状况不确定性因素的影响。

(二)供应链计划

这一阶段所制定的决策,通常要考虑企业一个季度到一年的发展。因此,供应链的配置在供应链战略决策阶段就已经确定了,供应链规划必须在供应链的配置内进行。计划的目标是使在计划期内的供应链绩效最大化。酒店的计划阶段始于对下一年(或类似的时间框架)不同市场的需求以及成本、价格等因素的预测。计划阶段所涉及的决策包括各个市场的需求状况、生产的转包、所要遵循的库存政策以及营销和价格促销的时机与规模等。计划阶段给出了供应链在一定时期运作所需遵循的参数。在计划阶段,酒店必须考虑决策期间需求、汇率和竞争等因素的不确定性。与设计阶段相比,因为给定的时间较短,所以计划阶段可以更好地进行预测,酒店应设法在计划阶段体现设计阶段赋予供应链的弹性,以优化供应链绩效。

(三)供应链运作

运作阶段的时间是一周或者一天。酒店在这一阶段根据具体的顾客订单制定决策。在运作阶段,供应链的配置已经固定,计划政策也已经确定。供应链运作的目标是以尽可能好的方式来满足源源不断的顾客需求。在这一阶段,酒店按照顾客需求情况分配存货或安排生产。因为运作决策是短期的(以分钟、小时或天计数),所以需求信息的不确定性较低。在配置和计划政策的限定下,运作阶段的目标是减少不确定性,优化供应链绩效。供应链的设计、计划和运作对供应链整体的盈利和成功有很大影响。可以说海底捞、西贝等企业的成功在很大程度上得益于合理的供应链设计、计划和运作。

五、酒店供应链的宏观流程

供应链流程可以划分为以下三种宏观流程(见图6-5)。

(1)客户关系管理(Customer Relationship Management,CRM):围绕酒店与其顾客之间的联系的所有流程。

(2)内部供应链管理(Integrated Supply Chain Management,ISCM):酒店内部的所有流程。

(3)供应商关系管理(Supplier Relationship Management,SRM):围绕酒店与其供应商之间的联系的所有流程。

这三种宏观流程对生成、接收并履行顾客需求所需的信息流、产品流和资金流进行管理。客户关系管理宏观流程致力于引发顾客需求并简化客户管理的过程。客户关系管理宏观流程包括服务、定价、销售、客户管理等。内部供应链管理宏观流程致力于以尽可能低的成本及时满足客户关系管理流程所引发的需求。内部供应链管理宏观流程包括内部生产和库存能力计划、供给和需求计划准备以及实际服务履行。供应商关系管理宏观流程包括评估和选择供应商,就供货条款进行谈判,以及与供应商讨论新产品和订购事宜。

可以看出,上述三种宏观流程都致力于为相同的顾客服务。供应链管理要想获得成功,这三种宏观流程的整合非常关键。酒店的组织结构对于整合结果的成败有着举足轻重的影

图6-5 供应链的宏观流程

响。在很多酒店,市场营销部门负责客户关系管理流程,运营部门负责内部供应链管理流程,采购部门负责供应商关系管理流程,各部门之间缺乏交流。市场营销部门和运营部门在制订计划时,经常对市场有着不同的预测。缺乏整合会大大降低供应链对供给和需求进行有效匹配的能力,从而导致顾客不满意和高成本。因此,酒店应当建立一个可以反映这些宏观流程的供应链组织,并确保流程中的成员可以顺畅地沟通和协作。

第二节 库存和信息

案例分析

某企业家分享了硬件创业的十大坑,其中,有三个与供应链和库存有关。

1. 供应链断裂

软件可以无成本复制,一千万次跟一百万次下载的差别就是多投点服务器。但是假如真把一个硬件从十万台卖到一百万台,这是从量变到质变。其中的某个元器件该如何备货?一旦备货量不合适就成了库存;如果采用零库存,但这款产品又很畅销,因为各种原因一些关键性部件又可能断货。软件出现问题,可以熬两个通宵突击一下,如果硬件的供应链出现问题,纵使你有三头六臂也只能干着急。

2. 没有管理好库存

做硬件最大的坑是库存。软件没有库存概念,没人下载,最多损失点开发费用。你预计今年卖一百万台,那你是按一百万台还是十万台备货?如果按十万台备货,一旦产品很畅销,而你的产能跟不上,用户就会骂你。等有产能了,对不起,硬件产品的更新周期是6个月,像水果一样过季了。假如你很乐观,按一百万台备货,结果却卖不掉,就会形成一百万台库存,很多创业公司就亏在库存上。

3. 没有严控供应商质量

软件可以通过不断测试保证质量,但是硬件涉及供应链管理,合作伙伴可能为了控制成本,把某个零部件以次充好,导致你的良品率下降。一万个产品中有一百个出现问题,你想把这个器件换掉都不可能。

一般认为,影响供应链绩效的因素有设施、库存、运输、信息、采购和定价六个方面,其中,对酒店供应链绩效影响较大的因素是库存和信息,而库存和信息又是相互影响的,当信息充分时,供应链决策风险较低,库存可以适当减少,而当信息不充分时,供应链决策风险相应上升,为此,就不得不相应提升库存。本节对供应链中的库存和信息进行讨论。

一、库存

(一)库存的概念和功能

1. 库存的概念

库存是指库中现存的现金或物资。一般情况下,酒店设置库存的目的是防止短缺、保持生产过程的连续性、分摊订货费用,以及快速满足顾客的需求。酒店的产品具有消费与生产的同时性,酒店要快速地满足顾客的需求,就必须预先准备一定数量的原材料和物品。

库存通常被认为是资源的储备或暂时性的闲置。但是近年来,对库存的新的理解是:库存是企业之间或部门之间没有实现无缝连接的结果。

2. 库存的分类

一般来说,酒店按生产计划进行生产。在采购生产阶段,为了保证生产过程的连续性,需要有一定原材料、物品的库存;原材料投入生产之后则变成各种在制品,不论在制品是处于运动状态还是停顿状态,它们都构成在制品库存;在销售阶段,为了能及时满足顾客的需求,避免缺货或延迟交货现象的产生,需要有一定的成品库存。原材料库存、在制品库存、成品库存是在生产过程中产生的三类库存。由于酒店产品具有生产和消费的同时性,所以酒店的库存主要体现为原材料库存,有时也会把空闲的客房看作酒店库存的一部分。

另外,从经营过程的角度,可以将库存分为以下六种类型。

(1) 经常库存(又称周转库存)。

经常库存指酒店在正常的经营环境下为满足日常的需要而建立的库存。这种库存随着每日的需要而不断减少,当库存降低到某一水平时(订货点),就要通过订货来补充库存。这种库存可能具有定期性或周期性的特点。

(2) 安全库存(又称缓冲库存)。

安全库存指酒店为了防范需求和补货期的提前变动而建立的库存。

(3) 生产加工和运输过程的库存。

生产加工过程的库存是指处于加工状态以及为了生产的需要而暂时处于储存状态的原材料、半成品和成品的库存。运输过程的库存是指处于运输状态或为了运输而暂时处于储存状态的物品的库存。对于酒店行业来说,这两种库存所占的比重不会很多。

(4) 预期库存。

由于需求和采购的季节性,酒店必须在淡季为旺季的销售或是在收获季节为全年生产储备存货。预期库存的建立,除了考虑季节性,还要考虑使生产保持均衡。

(5) 投机库存。

投机库存是指为了避免因物价上涨造成损失或为了从商品价格上涨中获利而建立的库存。

(6) 积压库存。

积压库存是指因物品品质变坏不再有效用的库存,或因没有市场销路而卖不出去的库存。

3. 库存的功能

库存的功能有以下几种。

(1) 缩短顾客等待时间。

当酒店维持一定量的原材料和成品库存时,酒店可以很快地向顾客提供服务,这样就缩短了顾客的等待时间,也使酒店可以更好地争取到顾客。

(2) 稳定生产的作用。

外部需求的不稳定性与内部需求的均衡性是矛盾的。既要保证满足酒店运营管理需求方的要求,又要达到供应方的生产均衡,这就需要维持一定量的库存。

(3) 分摊订货费用。

如果只根据需求进行采购,可以不需要库存,但是由于订货费用的存在,如果采取批量采购,分摊在每件物品上的订购费用就会大大减少,但这时就需要库存了。因此,库存有分摊订货费用的作用。

(4) 防止服务中断。

在酒店服务过程中维持一定量的在制品库存可以防止服务中断。

在供应链管理环境下,库存不仅仅是单个企业的库存,更是整个供应链系统上的库存,它不再作为维持生产和销售的措施,而是作为一种供应链的平衡机制,通过简化供应链等方法来解决供应链上的薄弱环节并以此寻找总体平衡,库存的功能将是战略层次上的。也就是说,供应链环境下库存的基本功能是使供应链在各节点处很好地连接,以减少由于预测需求和实际需求的差异,以及由于供应链中各种不确定性所带来的供应链效率的降低。

(二) 库存的成本

库存成本是与库存系统经营相关的成本,它是建立一切库存控制模式的基本参数。库存管理的重点之一是控制库存成本,减少库存成本,因此,对库存成本及其特性的全面认知是非常重要的。库存成本主要包括三大类:订购成本、库存持有成本、缺货成本。

1. 订购成本

订购成本是补货时采购商品的相关成本。它又包括采购成本、手续成本、进货验收成本、进库成本等。如果由企业内部供货,订购成本就要反映生产启动成本。

一般情况下,订购成本与订购次数直接相关,而与订货数量无关。

2. 库存持有成本

库存持有成本是因一段时间内存储或持有商品而导致的,大致与所持有的平均库存量成正比。该成本可分成四种:空间成本、资金成本、库存服务成本和库存风险成本。

空间成本是因占用存储体内立体空间所支付的费用,如仓库空间成本、道路空间成本等,通常是基于移入、移出的产品数量或时间来计算的。

资金成本是指库存占用资金的成本。该项成本是库存成本中最捉摸不定、最具主观性的一项,主要有利息和机会成本。关于资金成本的计算,一些企业使用资金成本的平均值,另一些则使用企业投资的平均回报率,还有企业使用最低资金回报率来计算。

库存服务成本主要是指有关库存的保险费。

库存风险成本指的是与产品变质、变少(偷窃)、破损或报废相关的费用。这项成本的计算可用产品价值的直接损失来估算,也可用重新生产产品或从备用仓库供货的成本来计算。

在计算库存成本时,人们常常陷入一种误区:往往将库存的空间成本作为库存特有成本看待,而忽略了价值更高的资金成本、风险成本等。如餐厅可同时供 50 人就餐,而现在只有 20 人就餐,缺 30 人就是成本损失,而忽略了如果这栋房子不作为餐厅,而是有其他用途则可能带来更高收益。

3. 缺货成本

当顾客向酒店提出需求,但酒店由于库存不足而无法及时向顾客提供服务时,就产生了缺货成本。缺货成本有两种:失销成本、保留订单成本。

失销成本,是顾客选择放弃在酒店消费时产生的。它是本应获得的销售的利润,也可能包括缺货对未来销售造成的消极影响。

保留订单成本,是当顾客愿意等待订单履行从而出现订单履行的延期而产生的。它是当保留的订单不通过正常的渠道来履行,而可能由于订单处理、额外的运输和加急生产而产生的额外的办公费用和销售成本,同时也可能包括无形地失去未来销售机会的成本。保留订单成本的准确计算比较困难。

这三种成本之间存在冲突或悖论关系。要确定订购量补足某种产品的库存就需要对其相关成本进行权衡。通常这三种成本的关系可在图 6-6 中显示。

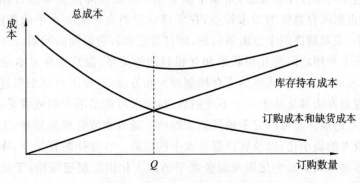

图 6-6 库存与成本之间的关系

(三)库存控制的概念及功能

1. 库存控制的概念

(1)传统的库存控制。

在供应链概念提出之前,对库存的管理和控制是由单个机构(如酒店)基于其自身的利益和准则单独实施的。库存控制是指为了满足用户需求和降低成本,而对库存物料实施数量控制,同时保证质量及其时效性的一系列工作。库存控制管理中需要确定库存物料的订货时间、订货数、入库时间和储存时间等。

(2) 供应链下的库存控制。

随着供应链概念的提出,库存控制的内涵也发生了巨大变化。基于供应链的库存控制,要求企业从传统的只注重自身的库存控制转向注重整个供应链的库存控制,尽量减少需求放大现象,建立供应链上企业的战略联盟关系,实现信息共享和协同作业,通过整个供应链服务水平的提升和库存成本的降低实现供应链上企业的共赢,进而实现供应链上各节点企业的客户响应水平的提升和运营成本的降低。

在供应链环境下,库存不再是资源的闲置或暂时性的储备,而是企业之间或部门之间没有实现无缝连接的结果。因此,库存控制和管理的真正本质不是针对物料的物流管理,而是针对企业业务过程的工作流管理。库存管理从以物流控制为目的向以过程控制为目的的转变是库存管理思维的变革。

2. 库存控制的功能

在传统库存控制中,酒店库存管理的主要功能就是在供应和需求之间进行时间调整,因此,我们说传统的酒店库存管理主要具有调整供需的功能。

在供应链管理环境下,库存控制在整个供应链中又有了新的功能。从供应链整体来看,过去的传统交易习惯导致的不必要库存给酒店增加了成本,而这些成本最终将反映在销售给顾客的产品价格上,从而降低顾客的满意度。因此,在供应链范围内进行库存管理不仅可以降低库存水平,减少资金积压和库存维持成本,而且还可以提高客户的满意度。

(四) 库存控制的原理

1. 传统库存控制方法的基本原理

传统的单仓库的库存控制方法,是基于满足用户需求和降低成本的目标而建立的。因此,其核心就是根据库存物资的需求特点,在实现一定的客户服务水平的条件下,使年总库存成本费用最小,主要解决两个方面的问题,即订货量和订货时间的问题。

根据存货成本费用之间的互相联系和互相制约的关系,以总库存成本最小化为目标函数,早期的学者发展了一套较成熟的库存控制理论和方法,这里不再详细叙述这些方法。所有的传统库存控制方法都是基于一个不变的假设:需求可能是不变的或者是随机变化的,但是无论如何,需求的规律是可以完全被我们掌握的。随着物流管理的发展,人们开始寻求目标企业总物流成本的最小化,以及客户服务水平的提高。在这样的背景下,库存管理要求尽可能从企业总体物流成本最小化以及服务水平的最大化出发制定策略,于是出现了一些以库存、运输联合优化或者库存服务水平优化为目标的库存策略。

2. 供应链环境下库存控制方法的原理

在供应链环境下,库存是企业之间或部门之间没有实现无缝连接的结果。库存控制则是针对企业业务过程的管理。因此,供应链管理下的库存控制方法主要是针对企业的业务流程进行库存设计,通过实现供应链上物流、信息流、组织流的畅通,以及不确定性因素的最小化,寻求供应链企业之间实现无缝连接的库存策略。

在一个典型的供应链中,主要的目标在于降低整个系统的成本,以及提高系统的响应速度。因此,库存控制的重点在于考虑各机构之间的相互作用以及这种相互作用对各机构库存策略的影响。在供应链库存管理中,组织障碍是库存成本增加的一个重要因素。不管是企业内部还是企业之间,相互协调是实现供应链无缝连接的关键。在供应链中,库存控制不再是一种运作问题,而是战略问题。要实现供应链管理的高效运行,必须加强企业的协作,建立有效的合作机制,不断进行流程改革。这时,库存管理并不是简单的物流过程管理,而是企业之间工作流的管理。基于工作流的库存控制策略把供应链的集成推到新的高度——企业间的协作。

(五) 供应链中的牛鞭效应

1. 牛鞭效应的现象及危害

在供应链的运作过程中,我们发现有些商品的顾客需求较稳定,变动不大,但是上游供应商往往维持比下游供应商更高的库存水平。这种现象是由宝洁公司在调查其产品"尿不湿"的订货情况时发现的。该产品的零售数量较稳定,波动不大,而分销商向宝洁公司订货时,其订单的波动程度比零售数量的波动要大得多,宝洁公司向其供应商订货时,订单的变化量更大了。这种越往供应链上游走,需求波动程度越大的现象,像是西部牛仔手里的牛鞭,手腕轻轻一抖,鞭梢就有很大的变化,画出一个优美的圆弧。因此,这种现象被称为牛鞭效应、长鞭效应或需求放大效应。

让我们再举一个例子来说明牛鞭效应。假定全球消费者对计算机的需求预测增长2%,计算机制造商联想公司为了保险,会在这个基础上适当扩大需求预测,按消费者的需求增长5%来准备生产,同时向英特尔公司(一级供应商)预定芯片,英特尔公司在准备芯片生产计划时,为保证能按时供货,可能会按需求增长10%来做准备,而到了英特尔的设备商(次级供应商)时则可能变为20%。从这个例子中我们可以看到,需求信息的不真实性沿着供应链逆流而上,并产生逐级放大的现象,上游供应商订单的变动性明显大于下游供应商需求的变动性,为了满足需求,上游供应商往往维持比下游供应商更高的库存水平,从而产生更高的成本,而这些成本最后又会以提高价格或降低质量的形式回传到下一级供应链环节中去,由供应链中的每一个环节来分摊,最终降低了顾客的满意度和供应链各环节的利润。

这种现象常见于汽车制造、计算机制造、日用品制造等行业的供应链中,在酒店行业中也有体现。

2. 牛鞭效应产生的原因

结合牛鞭效应的产生机理,我们可以总结出产生牛鞭效应的原因主要有:需求预测的波动、批量生产或订货、价格浮动和促销以及不理性预期等。

(1) 需求预测的波动。

处于不同供应链位置的企业在预测需求时,经常会保留一定的安全库存,以应对变幻莫测的市场需求和供应商供货中断的情况。当供货周期较长时,这种安全库存的数量将会较大。例如,一美国计算机制造商预测某型号计算机的市场需求是10万台,但可能向中国的供应商下11万台计算机的零件订单;同理,中国计算机零件生产商可能订货12万台计算机的原材料。以此类推,供应链各节点库存将逐级放大。此外,有些预测方法也会系统地扭曲需求。比如前三个月的趋势是每月递增10%,如果用移动平均法,那第四个月的预测也将递增10%。但市场增长不是无限的,总有一天实际需求会降低,差额就成了多余库存。

(2) 批量生产或订货。

为了达到生产、运输上的规模效应,厂家往往批量生产或购货,以积压一定库存为代价,换取较高的生产效率和较低成本。在市场需求减缓或产品升级换代时,代价往往巨大,导致库存积压、库存品过期,或二者兼具。

(3) 价格浮动和促销。

厂家为了促销往往会采取各种措施,其结果是买方大批量买进而导致部分积压。这在零售业尤为显著,严重影响整个供应链的正常运作。比如零售商在进行促销,给制造商几个大订单,但制造商往往不知道这是促销活动,还以为是销量好,就以增加产能和库存来应对;促销停止了,零售商的订单量降下来,但制造商的库存和产能已经增加上去了,需要一段时间才能消化。

(4) 不理性预期。

如果某种产品的需求大于供给,且这种情况可能持续一段时间,厂家给供应商的订单可能大于其实际需求,以期供应商能多分配一些产品给它,但同时也传递出虚假的需求信息,导致供应商错误地解读市场需求,从而过量生产。随着市场供需渐趋平衡,有些订单会消失或被取消,导致供应商有多余库存,也使供应商更难判断需求趋势。等到供应商知晓实际需求已经为时过晚。

3. 避免牛鞭效应产生的措施

减少牛鞭效应或消除其影响的方法包括:集中顾客需求信息、降低顾客需求的变化性、缩短提前期以及建立战略伙伴关系等。

(1) 集中顾客需求信息。

最常用的减少牛鞭效应的方法是在供应链内部集中顾客的需求信息,即为供应链每一阶段提供有关顾客实际需求的全部信息。因为需求信息集中起来了,供应链的每一阶段都可使用顾客的实际需求数据来进行更加准确的预测,而不是依据前一阶段发出的订单来预测。为了实现需求信息的高度集中和避免信息的失真,可以采用如图6-7所示的信息强化的供应链。

图6-7 信息强化的供应链

通过需求信息的集中,可以构建信息强化的供应链,从而加深对市场信息的理解,减少信息的不确定性,缩短获取信息的时间和保持信息的价值。

但必须指出的是,即使需求信息完全集中并且供应链所有阶段都使用同样的预测技术和库存策略,需求放大效应仍然存在。然而,相关分析表明,如果信息没有集中,即如果供应链各阶段没有获得顾客需求的信息,那么需求变动性会增大。因此,集中需求信息能够显著地弱化牛鞭效应,但仍不能消除牛鞭效应。

(2) 降低顾客需求的变化性。

通过降低顾客需求内在的变化性可以弱化牛鞭效应。如果我们能够降低零售商所观察到的顾客需求的变化性,那么即使牛鞭效应出现,批发商所观察到的需求的变化性也会降低。例如,沃尔玛公司就通过利用"天天平价"等策略来降低顾客需求的变动性。当沃尔玛实施"天天平价"策略时,它以单一的价格出售商品,而不是以带有周期性价格促销的常规价格出售商品。通过消除价格促销,零售商可以消除与这些促销一起产生的需求的急剧变化。因此,"天天平价"策略能够产生更稳定、变动性更小的顾客需求模式。

(3) 缩短提前期。

前文给出的结果很清晰地表明提前期的延长对供应链各阶段的需求变动性具有显著的影响。因此,缩短提前期能够显著减弱整个供应链的牛鞭效应。提前期通常包括两个组成部分:信息提前期和订货提前期。信息提前期是信息自形成时刻开始,到开始传递再到各需求成员所用的时间。信息一经形成,会随着时间的推移,逐渐失去价值。所以,应通过提高供应链各成员之间的信任程度、使用电子数据交换(EDI)等,压缩信息传递的时间。而订货提前期是生产和运输物品的时间,可通过直接转运缩短订货提前期。

(4) 建立战略伙伴关系。

建立战略伙伴关系改变了信息共享和库存控制的方式,可以消除库存放大效应的影响。例如,在供应商管理库存(VMI)中,制造商管理其在零售店的库存,确定每一期维持多少库存和向零售商运输多少商品。因此,在 VMI 中,制造商并不依赖零售商发出的订单,从而彻底地避免了牛鞭效应。其他种类的伙伴关系也能用来弱化牛鞭效应。

(5) 减少供应链系统的级数。

供应链中的级数越多,则牛鞭效应越显著。因此,减少供应链系统的级数将弱化牛鞭效应。另外,如果供应链中有某些级不稳定,则可以考虑通过整个供应链的重构来消除这些不稳定的子系统,从而保证整个供应链系统的稳定。

(6) 供货方式由一次性大批量向多批次小批量转变。

当供应链中的各级子系统采用多批次、小批量的供货方式时,将会大大增强系统的稳定性,同时弱化牛鞭效应。

(六) 供应链中的不确定性

1. 不确定性的表现及其产生原因

从供应链整体的角度来看,供应链上的库存有两种:一种是生产制造过程中的库存;另一种是物流过程中的库存。从某种角度来说,库存存在的客观原因是应付各种各样的不确定性,保持供应链系统的正常性和稳定性。

(1) 不确定性的表现。

供应链上的不确定性表现形式有两种:一种是衔接不确定性,也就是企业之间(或部门之间)的不确定性,这种衔接的不确定性主要表现在合作性上。为了消除衔接不确定性,需要增加企业之间或部门之间的合作性;另一种是运作不确定性,系统运行不稳定是组织内部缺乏有效的控制机制所导致的,控制失效是组织管理不稳定和不确定性的根源。为了消除系统运行中的不确定性,需要增强组织的控制,提高系统的可靠性。

(2) 不确定性的产生原因。

供应链不确定性的来源主要有三个方面：供应商的不确定性、生产者的不确定性、顾客的不确定性。

①供应商的不确定性。供应商的不确定性表现在提前期的不确定性、订货量的不确定性等。供应商不确定的原因是多方面的，供应商的生产系统发生故障延迟生产，意外的交通事故导致的运输延迟等。

②生产者的不确定性。生产者的不确定性主要源于制造商本身的生产系统的不稳定性、机器的故障、计划执行的偏差等。

造成生产者生产过程中在制品库存的原因也表现在生产者对在制品需求的处理方式上。在以计划驱动的生产系统中，对需求的处理方式是根据当前生产系统的状态和状态将要发生的变化对整个生产过程进行模拟，然后用计划来表达模拟的结果，并用计划来驱动生产。

如果生产计划的模拟过程能够与实际生产过程足够接近，那么生产系统总是能够及时地为下一个工作地按计划进行生产提供所需的物料，其下游工作地的等待时间为零。但是生产过程的复杂多变，使得对它的精确模拟十分困难，如工序的安排、提前期、物料到位状况、设备的可使用情况等都会造成计划与实际情况的差距。因此，我们总是用生产控制来实时地或阶段性地监督和检查，发现偏差，进行调节和校正工作。而且必须使生产控制建立在对生产信息的实时采集和处理上，使信息不仅及时、准确地为我们所知，还能及时、可靠地转化为控制生产的有效信息。

③顾客的不确定性。顾客不确定的原因主要有：需求预测的偏差、购买力的波动、从众心理和个性特征等。

通常的需求预测方法都有一定的模式或假设条件，假设需求按照一定的规律运行或表现一定的规律特征，但是，任何需求预测方法都存在这样或那样的缺陷而无法确切地预测需求的波动和顾客的购买心理。同时，在供应链中，不同的节点企业相互之间的需求预测的偏差，进一步加剧了供应链的放大效应及信息的扭曲，从而增加了顾客的不确定性。

供应链上的不确定性，不管其来源于哪方面，从根本上讲是三个方面的原因造成的：①需求预测水平；②订货或生产中的决策支持信息的可获得性、透明性、可靠性；③决策过程的影响，特别是决策人心理的影响。

2. 不确定性对供应链库存的影响

(1) 衔接不确定性对库存的影响。

传统的供应链的衔接不确定性普遍存在，企业总是为了各自的利益而进行资源的自我封闭(包括物质资源和信息资源)，企业之间的合作仅仅是贸易上的短时性合作，人为地增加了企业之间的信息壁垒和沟通的障碍，企业不得不为应付不测而建立库存，库存的存在实际就是信息堵塞与封闭的结果。信息共享不充分是传统的供应链不确定性增加的一个主要原因。

传统的供应链中信息是逐级传递的，即上游供应链企业依据下游供应链企业的需求信息做出生产或供应的决策。在集成的供应链系统中，每个供应链企业都能够共享顾客的需求信息，信息共享不再是线性的传递过程而是网络的传递过程和多信息源的反馈过程。建立合作伙伴关系的新型企业合作模式以及跨组织的信息系统为供应链的各个合作企业提供了共同的需求信息,有利于推动企业之间的信息交流与沟通。企业有了确定的需求信息,在制订生产计划时,就可以减少为了应对需求波动而设立的库存,使生产计划更加精确、可行。对于下游企业而言,合作性伙伴关系的供应链或供应链联盟可为企业提供综合的、稳定的供应信息,无论上游企业能否按期交货,下游企业都能预先得到相关信息而采取相应的措施,这样企业无须过多设立库存。

(2) 运作不确定性对库存的影响。

在传统的企业生产决策过程中,供应商或分销商的信息是生产决策的外生变量,因而其无法预测外在需求或供应的变化信息,至少是延迟的信息。同时,库存管理的策略也只考虑独立的库存点而不是采用共享的信息,因此,库存成了维系生产正常运行的必要条件。当生产系统形成网络时,不确定性就像瘟疫一样在生产网络中传播,几乎所有的生产者都希望拥有库存来应对生产系统内外的不测变化。因为无法预测,人们只好按照保守的方法设立库存来应对不确定性。

3. 消除不确定因素

消除供应链中的不确定因素是一个复杂的过程,需要供应链合作各方的共同努力。

(1) 要致力于建立供应链企业间的战略伙伴关系。

供应链企业之间衔接的不确定性可通过建立战略伙伴关系的供应链联盟或供应链协作体而得以减少,同样,这种合作关系也可以降低运作不确定性对库存的影响。当企业之间的合作关系得以改善时,企业的内部生产管理也会得到较大改善。因为当企业之间衔接的不确定性因素减少时,企业的生产控制系统就能摆脱这种不确定性因素的影响,使生产系统的控制实时、准确,企业才能获得对生产系统有效控制的有利条件,消除生产过程中不必要的库存现象。

(2) 要保持供应链的"弹性"。

所谓供应链的"弹性"是指供应链作为一个整体对用户需求变化的适应程度,与"刚性"对立。一般来说,增加供应链的"弹性"与供应链的低成本运营存在一定的矛盾,关键的问题是如何在这两者之间取得一种平衡。通常情况下,低成本运营所带来的利益是直接的、明显的,如库存费用的降低将直接增加企业的利润;而由此造成的顾客服务水平降低(比如出现缺货)所带来的负面影响,如市场份额丢失、商誉下降等对企业利益的损失是潜在的、长远的。这便增加了达到平衡的难度。但无论如何,顾客的需求总是变化的,富有"弹性"的供应链仍旧是减少供应链中种种不确定性的有效手段。供应链的"弹性"一般包括以下几个方面。

①合理的库存。

供应链上各个节点合理的库存是防止短缺风险的最简单和有效的办法。尽管供应链上的每个企业在成本的压力下都在追求零库存,但如果因为个别节点的短缺而造成整个供应链的中断,每个企业都将蒙受损失。因此,建立合理的库存必不可少。合理库存的前提是首先确定一个合理的用户服务水准。用户服务水准的确定需综合考虑储存成本和缺货成本,100%的用户服务水准通常是不经济的。在实际操作中由于缺货成本往往难以估计(如商誉损失的成本),因而用户服务水准就带有主观色彩,更多情况下是由竞争条件决定的。一旦

确定了供应链的服务水准,就可以综合考虑供应链成员的特点,并在核心企业的影响下,将供应链的服务水准分解为各成员的服务水准。

②保持一定的生产能力冗余。

供应链上的企业保持协调一致的生产能力冗余,一方面,减少了由于"满负荷"运转带来的各自设施可靠性方面的风险;另一方面,提高了对用户变化的适应性。因此,作为供应链"盟主"的核心企业,应不断重新评价合作伙伴,审视供应链的薄弱环节即能力瓶颈,通过各种方式,改进薄弱环节。

③提高供应链上企业的柔性。

整个供应链应该能为客户提供多种产品选择,而且能随客户需求的变化不断地进行快速调整。因此,要求供应链上的企业尤其是核心企业,要尽可能地提高自身的柔性,能对工程更改等做出快速反应,以及缩短新产品投放市场的时间等,避免因不断重新选择供应商带来的风险和低效率,从而提高供应链的整体竞争力。

二、信息

从前文的分析中可知,导致供应链库存过多的一个重要原因是牛鞭效应,而牛鞭效应产生的主要原因是供应链中上下游环节的信息不对称,要避免出现牛鞭效应,关键就在于加强信息沟通。除此之外,信息对于供应链的绩效也是至关重要的,因为它为供应链管理者提供了制定决策的基础。信息技术包括用于提高供应链绩效的获取信息、分析信息和依据信息实施决策的工具。

(一)信息技术在供应链中的作用

信息技术是一个关键的供应链驱动因素,因为它作为黏合剂能让其他供应链驱动因素共同努力以建立一条整合的、协调的供应链。没有信息,管理者就无法知道顾客想要什么、还有多少库存或者是什么时候应当生产或运送出去多少产品。简而言之,信息使供应链具有可见性,使管理者可以制定改善供应链绩效的决策。

信息技术包括贯穿整条供应链的用来收集、分析信息并执行决策的硬件、软件和人。信息技术充当着供应链管理层的"眼睛"和"耳朵",用以获取、分析并制定良好决策所需的信息。例如,一家酒店的信息技术系统(以下简称IT系统)可以显示供应链各个环节的成品库存,并可以提供基于供给和需求信息得出的最优生产计划及库存水平。

利用IT系统获取和分析信息可以对酒店的绩效产生重要的影响。例如,某个酒店发现自己所掌握的大部分顾客需求信息并未被用于制订经营计划和确定库存水平。运营部门并不了解这些需求信息,只能盲目地制定库存和生产决策。通过安装供应链IT系统,酒店可以收集并分析需求数据,从而根据系统建议的库存水平组织生产。利用IT系统可使企业减少一半的库存,因为管理者可以根据需求信息而不是经验猜测进行决策。

掌握信息并分析信息以推动决策的制定对于供应链的成功是很关键的。很多大型企业的成功都是建立在掌握信息并分析信息的基础上的。要想对供应链决策提供有效的支持,信息必须具备下列特点。

1. 信息必须准确

如果没有描述供应链真实状况的信息,将很难制定科学的决策。这并不是说所有的信息都必须百分之百的正确,而是说可用的信息所描述的事实至少没有方向上的错误。

2. 信息必须能够及时获取

准确的信息常常是存在的,但是当它可用时,不是过时了就是形式不可用。要想制定科学的决策,管理者需要的是容易获取的、最新的信息。

3. 信息必须是适当的类型

决策制定者需要的是可以使用的信息。常见的情形是酒店拥有大量对于决策并无用处的信息。酒店必须考虑应当记录哪些信息,以避免将宝贵的资源浪费在收集无用的信息上,而遗漏了重要的信息。

4. 信息必须共享

只有当所有的利益相关者对于用来制定商业决策的信息有着相同的看法时,供应链才是有效的。不同的利益相关者掌握着不同的信息会导致制订出有损供应链绩效的偏离实际的行动计划。

信息对于三个决策层次(战略、计划和运作)及其他所有供应链驱动因素(设施、库存、运输、采购和定价)的决策制定都是至关重要的。信息技术不仅能够收集这些信息以提高供应链的可见性,而且能够分析这些信息,以使所制定的供应链决策实现利润最大化。

在第一节中我们了解到,供应链包括三个宏观流程:顾客关系管理、内部供应链管理和供应商关系管理。接下来,我们讨论在这三个宏观流程中的信息技术应用及信息的整合。

(二) 顾客关系管理中的信息技术

顾客关系管理(Customer Relationship Management,CRM)宏观流程包括供应链中在酒店与其下游顾客之间发生的流程。CRM 宏观流程的目标是创造顾客需求、促成交易和跟踪订单。这个流程中如有不足就会导致需求流失以及糟糕的顾客体验,因为订单并未得到有效的处理和执行。CRM 中包括如下关键流程。

1. 营销

营销流程包括一系列决策:目标顾客是谁;如何定位顾客;提供哪些产品;产品如何定价;如何管理用来定位顾客的实际活动。CRM 营销领域中好的 IT 系统提供的分析有助于改进关于定价、产品盈利能力等的决策。

2. 销售

销售流程关注的是对顾客进行的实际销售(与营销不同,营销流程关注的是计划向谁销售及销售哪些产品)。销售流程包括为销售人员提供进行销售所需的信息,然后完成实际的销售。完成销售要求销售人员(或顾客)在大量的选项和特征中进行选择来打造和配置订单。销售流程还要求能够确定交货期和获取与顾客订单相关的信息。好的 IT 系统可以为销售人员提供自动化和个性化的配置以改善销售流程。

3. 订单管理

订单管理的流程对于订单履行和顾客追踪订单是非常重要的。这个流程将来自顾客的需求与来自企业的供应联系在一起。好的 IT 系统可以让订单具有可见性,即订单在到达顾客之前在供应链各个环节的流动可见。

(三) 内部供应链管理中的信息技术

内部供应链管理(Integrated Supply Chain Management, ISCM)关注的是企业内部的运作。ISCM包括在计划和履行顾客订单时所涉及的所有流程。ISCM中包括如下关键流程。

1. 战略规划

该流程关注的是供应链的网络设计，所涉及的关键决策包括设施的位置和产能计划。

2. 需求计划

该流程包括预测需求、分析定价和促销等需求管理工具对需求的影响。

3. 供应计划

供应计划流程将需求计划生成的需求预测和战略规划所设定的可用资源作为输入，然后制订满足该需求的最优计划。生产计划和库存计划通常由供应计划软件提供。

4. 订单履行

满足需求的供应计划制订之后，必须予以执行。订单履行流程将每一份订单与特定的供应源和运输方式联系起来。订单履行类的软件应用通常是运输和仓储管理应用。

5. 售后服务

酒店向顾客提供服务之后，还必须提供售后服务。售后服务流程关注的是安排回访服务。

由于ISCM宏观流程的目标是满足由CRM流程生成的顾客需求，因此CRM流程与ISCM流程之间的联系应当非常紧密。在进行需求预测时，必须与CRM进行互动，因为CRM应用会接触顾客，有着关于顾客行为的最多的信息和了解。类似地，ISCM流程也应当与SRM宏观流程紧密联系。供应计划、订单履行和现场服务都要依赖于供应商，也就是依赖于SRM流程。如果供应商不能供应酒店服务所需的原材料或物品，那么酒店就不能很好地向顾客提供服务。我们曾在CRM项下讨论过的订单管理必须与订单履行紧密整合，成为有效的需求计划的输入。再强调一次，扩展的供应链管理需要宏观流程的整合。

(四) 供应商关系管理中的信息技术

供应商关系管理(Supplier Relationship Management, SRM)包括专注于酒店与供应链上游供应商之间的互动的流程。SRM流程与ISCM流程之间存在天然的联系，因为在制订内部计划时必须充分考虑供应商的约束条件。下面介绍主要的SRM流程。

1. 采购

应用采购软件可以帮助酒店更好地认证供应商资格，同时还可以在供应商选择、合同管理以及供应商评估方面提供帮助。其中一个重要的目标是，分析酒店在每个供应商那里的花费，通常能够显示出价值趋向或需要改进的方面。根据几个关键指标，可以对供应商进行评估，包括交付时间、可靠性、质量和价格。这种评估可以帮助改善供应商绩效，并在供应商选择方面提供帮助。合同管理是采购的另一个重要部分，因为供应商合同有许多复杂的细节必须被跟踪(如对大批量的采购提供价格优惠)。在这方面有些软件可以帮助分析供应商绩效并管理合同。

2. 谈判

与供应商的谈判包含许多步骤，首先从报价请求(RFQ)开始。谈判过程也可能包括设计和执行拍卖。这一过程的目标是为供应商达成一个某种程度上包含指定价格和交付信息的有效合同，以最好地满足酒店的需求。一些软件可以实现自动化的 RFQ（Request for Quotation，报价请求）流程，并实施拍卖。

3. 购买

购买软件实现从供应商处实际的材料购买，包括创建、管理和购买订单的批准。在这方面表现好的软件可以自动实现采购流程，并有助于降低处理成本和缩短采购时间。

4. 供应链合作

酒店与供应商一旦达成供应协议，就可以通过预测、生产计划和库存级别方面的合作改进供应链绩效。合作目标是确保供应链各环节有一个共同的计划。这方面表现好的软件能够为供应链中的合作预测和计划提供便利。

如果 SRM 流程与适当的 CRM 和 ISCM 流程完好地整合，则可以显著提升供应链绩效。例如，在设计产品时，整合来自顾客的需求是改进设计的一条有效途径。采购、谈判、购买和合作主要与 ISCM 相关，因为需要供应商输入来生成和履行最优计划。然而，这些方面同样需要与 CRM 流程有接口，如订单管理。总之，整合三个宏观流程对改进供应链绩效至关重要。因此，酒店应该注重应用企业资源计划（Enterprise Resource Planning，ERP）系统，打通供应链各环节，整合信息。酒店可以打造专属的 ERP 系统，也可以引入现有的系统，如石基数字酒店信息管理系统（IP Hotel）。

（五）信息技术中的风险管理

在供应链中应用信息技术蕴含着若干风险，即通过信息技术增加新的供应链能力的过程充满风险。IT 系统的变化越大，对运作造成负面影响的风险就越高。信息技术在酒店的应用越深入，如果信息技术出现重大失误，那么酒店无法正常运作的风险就越高。接下来我们讨论在供应链中应用信息技术带来的一些主要风险以及降低这些风险的办法。

信息技术所蕴含的主要风险可以分为两大类。

第一类风险，也可能是最大的一类风险，即安装新的 IT 系统所造成的风险。在新的 IT 系统投入运行的过程中，酒店不得不将运营中所使用的旧的流程转变为该 IT 系统下的新的流程。此时业务流程和技术方面都有可能出现问题。在业务流程方面，新的 IT 系统往往要求员工按照新的流程进行操作。这些新的流程可能很难掌握，或者需要培训才能正确操作，甚至会受到那些希望使用旧方法的员工的强烈抵制。让整个组织都接受新的 IT 系统所带来的变化可能尤其困难，因为高级管理层通常并不会主动推动这种改变。除了业务流程方面的调整，让新的 IT 系统投入运行还需要克服许多技术上的障碍。在独立而分散的系统之间进行整合往往需要投入巨大的工作量。当酒店没有进行适当的整合就转换到新的系统时，新的系统常常不能达到所承诺的全部效果，有时候甚至比它所取代的旧系统还要糟糕。即使员工接受了新的流程而且所有的技术障碍也都被克服了，要想在酒店内顺利地转换新的系统通常也需要一个微妙的平衡。

第二类风险是，酒店在制定决策时越是依赖信息技术，出现任何信息技术问题（如软件故障、断电和病毒）时，酒店的运作彻底停摆的风险就越高。这些是酒店必须准备面对的严重风险。信息技术所蕴含的另一个风险是它往往会造成流程僵化。系统可能仅允许一个流

程以单一的方法来执行,因此酒店就会陷入总是用相同的方法来完成这一流程的模式。很明显,这么做在效率方面很有好处,但是酒店业也要承担这一流程低于竞争对手的绩效水平以及自己的系统阻碍了企业转换到更新、更有效的流程的风险。

上述每一种主要的风险都有各自的降低策略。在运行IT系统的过程中,必须记住三点。第一,安装新的IT系统时应循序渐进,而不能采用"大爆炸"的方法。循序渐进的好处是,安装过程中出现问题或者当需要查找问题时,酒店可以减少损失。第二,酒店可以同时运行新旧两套系统,以确保新的系统运行正常。如果新的系统出现问题或者运行结果与旧的系统相差过大,仍然可以继续使用旧的系统。事实上,在新的系统正式投入运行之前,可以模拟它将采取的所有行动,然后通过监控这些行动来判断新系统的表现。第三,只实施所需要的信息技术。如果你不需要某些功能,那么就不要安装,因为它们往往会增加项目的风险而不会带来任何潜在的好处。从本质上说,我们希望按照我们的供应链需要来打造IT系统,而降低风险也是需要之一。

在运作方面,缓解风险的策略包括数据备份,两套系统并行以免其中一个系统出现问题,以及安装用来保证酒店系统安全的一系列安全软件等。

第三节 供应商管理

案例引导 　　西门子公司采购经理谈供应商资格认证

从发现一个潜在的供应商到实现合作,首先是基本情况的调查,验证公司的各方面信息,考察技术是否符合自己的需要。其次是生产基地的考察。如果有可能,还要进行产品的送样认证工作。这些是几个基本的过程。

案例分析

在起始阶段进行基本的情况调查,我们会有标准的表格提供给供应商。实施评估主要从商务、质量、技术以及其他一些行业基本标准等方面来衡量,其中ISO和QS的认证也很重要。而评估标准的依据则主要是自己公司内部的一套系统,由资源开发、质量、研发等相关部门共同做出评估,然后会同德国的研发及总部的资源开发和质量部门的相关负责同事共同做出决定。有些企业也许会问,既然有通用标准,为何还要使用自己的标准呢?我想说的是,通用标准只是用于全行业的标准,各大公司都有自己的特殊要求,西门子也不例外。据我所知,我们的要求要高于通用标准。确定一个供应商,基本条件是其产品和技术符合我们的需要,我认为首先是新技术、新产品。如果是成熟的产品或者技术,这时价格就成了比较重要且需要认真考虑的因素了。

在评估过程中,最为重视的是产品质量。西门子公司一直是以提供优质产品而闻名的,其对高质量的一贯追求也体现在供应商的审核这一过程中。

我们在对某一厂商做审核时,都会就审核结果做出书面报告并同有关厂商进行交流。在报告中,我们也会对不足之处——指出。但是我们通常只会与已通过认证的供应商进行进一步的交流,并用更严格的生产流程审核来帮助他们进行提高。

在评估、考察供应商的过程中,最困难的莫过于遇见有些供应商对质量及流程控制的理解不深,只是由一些咨询公司帮助其来实现ISO和QS的认证。只求形式上的完美,并没有树立真正意义上的以质量为重的观念。通过对一些细节的贯彻实施就可以看出这方面的问题。比如对一台关键作业设备的参数设置,明明"作业指导书"上规定的是90—100℃,但设备显示即使到了110℃还没有人来检查或重新设置。还有规定设备参数每天检查三次,但是基本上每天只查一次,或者每天只有一次的检查记录。对供应商的评价,综合来说,质量体系的建立和严格完善的流程控制,需要整个工厂的所有员工参与。良好的质量观念、完善的员工培训机制、量化的指标控制系统、深入的数据采集分析工作、高素质的员工队伍,这些都是必不可少的。我们希望厂商的管理层能在这些方面不断提高管理水平。

我们对所有的供应商都一视同仁,因为我们对供应商的评估是由资源开发、质量、研发等相关部门共同做出的,一切以质量为重,力求做到客观公正。

(资料来源:周云的《采购成本控制与供应商管理》)。

前文说过,供应链流程可以划分为三种宏观流程:客户关系管理(CRM)、内部供应链管理(ISCM)和供应商关系管理(SRM),供应网络是这三个流程上各个节点的关系的总和,供应网络管理理论上应该涉及全流程、全节点的管理,客户关系管理和内部管理很多学者已做过深入研究,本节重点讨论供应商管理。

一、供应商管理概述

供应商管理是供应网络管理重要、关键的工作。传统的供应商管理主要集中在供应商选择上。然而,随着社会的发展和技术进步,市场也随之发生了深刻的变化。快速迭代引起产品周期不断缩短,全球化导致供应链格局日渐优化,这些都推动着供应链管理水平的提高,传统的供应商管理已经不再适应酒店发展的新环境。新形势下,酒店需要抛弃传统的管理理念,与时俱进,与供应商合作共赢、协调发展,以提高供应链整体的竞争力。

(一)供应商管理的概念

供应商是指可以向酒店提供原材料、设备、工具及其他资源和相应服务的企业。供应商可以是生产企业和流通企业,也可以是供应产品和服务的个人或法人。酒店要维持正常的生产活动,就必须有一批可靠的供应商为酒店提供各种各样的物资和服务供应。因此,供应商在酒店的生产运营中扮演着非常重要的角色。供应网络管理的一个重要工作就是与供应商打交道,从供应商那里获得各种物资,服务于酒店的生产和销售。供应商管理是酒店对其供应商进行调查、选择、开发、使用和控制等综合性管理工作的总称。这项工作的目的在于建立稳定、可靠的供应商关系,为酒店生产经营活动提供可靠的物资和服务保障。酒店通过

有效的供应商管理,不仅可以获得符合酒店质量和数量要求的产品及服务,而且能够确保供应商以优惠的价格在正确的时间内提供这些产品和服务。同时,酒店还能够与供应商保持良好的关系,不断开发具有竞争力的潜在供应商,从而不断优化整条供应链。供应商管理经历了以下三个阶段。

第一阶段为"监控式"供应商管理阶段。在该阶段,酒店只是监控供应商,不做系统的评价和后续的差异化管理。酒店只解决供应商的供应质量问题,但供应商的质量管理和采购相对分开,不具备协同联动机制。

第二阶段为"评估式"供应商管理阶段。在该阶段,酒店建立了完整的供应商评价机制,能够围绕关键指标进行量化评价,定期向供应商反馈评价结果。基于评价结果,酒店还可以进行供应商分类管理。

第三阶段为"引导式"供应商管理阶段。在该阶段,酒店建立了完善的供应商绩效考核体系,能够有效引导供应商与酒店的长远战略相适应。通过综合评价和差异化管理手段,酒店能够对供应商的运营进行精准和全面的考量,而且评估结果能够直接指导供应商持续改进。

(二)供应商管理的意义

供应商作为资源市场的重要组成部分,也是酒店外部环境的组成部分,必然会直接或间接地影响酒店的生产运营。资源市场中的物资供应量、供应价格、竞争态势、技术水平等,都是由资源市场的所有成员共同影响的。因此,酒店采购物资的质量水平和价格水平都必然受到资源市场每个成员的共同影响。事实证明,供应商对资源市场的影响至关重要。以资源交换为依托,酒店的供应链得以构建和有效运转。可以说,酒店的供应商管理水平的高低将直接影响酒店供应链的竞争力水平。供应商管理水平高的供应链,其供应能力强、持续性好,最终产品和服务的质量有保证,价格更具有竞争力。总体而言,供应商管理的意义体现在以下几个方面。

1. 供应商管理能够确保酒店采购品的高质量供应

采购品质量是保障酒店生产运营安全稳定的重要条件,而采购品质量的落实取决于供应商所提供产品质量的可靠性。供应商产品的质量是酒店生产质量和研发质量的组成部分,原材料的质量直接影响到产成品的质量状况。因此,加强供应商管理,选择合适的供应商,可以提高原材料、设备的质量,这对保证采购质量具有积极的意义。

2. 供应商管理有助于保障酒店采购品的及时供应

酒店与供应商之间的关系往往具有不稳定性,双方掌握的信息具有不对称性,因此在时间上难以实现供应商的交货与酒店的需求完全匹配。一方面,如果物资需求计划不准确、不及时,或者酒店对未来物资需求预测不准,酒店就很难及时提出准确的采购订单;另一方面,如果供应商收到的需求信息不准确、不及时,就不能够对采购方所需物资的种类、数量、发货期进行准确估计,很难及时妥善安排生产计划,因而供应商的供货及时性会对酒店的生产运营产生巨大影响。良好的供应商管理,将使酒店和供应商之间的信息能够充分共享,供应与生产的协同性大大加强。供应商在酒店生产和研发体系中的参与程度不断加深,也将帮助供应商提前预测需求并组织生产,使酒店在供应的及时性上得到最大限度的保障。

3. 供应商管理是酒店降低采购成本的源头

一般来说,采购成本占据酒店总成本相当大的比重。因此,供应商的成本控制能力对酒店成本的竞争力影响很大,酒店可以通过加强与成本控制能力强的供应商合作来为酒店赢得低成本的资源,从而增强酒店在市场上的成本竞争优势。

4. 供应商管理有助于提高供应链竞争力

首先,与供应商之间的物流业务优化、信息共享和资金协同等合作能够帮助供应链上下游的企业降低交易成本,从而使整个供应链获得更大的价格优势。其次,通过这些合作,整个供应链对最终客户需求变化反应的敏捷性增强,客户满意度也进一步提高。

综上所述,供应商管理是酒店供应网管理的一项重要任务。通过科学、理性地选择供应商,确定合适的供应商关系管理策略,实行合理的供应商管理流程,培育优质的供应商,酒店将能获得更大的发展空间。

(三)供应商的特征

为了确定合适的供应商管理策略,实施合适的供应商管理流程,需要了解供应商的主要特征。

1. 扩张性

供应商会在满足于现有销售订单的基础上,通过持续增强制造能力、扩大销售网络、加强与采购商的密切沟通和协作,以及提供优质服务等措施,不断扩大其市场份额。并且,供应商大都希望在同行中脱颖而出,设法成为采购商的主要甚至唯一的供应源。更进一步地,很多供应商会想方设法地占领甚至试图垄断采购商的供应渠道,以此获得在销售谈判中的主导权并提高影响力。

2. 趋利性

供应商的一种本质特性即扩大销售、提高利润,这是由其追求利益最大化的本能决定的。供应商为用户提供产品和服务,最终目的是获取与其提供的物资和服务对等甚至更高的货币价值,实现盈利和增值。

3. 多面性

一方面,供应商希望采购方需求的产品标准化程度高,则其产品生产线能保持稳定,产品生命周期可以延长,从而实现长期、稳定的利润;另一方面,供应商又希望采购方的需求个性化,只有自己或包括自己在内的极少数供应商能够供应产品,以取得市场主动权甚至垄断地位,进而提高销售价格和获取高额利润。

(四)供应商管理的原则

供应商管理不仅要契合酒店的战略目标,而且要维护客户、中间商和供应商之间的偏好信息,以确保成功的合作关系。在战略性采购模式下,基于对供应商市场及其动态变化,运用差异化采购技巧以达到双方最佳经济效果。因此,在实施供应商管理时,应遵循以下原则。

1. 动态发展原则

在供应商管理中,需要根据在供应市场分析的采购及供应商发展策略的基础上,建立供应商发展维度的分类。供应商的分类应该具备发展的眼光,以支撑酒店供应链战略的实现。

2. 差异化原则

应该运用差异化采购技巧以达到最佳经济效果。不同的采购品在酒店中的地位不同,给酒店带来的经济效益也不同,需要管理者投入的精力也不同。供应不同采购品的供应商,由于其供应市场和自身能力的不同,需要建立差异化的供求关系。在供应商的分类、准入、评价和退出的标准和流程上,都应该体现差异化原则。

3. 共赢原则

酒店与供应商之间不是零和关系,而应建立在共同发展、共同进步的基础上,通过相互配合和相互改进,实现组合优势,合作共赢。

二、供应商管理策略

供应商管理主要包括供应商选择、供应商绩效考核和供应商关系管理三部分内容。供应商选择是酒店按照一定标准,综合运用定性和定量评价方法,对供应商进行选择的过程;供应商绩效考核是对酒店现有供应商的日常表现进行的定期监控和考核;而供应商关系管理则是以多种信息技术手段为支持,通过对双方资源和竞争优势的整合,以求实现共赢的管理策略。

(一) 供应商选择

1. 供应商选择应遵循的标准

1) 供应商选择的短期标准

选择、评价供应商的短期标准一般是合适的商品质量、成本低、交货及时、整体服务水平高、履行合同能力强。酒店可以通过市场调查获得有关供应单位的资料,把获得的信息编制成表,并就这几个方面进行比较,依据结论做出正确决策。

(1) 合适的商品质量。采购物品的质量是否合乎酒店的要求是酒店需要考虑的首要条件。合适的商品质量意味着不仅要满足酒店的需求,还要控制成本,避免造成一定程度的浪费。评价供应商的商品质量,不仅要从商品检验入手,还要从供应商企业内部去考察,如企业内部的质量检测系统是否完善,是否已经通过了ISO9000认证等。

(2) 成本低。对供应商的报价单进行成本分析,是有效甄选供应商的方式之一。成本不仅包括采购价格,而且包括原料或设备使用过程中或生命周期结束后所发生的一切支出。较低的采购价格对于降低酒店生产经营成本、提高竞争力和增加利润有着明显的作用,因此是选择供应商的一个重要条件。但是,价格最低的供应商不一定就是最合适的,总成本最低才是选择供应商时考虑的主要因素。所谓总成本,包括取得成本、作业成本和处置成本。

取得成本主要包括下列几项:①开发成本,即寻求、查访、评选供应商的支出,还包括订单处理的费用;②采购价格,即与供应商谈判后采购的成本;③运输成本,如果是从国外采购,供应商以FOB报价,买方还需要支付运费,甚至保险费;④检验成本,即进料检验或仪器检验所需支付的检验人员的工资以及工具的折旧费用。

作业成本主要包括下列几项:①仓储成本,包括仓库租金、仓管人员的工资、仓储设备的折旧费用等成本;②维护成本,包括各种材料的维护费、修理费等成本。

处置成本主要包括以下几项:①直接费用,为使资产达到规定状态所发生的搬运及处理费用;②相关税费,包括与资产处置有关的法律费用、相关税费。

(3) 交货及时。供应商能否按约定的交货期限和交货条件供货,直接影响酒店正常的生产和供应活动,因此,交货时间也是选择供应商时所要考虑的因素之一。酒店在考虑交货时间时,一方面要降低原料的库存数量,另一方面要降低缺货风险。因此,要关注供应商交货的及时性,以决定其是否能成为酒店的合作对象。影响供应商交货时间的因素主要有:①供应商从取得原料、加工到包装所需的生产周期;②供应商生产计划的规划与弹性;③供应商的库存准备;④所采购原料或设备在生产过程中所需要的供应商数目与阶层(上下游);⑤运输条件及能力。

(4) 整体服务水平高。供应商的整体服务水平是指供应商内部的各作业环节能够配合酒店的能力与态度,如各种技术服务项目、方便酒店的措施、为酒店节约费用的措施等。评价供应商整体服务水平的主要指标有以下几个方面。

①安装服务。通过安装服务,酒店可以缩短设备的投产时间或应用时间。供应商能否提供完善的安装服务,是评价的一个重要指标,同时也是认证人员对供应商进行认证的重要依据。

②培训服务。对于酒店来讲,会不会使用所采购的产品决定着该采购过程是否结束。如果酒店对如何使用所采购的产品不甚了解,供应商就有责任教授酒店员工产品的使用知识。有新产品问世时,供应商应该推出相应的辅助活动(如培训或讲座)。供应商对产品售前与售后的培训工作情况,也会大大影响酒店对供应商的选择。

③维修服务。供应商对所售产品一般都会做出免费维修一段时间的承诺。如因产品质量问题而影响使用,都可以得到供应商的免费维修服务。免费维修是对买方利益的保护,同时也对供应商提供的产品提出了更高的质量要求。供应商会想方设法提高产品质量,减少或避免产品需要维修的情况出现。

④升级服务。这也是一种常见的售后服务形式,尤其是信息时代的产品,更需要升级服务的支持。信息时代的产品更新换代非常快,各种新产品层出不穷,功能越来越强大,价格越来越低廉,供应商提供免费或者有偿的升级服务是竞争力的体现。

⑤技术支持服务。供应商应该可以向酒店提供相应的技术支持。

⑥退换货服务。供应商应该有明确的退换货服务承诺。

(5) 履行合同的承诺与能力。酒店在进行采购时,确定供应商有无履行合同的承诺与能力,要考虑以下几点:①首先确认供应商对采购的项目、订单金额及数量是否感兴趣,订单数量过大,供应商可能生产能力不足,而订单数量过小,供应商可能缺乏兴趣;②供应商处理订单的响应时间;③供应商在需要采购的项目上是否具有核心竞争力;④供应商是否具有自行研发产品的能力;⑤供应商目前的闲置设备状况,以了解其接单情况和生产设备的利用率。

2) 供应商选择的长期标准

选择供应商的长期标准主要在于评估供应商能否提供长期而稳定的供应,其生产能力是否能配合酒店的成长而相对扩展,供应商是否具有健全的体制、与酒店相近的经营理念,其产品未来的发展方向能否符合酒店的需求,以及是否具有长期合作的意愿等。

(1) 企业实力。在企业实力的层面,主要考虑的指标有企业规模、行业地位以及人员素质水平和技术能力。

①企业规模是反映企业整体实力的一个重要指标,包括供应商的总资产、销售收入等。

可以用供应商的相应数据与行业平均水平进行比较,数值高者得分高。

②行业地位反映供应商在市场中的地位,能影响其在供需市场中的话语权,一般可以用市场占有率来衡量。

③人员素质水平是指企业内部管理人员的整体状况,反映企业的专业技术人员占员工总数的比例。

④技术能力是指企业的生产技术水平、所采用的标准以及发明和专利数量,可以对不同供应商进行比较。

(2) 供应商财务状况的稳定性。供应商的财务状况直接影响到其交货和履约的绩效。如果供应商的财务状况出现问题,周转不灵,导致倒闭破产,将会造成酒店的供料不足,甚至出现停工的严重危机。因此,供应商的财务状况是考虑供应商长期供货能力的一个重要指标。虽然酒店不容易判断一家供应商的财务状况,但是可以利用资产负债表来考核供应商一段时期的营运成果,观察其所拥有的资产和负债情况;通过利润表,考察供应商一段时期内的销售业绩与成本费用情况。如果供应商是上市公司,还可以利用其年度报表中的信息来计算各种财务比率,以观察其现金流动情况、应收应付账款的状况、库存周转率、获利能力等。

(3) 供应商内部组织与管理的良好性。供应商内部组织与管理是关系到日后供应商服务质量的因素。供应商内部组织机构设置是否合理,影响着采购的效率及其质量。如果供应商组织机构设置混乱,采购的效率与质量就会因此下降,甚至由于供应商部门之间的互相扯皮而影响到供应活动及时、高质量地完成。另外,供应商的高层主管是否将酒店视为主要客户,也是影响供应质量的一个因素。如果供应商的高层没有将酒店视为主要客户,在面临一些突发状况时,酒店便无法取得优先处理的权利。

除此之外,还可以从供应商机器设备的新旧程度及保养状况,看出管理者对生产工具、产品质量的重视程度,以及内部管理的好坏。另外,供应商同业之间的评价及其在所属产业中的地位,对客户满意度的认知,对企业的管理,对采购原材料来源的掌握以及生产流程的控制,也是评估供应商内部管理情况的重要指标。

(4) 供应商员工的状况是否稳定。供应商员工的平均年龄也是反映企业管理状况的一个重要指标。若平均年龄偏高,表明供应商员工的流动率较低,同时也可能显示出供应商无法吸收新员工的加入,从而缺乏新观念、新技术的引进。另外,供应商员工的工作态度及受培训的水平会直接影响到产出的效能,这些都是可以在现场参观时观察到的。

(5) 供应商长期发展的情况。长期发展注重的是供应商的信誉、财务状况、发展潜力、经营理念和管理水平以及环境要符合企业长期合作方面的指标。

①信誉主要考虑供应商的还贷信誉以及履行合同的能力。

②财务状况能直接影响到供应商的交货和履约,能反映其长期供货能力。

③发展潜力考察供应商的持续发展能力,这是建立长期合作伙伴关系的基本保证。

④经营理念和管理水平的兼容性反映供应商与酒店在经营理念和管理水平方面的接近程度,接近程度越高,越能实现长期合作。

⑤环境包括自然环境、经济与技术环境、政治法律环境等。这些环境的变化会对供应商产生较大的影响。

(6) 供应商的社会责任感。企业社会责任(CSR)是近年来酒店选择供应商的新要求,它衡量供应商承担对员工、消费者、社区和环境的社会责任的履行情况。

这些标准是酒店在选择供应商时采用的一般长期标准。在实际的采购工作中,可以根据物资种类、供需市场状况等因素的不同进行相应调整,帮助酒店选择合适的供应商。

2. 供应商选择的方法

选择供应商的方法较多,一般根据供应商的数量、对供应商的了解程度以及对物资需要的时间紧迫程度等要求来确定。目前,国内外主要采用的方法有以下几种。

1) 定性评价选择法

定性评价选择法有如下几种。

(1) 直观判断法。直观判断法是指通过调查、征询意见、综合分析和判断来选择供应商的一种方法,是一种主观性较强的判断方法,主要是倾听和采纳有经验的采购人员的意见,或者直接由采购人员凭经验做出判断。这种方法的质量取决于对供应商资料掌握得是否准确、齐全,以及决策者的分析判断能力与经验。直观判断法主要依靠经验来做出选择,运作方式简单、快速和方便,但是缺乏科学性,受掌握信息的详尽程度限制。它常用于选择酒店非主要原材料的供应商。

(2) 招标法。当采购物资数量大、供应市场竞争激烈时,可以采用招标法来选择供应商。

(3) 协商选择法。在可供单位较多、采购商难以抉择时,则可以采用协商选择法,即由酒店选出供应条件较为有利的几个供应商,与他们分别进行协商,再确定合适的供应商。和招标法相比,协商选择法因双方能充分协商,在商品质量、交货日期和售后服务等方面较有保证;但由于选择范围有限,不一定能得到价格最便宜、供应条件最有利的供应商。当采购时间紧迫、投标单位少、供应商竞争不激烈、订购物资规格和技术条件比较复杂时,协商选择法比招标法更为合适。

2) 定量评价选择法

定量评价选择法有如下几种。

(1) 评分法。评分法是指依据供应商评价的各项指标,由酒店列出对供应商评选的各个因素,并给每个标准档次赋予不同的分值,根据最后的评分情况,在各个供应商之间进行比较,最后确定最高分者为最佳供应商,并据此要求选定的供应商改进不足之处。

(2) 考核选择法。所谓考核选择,就是在对供应商进行充分调查了解的基础上,再认真考核、分析比较而选择供应商的方法。根据供应商选择目的和依据的不同,供应商调查可以分为初步供应商调查和深入供应商调查。初步确定的供应商还要进入试运行阶段进行考察,试运行阶段的考察更实际、更全面、更严格。在运作过程中,要进行所有评价指标的考核评估,包括产品质量合格率、准时交货率、准时交货量率、交货差错率、交货破损率、价格水平、进货费用水平、信用度、配合度等的考核和评估。当选定供应商之后,应当终止试运行期,签订正式的供应商关系合同。进入正式运行期后,就开始了比较稳定、正常的物资供需关系运作。

(3) 作业成本法(ABC法)。该方法针对单一订单、在一组供应商中选择最佳者。其基本思想是,供应商所供应物资的任何因素的变化都会引起酒店总成本的变动,如价格过高、质量达不到要求、供应不及时等都会增加酒店的成本。因此,通过分析供应商总成本来选择合作伙伴。由于作业成本法要求供应商能够提供详细信息,并且此方法实行的条件要求具备强有力的计算机环境,因此所花费的成本比传统方法要高,但它的成本计算更准确,能够给管理者提供更有用的成本信息。

3)定性与定量相结合的评价选择法

定性与定量相结合的方法有如下几种。

(1)层次分析法(Analytic Hierarchy Process,AHP)。该方法在20世纪70年代初由美国运筹学家萨蒂(Satty)教授提出,是一种对较为模糊或复杂问题使用的定性与定量分析相结合的多目标决策的方法。这种方法的基本原理是根据具有层次结构的目标、子目标、约束条件等来评价方案,采用两两比较的方法确定判断矩阵,然后把判断矩阵的最大特征值所对应的特征向量的分量作为相应的系数,最后综合给出各个方案的权重和供应商各自的权重,通过所有层次之间的总排序计算所有元素的相对权重并进行排序。

(2)人工神经网络算法。该方法是建立接近于人类思维模式的定性与定量相结合的选择评价模型,通过对样本模式的学习,获取评价专家的知识经验、判断以及对目标重要性的倾向。当对供应商进行综合评价时,可再现评价专家的敏捷思维,从而实现了定性和定量分析的有效结合,也可以较好地保证供应商选择评价的客观性。

3. 供应商选择的一般步骤

供应商选择是供应管理中的一个重要决策。目前在市场上,同类产品的供应商越多,供应商的选择就越复杂,这就需要有一个规范的程序来操作,且不同的企业在选择供应商时所采用的步骤千差万别。下面给出一般步骤(见图6-8),实际操作可能多于或少于这些步骤,这个框架只起到理论指导作用。

1)分析市场竞争环境

环境分析是供应商选择的重要步骤,包括供应环境的分析和市场需求的分析。市场需求是酒店一切活动的原动力,酒店首先要分析环境,确定需求以及需要建立的基于信任、合作、开放性交流的供应链合作关系。其次还要从供应商的市场分布、采购物品的质量和价格、供应商的生产规模等方面收集供应商的信息。

2)确定供应商选择的目标

酒店在选择供应商之前必须明确目标,目标要与酒店发展的长期目标、战略相适应,能够服务于酒店的核心能力和市场竞争力。不同酒店对供应商选择的要求是不同的,所以,酒店应在确保获得符合总体质量和数量要求的产品和服务目标的基础上,根据自身情况确定适当的目标。

3)建立供应商选择标准

该部分的内容可参照前文介绍的供应商选择应遵循的标准。

4)成立供应商评价和选择小组

供应商选择涉及酒店的运营、技术、计划、财务、市场等部门,因而评价和选择小组成员也分别来自前厅部、客房部、餐饮部、康乐部、采购部、市场部和财务部等多个部门,必须具有团队合作精神和一定的专业技能,并且评价和选择小组必须同时得到本酒店和供应商领导层的支持。

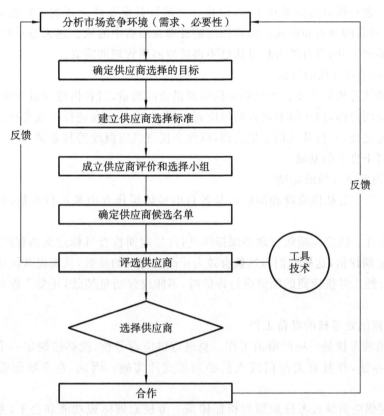

图 6-8　供应商选择的一般步骤

5) 确定供应商候选名单

通过供应商信息网站、问卷调查、行业杂志等渠道来了解市场上能提供所需产品和服务的供应商,并由评价和选择小组确定候选名单。

6) 评选供应商

评选供应商是在完成供应商候选名单的基础上进行的,主要的工作就是全方位调查、收集有关供应商的生产运作管理等信息,并利用一定的工具和技术方法对供应商进行评价。目的是确认、筛选出优秀的供应商,优化供应商结构和提高酒店的业绩水平。

7) 选择供应商

在考虑多方面的重要因素之后,依照评选标准,选择最合适的供应商。如果选择成功,则可以达成合作;否则,返回到确定供应商选择的目标这一步骤,重新评价选择。

8) 合作

由于供应环境和市场需求在不断变化,酒店可以根据实际情况及时修改供应商选择的目标或进行新的一轮供应商评选,并且给予已合作供应商足够的时间来应对酒店的需求变化。

(二) 供应商绩效考核

1. 供应商绩效考核的目的、原则及准备工作

供应商绩效考核,就是对酒店现有供应商的日常表现进行定期监控和考核。在过去,即

使酒店一直在进行供应商的考核工作,但是一般都只对重要供应商的来货质量进行定期检查,而没有一整套的规范和程式。随着供应链管理在酒店中的地位越来越重要,供应商管理的水平也在不断上升,原有的考核方法已不再适应酒店管理的需要。

1) 供应商绩效考核的目的

供应商绩效考核的主要目的是确保供应商供货的质量,对各供应商进行比较,以便继续同优秀的供应商合作,淘汰绩效较差的供应商。同时,对供应商进行绩效考核也可以发现其中存在的不足之处,并将其反馈给供应商,以此来促进供应商改善其业绩和为日后更好地完成供应活动打下良好的基础。

2) 供应商绩效考核的原则

(1) 整体性。要从供应商和酒店自身各自的整体运作方面来进行评估,以确立整体的目的。

(2) 持续性。供应商绩效管理必须持续进行,要定期检查目标达到的程度。同时,让供应商知道会定期评估,这样他们自然就会致力于改善自身的绩效,从而提高供应质量。

(3) 综合性。对供应商的绩效进行评估时,不能仅仅衡量绩效,还要考虑外在因素带来的影响。

3) 供应商绩效考核的准备工作

供应商绩效考核是一项严肃的工作。要进行供应商考核,就必须制定一个供应商考核工作程序或办法,并且有关部门或人员必须依文件实施。因此,在考核前需要做好以下工作。

(1) 确定供应商绩效考核原则和指标体系。考核原则体现功能和公平,考核指标要明确、合理,与酒店的战略目标基调一致。

(2) 确定考核的具体步骤细则并形成正规文件。

(3) 选择要进行考核的供应商,并将考核指标及要求与对方进行充分沟通。

(4) 酒店成立考核小组,小组成员可以包括采购、运营、市场、计划、财务等部门的人员,也可以有专家和管理顾问等。

2. 供应商绩效考核指标

确定供应商绩效考核的内容以后,为了科学、客观地反映供应商的运作情况,应该建立与之相适应的供应商绩效考核指标体系。在制定考核指标体系时,应该突出重点,对关键指标进行重点分析,尽可能地采用实时分析与考核的方法;要把绩效度量范围扩大到能反映供应活动时间运营的信息上去,因为这要比做事后分析有价值得多。供应商的考核指标很多,不同酒店的做法可能不同,所用的考核指标也有所差异,但是,归纳考核供应商绩效的因素主要有质量指标、供应指标、经济指标、支持、配合与服务指标等。

1) 质量指标

供应商质量指标是供应商考核的最基本指标,每个酒店都要对供应商供应的产品质量进行检查。检查可分为两种:一种是全检,另一种是抽检。一般采用的是抽检的方法,全检仅适合量少的采购品。供应商质量指标具体包括来料批次合格率、来料抽检缺陷率、来料报废率、来料免检率等。

$$来料批次合格率 = (合格来料批次 \div 来料总批次) \times 100\%$$

$$来料抽检缺陷率=(抽检缺陷总数÷抽检样品总数)×100\%$$
$$来料报废率=(来料总报废数÷来料总数)×100\%$$
式中，来料总报废数包括运营生产时发现的废品。
$$来料免检率=(来料免检的种类数÷该供应商供应的产品总种类数)×100\%$$

这四个指标中，来料批次合格率是最为常用的质量考核指标。此外，有些酒店将供应商体系、质量信息等也纳入考核，比如供应商是否通过了 ISO9000 认证，或供应商的质量体系审核是否达到设定的水平标准。还有些酒店要求供应商在提供产品的同时，提供相应的质量文件，如过程质量检验报告、出货质量检验报告、产品成分性能测试报告等。

2) 供应指标

供应指标又称企业指标，是与供应商的交货表现以及供应商企划管理水平相关的考核因素，分为交货和柔性两个方面。

(1) 交货。交货指标主要考虑准时交货率、交货周期、订单变化接受率等。
$$准时交货率=(按时按量交货的实际批次÷订单确认的交货总批次)×100\%$$
交货周期为自订单开出之日到收货之时的时间长度，一般以天为单位。
$$订单变化接受率=(订单增加或减少的交货数量÷订单原定的交货数量)×100\%$$
式中，订单变化接受率是衡量供应商对订单变化灵活性反应的一个指标，是指在双方确认的交货周期中可接受的订单增加或减少的比率。

供应商能够接受的订单增加接受率与订单减少接受率往往不同。前者取决于供应商生产能力的弹性、生产计划安排与反应快慢以及库存状态(原材料、半成品或成品)；后者主要取决于供应商的反应、库存(包括原材料与在制品)以及因减单而带来可能损失的承受力。

(2) 柔性。柔性是指一个企业对市场和客户需求变化的反应能力。供应商的柔性既能表现在灵活的定制生产方面，也可以表现在满足顾客在短期内需求快速变化等方面。通过批量柔性、品种柔性和时间柔性三个指标，可以对供应商应对需求变化的能力做出全面的衡量。

批量柔性是指供应商改变产出水平的能力，即应对顾客需求量波动的能力。它是供应商在生产系统有效运行的前提下，所能够提供的各类产品总产量的变动范围。批量柔性用供应总量中可变动数量与需求总量的变动数量之比来衡量，反映了供应商生产能力的弹性。

品种柔性是指供应商开发新产品和改进现有产品的能力。它可用一定时期内新产品引进种类总数占产品种类总数的比例作为评价指标，也可通过引进新产品所需要的时间和费用来衡量柔性的大小。品种柔性反映了供应商应对下游需求的创新能力。

时间柔性也可称为交货柔性，是指供应商改变计划或交货日期的能力。时间柔性可用交货期缩短时间占合同交货期长度的百分比来衡量，也可用缩短单位交货时间所需要增加的成本来衡量，反映了供应商响应顾客需求的速度。

3) 经济指标

供应商考核的经济指标总是与采购价格和成本相联系。与质量和供应指标不同的是，质量和供应指标通常每月考核一次；而经济指标则相对稳定，可以每季度考核一次。此外，经济指标往往都是定性的，难以量化。具体考核指标如下。

(1) 价格水平。往往同酒店所掌握的市场行情比较，或根据供应商的实际成本结构及利润率进行判断。

(2) 报价是否及时,报价单是否客观、具体、透明(分解成原材料费用、加工费用、包装费用、运输费用、税金、利润等,以及相对应的交货与付款条件)。

(3) 降低成本的态度及行动。是否真诚地配合酒店或主动地开展降低成本活动,制订改进计划、实施改进行动,是否定期与酒店检讨价格。

(4) 分享降价成果。是否将降低成本的好处也让利给酒店。

(5) 付款。是否积极配合响应酒店提出的付款条件要求与办法,开出付款发票是否准确、及时、符合有关财税要求。

有些酒店还将供应商的财务管理水平与手段、财务状况以及对整体成本的认识也纳入考核。

4) 支持、配合与服务指标

同经济指标一样,考核供应商在支持、配合与服务方面的表现通常也是定性考核,每季度一次,相关的指标有反应表现、沟通手段、合作态度、管理水平、共同改进、服务水平、参与开发、其他支持等。

(1) 反应表现。对订单、交货、质量投诉等反应是否及时、迅速,答复是否完整,对退货、挑选等是否及时处理。

(2) 沟通手段。是否有合适的人员与酒店进行沟通,沟通手段是否符合酒店的要求(电话、传真、电子邮件以及文件书写所用软件与酒店的匹配程度等)。

(3) 合作态度。是否将酒店看作重要客户,供应商高层领导或关键人物是否重视酒店的要求,供应商内部沟通协作(如市场、生产、计划、工程、质量等部门)是否能整体理解并满足酒店的要求。

(4) 管理水平。这是供应商经营管理能力最重要的体现。企业的管理水平高,经营绩效就好。管理水平可通过人员素质和管理能力两个主要指标来衡量。

(5) 共同改进。是否积极参与或主动参与酒店相关的质量、供应、成本等改进项目或活动,或推行新的管理做法等,是否积极组织参与酒店共同召开的供应商改进会议,配合酒店开展的质量体系审核等。

(6) 服务水平。供应商是否主动征询酒店的意见、主动访问酒店、主动解决或预防问题的发生,是否及时安排人员对发生的问题进行解决。

(7) 参与开发。是否参与酒店的各种相关开发项目,以及如何参与酒店的产品或业务开发过程。

(8) 其他支持。是否积极了解酒店提出的有关参观、访问事宜,是否积极提供酒店要求的新产品报价与送样,是否妥善保存与酒店相关的文件等并不予泄露,是否保证不与影响到酒店切身利益的相关企业或单位进行合作,等等。

(三) 供应商关系管理

供应商关系管理是市场营销中关系营销思想在供应链环境下的应用。它摒弃了传统的以价格为驱动的竞争性采供关系,以共同分享信息、实现共赢为导向,实现采供双方以合作为基础的共同发展。供应商关系管理通过对双方资源和竞争优势的整合来共同开拓、扩大市场需求和份额,降低产品前期的高额成本,实现双赢;同时,它又是以多种信息技术为支持和手段的一套先进的管理软件和技术,它将先进的电子商务数据挖掘技术、协同技术及ERP、MRP等信息技术紧密地结合在一起,为企业的新产品设计开发、供应资源获取、采购方式选择、采购成本控制、供应绩效考核以及相应的合同招投标文档等过程提供科学的管理策略。

1. 供应商关系的演变

传统的企业与供应商关系是一种短期的、松散的、两者之间互为竞争对手的关系。在这样一种基本关系之下,采购商和供应商的交易如同"0-1"对策,一方所赢则是另一方所失,与长期互惠相比,短期内的优势更受重视。采购商总是试图将价格压到最低,而供应商总是以特殊的质量要求、特殊服务和订货量的变化等为理由尽量提高价格,哪一方能取胜主要取决于哪一方在交易中占上风。

相反,另一种与供应商的关系模式,即合作模式,在当今受到了越来越多企业的重视,它在日本企业中取得了很大成功并广为流传。在这种模式之下,采购商和供应商互相视对方为伙伴,双方保持一种长期互惠的关系。

建立供应商合作伙伴关系可以使供需双方采取共担风险、共享利益的长期合作关系,以此来实现共同的目标。建立供应商合作伙伴关系具有以下意义。

(1) 可以缩短供应商的供应周期,提高供应灵活性。

(2) 可以降低企业原材料、零部件的库存水平,降低管理费用,加快资金周转。

(3) 可以提高原材料、零部件的质量。

(4) 可以加强与供应商的沟通,改善订单的处理过程,提高材料需求的准确度。

(5) 可以共享供应商的技术与革新成果,加快产品开发速度,缩短产品开发周期。

(6) 可以与供应商共享管理经验,推动企业整体管理水平的提高。

2. 防止供应商控制

随着供应商伙伴关系的发展、供应商体系的优化,酒店在某些设备、原材料方面可能会出现独家供应的局面。独家供应可能出现在以下几种情况中。

(1) 按酒店要求专门定制的高科技、小批量的非标准化产品。其中,产品的技术含量高,且是专门小批量配套,往往不可能要求两家以上的供应商同时供应。

(2) 酒店的某些原材料、产品、设备要求保密,不能让更多的供应商知道。

(3) 受酒店所处市场环境限制,只有一家供应商符合供货要求。

(4) 产品的开发周期很短,必须依靠伙伴型供应商的全力、密切配合。

独家供应的主要优点是采购成本低、效率高;缺点是对供应商依赖度高。当酒店遇到只有一家供应商或该供应商享有专利保护的情况时,供应商能够在很大程度上影响采购价格,从而使酒店落入供应商的垄断供货控制中。面对这种情况,采购人员可根据所处的环境,采取以下方法防止供应商控制。

(1) 寻找其他供应商。独家供应一般有两种情况:一种为单源供应,即供应商不止一家,但仅向其中一家采购;另一种为唯一供应,即仅此一家,别无其他供应商。通常情况下,单源供应多是买方造成的,如将原来许多家供应商削减到只剩下最佳的一家;唯一供应则多是卖方造成的,如独占性产品的供应商或独家代理商等。

在单源供应的情况下,只要"化整为零",变成多家供应,造成卖方的竞争,卖方自然不会任意抬高价格。另找一家供应商是值得的,除非技术上不可能,每个产品由两个或更多供应商供货,则可以规避供应风险,保持供应商之间的良性竞争。

在唯一供应的情况下,由于市场信息缺乏,讨价还价的结果是买方依然吃亏。此时,若能与供应商建立良好的人际关系,签订长期合约,也可以避免买方在缺货时必须支付很高的现货价。

(2) 提高供应商的依赖性。多给供应商一些业务,这样可以提高供应商对酒店的依赖性。

(3) 控制采购成本。采购人员可以说服供应商在采购的非价格条件下做出让步来防止其垄断,而采购总成本中的每个因素(如送货的数量和次数、延长保修期、延长退换货期、放宽付款条件等)都可能使供应商做出让步。

(4) 更好地掌握信息。要清楚了解供应商对酒店的依赖程度。例如,有家酒店所需的原材料只有一家货源,但其发现自己在这一供应商仅有的三家客户中是采购量最大的一家,供应商离不开该酒店。结果在该酒店要求降价时,供应商做出了相当大的让步。

(5) 与其他用户联合采购。与其他具有同样商品需求的酒店联合采购,由一方代表所有采购商采购。这种方式一般在应对产出不高、效率低下的独家供应商时使用。

(6) 一次性采购。如果酒店预计所采购产品的价格可能要上涨,才可选择这种做法。具体做法是根据相关的支出和库存成本,权衡一下将来产品价格上涨的幅度,与运营、营销部门紧密合作,获得准确的需求数量后,进行一次性采购。

(7) 协商长期合同。当酒店长期需要某种产品时,可以考虑订立长期合同。一定要保证持续供应和价格控制,采取措施预先确定产品的最大需求量以及需求增加的时机。

(8) 全球采购。当采购人员进行全球采购,得到更多供应商的竞价时,不管能实际供货的有几家,至少要求三家报价。这样酒店就更有把握找到最佳供应商,可以避免供应商的垄断行为。

(9) 未雨绸缪。如果供应商在市场上享有垄断地位,而酒店又不具备有效的手段与其讨价还价,最终酒店轻则接受对方苛刻的价格和信用条款,重则错失商机。所以,明智的酒店管理者应该未雨绸缪,综合采用上述各种手段,尽量避免供应商的垄断。

3. 友好结束供需关系

酒店和供应商的关系不是永恒的。当酒店决定停止或暂停某项业务时,当酒店转换服务产品的种类时,当供应商提供的物资或服务不尽如人意时,或当酒店寻找到更优秀的供应商时,原来的供需协议和合作关系都不得不被终止。无论出于何种原因结束供需关系,酒店和供应商都不应在敌对的气氛下结束合作关系,而要尽可能地减少与供应商的敌意。

供需关系的终止并不一定意味着未来没有合作的可能,说不定未来某天出于某种考虑,酒店会重新启用已终止合作的供应商。如果酒店简单粗暴地停止与偶尔出现纰漏的供应商的合作关系并给予其相应的惩罚,甚至表明永远不再与其有任何合作,那么可能会对后面的合作造成不必要的麻烦和障碍。

因此,酒店在结束供需关系时应尽量做到完美,在不损害酒店采购绩效、运营绩效和名誉的基础上,尽量采取协商调解等温和的方式,最大限度地维护双方的感情。

1) 终止合作的原因

从酒店角度来讲,终止合作可分为自愿终止合作与非自愿终止合作。自愿终止合作的原因中最常见的是对供应商的表现不满。例如，酒店连续向对方派出质量小组帮对方解决重复性的问题，对方却没有做出相应的改变，而退货还在持续发生，最终只能放弃转而去寻找新的能做出积极响应或更有能力的供应商。非自愿终止合作往往来自供应商的破产或无法预测的风险。

除了上述原因外，另一个导致供应商伙伴关系破裂的普遍原因是相互失去了信任。酒店与供应商失败的沟通，会直接损害双方的信任，尽管双方都是无意的。因此，为了酒店的利益最大化，使破坏最小化，需要尽可能地减少与供应商的敌意，这样在转换供应商的过程中才能得到他们的协作。

2) 终止合作的途径

在与供应商的合作过程中，酒店要及时监控供应商的表现，对供应商的绩效考核结果也要及时反馈给供应商。尤其是当供应商的表现不尽如人意时，采购人员更要密切关注供应商的供货行为，提出改进的要求甚至是终止合作的警告。

有的酒店会在事先没有通知对方的前提下突然提出结束合作，或者以一些含糊的指责，如"你做得不好"或"你欠了我们的"，甚至是以不光彩的手段来结束与供应商的合作等。这些做法都会使供应商充满敌意，同时也会挫伤新的供应商的积极性，他们会担忧自己以后是否会被同样对待，并且酒店在供应商管理方面的声誉也会遭到损害。

如何才能平静而友好地结束供需关系呢？简单地说，在确定合作关系之初，酒店应该与供应商沟通好终止合作的各种情况。当然，在合作关系的维持过程中，酒店可以在供应商的表现、管理或者成本接近"危险区"时，坦率而直接地发出警告信号，而不是隐瞒自己的不满情绪，这样供应商就不会感到不合理。这里有3个"P"原则可以帮酒店在与供应商终止合作时降低对方的敌对情绪。

(1) 积极的态度(Positive Attitude)。与其面对延续的挫折，不如先结束合作关系，等以后双方情况改善后再寻求合作机会。

(2) 平和的语调(Pleasant Tone)。不要从专业的或个人的角度去批评、侮辱对方。这好比离婚，双方都会有种失落感，不要过多地相互指责。如果彼此丧失了信任，终止合作即可，侮辱对提高酒店的采购绩效没有任何帮助，也不是专业人员应有的道德素养。

(3) 专业的理由(Professional Justification)。这不是个人的问题，采购人员要告诉供应商终止合作的原因，其职责是为酒店创造价值，帮助酒店吸引和留住客户。

3) 友好结束供需关系的过程

采购人员应先向供应商解释这次终止合作对双方可能都有好处，然后再寻求迅速公平的转换方法以使损害降到最低。接着，酒店应清楚合理地列出供应商该做哪些事项，如对方需按指示停止相关的生产工作，并同意终止合同和分包合约，送回酒店的资产，并依照有关的法律事项以双方最低的成本处理现有库存。

这一过程不是一蹴而就的，双方要在协商的基础上共同确立转换过程的合理时间表，拟订一份"出清存货合同清单"，正规地对所有细节加以回顾，申明双方的职责和结束日期。对这一公平的过程所期望的结果应有如下几个方面。

(1) 有秩序地退出。

(2) 对酒店的客户没有损害。

(3) 对其他供应商的积极性和酒店的声誉没有影响。
(4) 最少的浪费和开支。
(5) 双方认可的、清楚的结算记录。
(6) 对这次终止合作的原因有清醒的一致认识。
(7) 对所有相关人员也是一次教训,以后再也不犯同样的错误。

三、供应商管理模式

根据双方博弈关系的特征,常见的供应商管理模式可归纳为零和博弈、双赢博弈和战略合作三种。此外,由于环境的变化性,酒店必须以动态和发展的视角来管理供应商,供应商动态管理贯穿于酒店整个供应商管理进程中,通过不断对供应商进行合理的优胜劣汰和优化组合,使供应商队伍不断满足酒店发展的需要。

（一）常见的供应商管理模式

在过去的几十年中,供应商管理和供应链管理作为企业取得竞争优势的手段,受到越来越多的重视。目前,供应商管理的模式主要有交易模式和伙伴模式。供应商管理的交易模式较为传统,主张把对供应商的依赖程度降到最低,把企业与供应商的讨价还价能力最大化。这种模式曾一度被美国企业看成是最有效的供应商管理模式,但后来,由于日本企业没有采用这一模式却同样取得了巨大的成功,人们便对该种交易模式进行了重新审视。日本企业获得成功的原因可归于其建立的亲密的供应商关系,即伙伴模式,并且各方面的研究表明,与交易模式相比,同供应商建立伙伴模式更能取得满意的绩效。

在当前市场环境下,酒店与供应商都希望努力减少采购供应链运行成本、降低合作风险,很多买卖双方的关系也已经由对立竞争关系发展到了合作竞争关系,但是,双方的利益冲突关系没有根本改变,酒店仍想通过营造竞争氛围来降低采购价格、控制采购成本,而供应商则想提高销售价格、增加销售收益。根据双方的博弈关系的特征,常见的供应商管理模式主要有以下几种。

1. 零和博弈模式

在零和博弈模式下,酒店与供应商之间的关系是对立的,要经过一番讨价还价才能成交,酒店会试图把价格压到最低,而供应商则找出种种理由来抬高价格。在这种对立博弈模式下,通常只有一方能成为赢家。酒店通常引入多个供应商参与竞争,并分别与供应商进行多轮反复谈判,谈判结果最优、价格最低即可采购。采购商与供应商之间的关系以对立竞争为基本特征,主要体现在以下几个方面。

(1) 酒店重视货比多家,遵循竞价采购的基本原则,选择供应商数目多。
(2) 酒店以订单分配权为基本工具控制供应商,并与其讨价还价,追求一方利益的最大化。一般情况下,酒店的行为带有主动进攻性,供应商的行为带有被动防卫性。
(3) 酒店与供应商之间的交易关系短暂,一般以单笔买卖合同的有限期为限,供应商变动往往比较频繁。
(4) 由于双方缺乏长期合作的打算,酒店通常以较高库存来防范可能出现的供应中断风险;供应商往往以较高的产品销售库存来应对随时可能到来的订单。

(5) 需求、技术、资源、知识等信息不相通。酒店在采购询价时往往只给出物资的具体规格型号等参数，对供应商尽量封锁详细的需求信息；供应商则只能按照酒店既定的参数进行生产加工，对酒店封锁自身的生产技术信息。

2. 双赢博弈模式

酒店的工作目标是保证酒店运营生产所需物资供应、降低采购成本和控制风险，而供应商的营销目标是在满足用户需求的基础上占领市场和提高业绩。尽管双方各自追求的目标有冲突，但客观上双方之间存在一个最大的共同之处，即有效满足物资需求。这是双方合作的基础，也增大了酒店与供应商求得双赢的可能性。

双赢博弈模式是一种竞争与合作并存的模式，它强调在保持一定竞争氛围的前提下，双方保持相对稳定的供需合作关系。双方经过竞争博弈，通过较多的信息交换和协调行为，达到双方利益的均衡点，并在均衡点上维持一定时间的合作关系，以取得双方都比较满意的结果。双赢博弈模式的基本特征主要表现在以下几个方面。

(1) 酒店强调努力联合降低成本，摒弃了单方面要求供应商降低价格的思想，愿意帮助供应商降低生产运营成本、改进产品质量和加快产品开发速度，并从降低采购供应链总成本中获利。

(2) 不局限于价格的采购决策，综合考虑价格、性能、物流运输、储备资金占用、售后服务、维护成本等多个方面，既降低当期交易的直接成本，又降低未来管理的间接成本。

(3) 双方在一定时期的信任和合作代替了一次性合同，酒店与供应商的关系相对和谐和稳定。

(4) 酒店与供应商相互比较了解，合作比较主动和默契，双方之间存在较多的信息交流与共享。

3. 战略合作模式

经过供应商选择的竞争与淘汰之后，与业绩优秀的主要供应商建立战略伙伴关系，成为酒店的一种重要策略。随着战略合作关系的建立，越来越多的采购供应链成本会在合作过程中降下来，酒店与供应商之间的竞争博弈将逐步被供需之间的合作和不同采购供应链之间的竞争替代。

战略合作模式是指酒店与供应商之间建立战略合作伙伴关系，在一定时期内相互做出承诺并履行，以互惠互利的原则协同工作，共担风险，共享利润。这种模式要求酒店与供应商通过紧密协作和积极互动，实现长期的双赢和竞争优势。战略合作具有以下主要特征。

(1) 酒店与供应商关系紧密，联合降低营销费用和采购费用，减少双方总库存，共同降低供应链运行总成本。

(2) 战略伙伴关系维系的时间较长，比双赢博弈模式更稳定。

(3) 供需双方在物资资源、信息资源等方面深度合作，双方倾向共同解决合作过程中出现的各种问题，可能有反市场的倾向，带有一定的垄断特征。

(4) 双方的合作范围可进一步扩大，不仅限于资源合作，而且可能在技术、信息、储备等方面深入合作，形成利益共享、风险共担的经济联盟。

(5) 双方都追求并积极建设高度的信任和互助机制。

（二）动态的供应商管理模式

1. 供应商动态管理的含义

事物在不断地变化和发展，供应商也在变化和发展；同时，酒店所处的环境也在不断地变化和发展。所以，对供应商的管理方法和策略也不可能一成不变，酒店必须以动态和发展的视角来管理供应商。供应商动态管理是贯穿于酒店整个供应商管理的进程中，通过对供应商不断进行合理的优胜劣汰、优化组合并协调发展，使供应商队伍不断满足酒店发展的需要。供应商的动态管理包括以下两层含义。

1）供应商主动引入和退出

酒店根据自身的发展战略，并结合采购策略、采购物品的特征、供应商的现状等制订供应商开发计划，并根据开发计划进行供应商开发，引入和储备一定数量的新供应商，营造供应环境的竞争氛围，以提高供应水平。同时，对已合作的供应商开展日常和定期的考核工作，并将考核中发现的问题及时反馈给供应商，督促供应商加以改进。对无法满足战略合作要求的供应商予以降级；对符合供应商退出标准的供应商，酒店可以在不影响供货的情况下果断让其退出，以实现供应商的成长同酒店发展的动态匹配。

2）动态调整供应商管理办法

酒店的供应商管理办法也需要进行检查和动态调整，以适应酒店的不断发展和内外部环境变化所导致的需要。例如，供应商准入评价标准、供应商日常考核标准、供应商定期考核标准、供应商退出标准、战略合作供应商评定标准等。

2. 供应商动态管理的实施

供应商动态管理需要做好以下工作。

1）密切追踪供应商的发展变化

只有在充分了解供应商发展变化趋势的基础上，才能对他们进行有效的管理。通过定期的高层会面和对供应商进行问卷调查，与他们进行频繁的沟通和信息交流，尤其是对合作双方的现状和未来发展方向进行针对性的交流探讨，同时要及时更新供应商档案，记录供应商的发展态势，这样才能密切追踪到供应商的发展变化。

2）密切注意供应链环境的发展变化

采购人员需要具备对市场高度的警觉性和敏感度，追踪市场的发展趋势，可以通过一些有公信度的市场标准来分析。同时，也要关注某些突发事件（如极端天气、自然灾害）的发生对供求关系的影响，需要充分利用互联网建立一个有效的信息渠道，与供应商保持畅通的信息交流。

3）动态调整管理策略

无论是供应商的改变，还是市场环境的变化，发展到一定程度都会导致管理策略随之改变和调整。酒店可能已经失去了与一些供应商合作的前提和条件，此时，原有供应商的级别发生变化，对应的管理策略也需要随之进行相应的调整。同样，市场环境的变化也会导致管理策略的改变，所不同的是市场变化更加复杂，更需要酒店保持高度的敏感，这可能会导致原有的市场竞价的合作方式转变为战略联盟的合作方式。

本章小结

本章介绍了酒店供应链和供应网络、库存和信息,还有酒店供应网络的管理。

酒店供应链包括满足酒店顾客需求的过程中直接或间接涉及的所有环节;多条供应链交叉连接就构成了供应网络。与制造业供应链(网络)相比,酒店供应链(网络)在供应商、客户、中间商、核心企业内部、所包含的生产要素等方面都有所不同;酒店供应链的决策可以分为战略或设计、计划、运作三个阶段;酒店供应链流程可以分为客户关系管理(CRM)、内部供应链管理(ISCM)、供应商关系管理(SRM)三个宏观流程。

库存和信息对酒店供应链绩效影响较大;当信息不充分时,会产生较大的牛鞭效应,增加供应链各环节的库存,从而拉低供应链绩效。因此,需要重视信息技术在供应链中的应用,提升供应链信息沟通的便捷性与透明度。

供应网络管理的关键是供应商管理;在进行供应商管理时应充分理解供应商具有扩张性、趋利性和多面性等特点,遵循动态发展、差异化和共赢的原则,做好供应商的选择、考核和优化,恰当处理好与供应商的关系,避免与供应商陷入零和博弈,争取双赢,尽量达成战略合作。

关键概念

供应链　供应网络　库存　牛鞭效应　ERP　供应商　供应商管理

复习思考

1. 什么是酒店供应链(网络)?
2. 与制造业相比,酒店供应链有何特点?
3. 什么是牛鞭效应?如何有效减少酒店供应链中的牛鞭效应?
4. 如何才能有效地管理酒店供应商?

案例分析

快速响应的供应链——以时尚行业为例

近年来,库存成了服装鞋包行业的"老大难"。一方面,消费者需要的企业没有,另一方面,企业生产的消费者不要,库存大量积压。有媒体夸张地说,三年不生产,衣服也卖不完。知名企业如美特斯邦威、李宁、特步、安踏、匹克,时不时爆出库存的问题。服装业怎么就积压了这么多的库存呢?

究其原因,不是服装业经营水平倒退,而是因为业务扩张太快、需求过度多元化,传统的低成本导向的供应链无法满足业务的要求。

对服装行业来说,尤其是时装业,企业们都意识到多样化选择的重要性,不少服装公司都向ZARA看齐,甚至豪言每年推出10000种款式。但是,虽说它们的口号是"快时尚",其供应链系统却仍旧停留在规模经济时代,响应速度慢、响应周期长,结果是短缺与积压并存。这貌似是两个不同的问题,根源却是一样:产品采用的是差异化战略,而供应链却不是响应型的供应链,两者并不匹配。

优衣库的CEO柳井正说得好:"总体而言,时装行业(的本质)不是持续改进或者生产完美无瑕的面料,而是追逐趋势",需要快速响应的供应链来支持。对于ZARA、H&M等行业标杆来说,其优势与其说是产品设计,不如说是高度响应的供应链,使得企业能够快速跟进最新潮流。虽然控制服装的品种、放缓扩张的速度,可以缓解供应链的压力,但要真正解决问题,则需要从提高供应链的响应速度上着手。

快速响应取决于以下三个方面,相应地,企业也应该"三管齐下"。

其一,标准化的基本设计。ZARA虽说有上万种款式,但其基本设计却远没那么多,差异化主要表现在颜色等方面。以毛衣为例,ZARA会生产相当数量的白毛衣(基本设计),一旦发现某种颜色的毛衣畅销,就让供应商很快染成这种颜色,通过快速的补货系统,两三个星期就发放到全球的门店。这就如在餐饮业,有人喜欢干煸豆角,有人喜欢腊肉炒豆角,但基本要素都是豆角,只要预先摘好、洗净、摆好,客人一点,几分钟就能上菜。从种豆子到收割再到摆放在超市,虽说整个周期是三四个月,但对于饭店来说却没有影响。再比如说,在重型卡车、大型巴士行业,每个客户的需求都可能不同,但在经营良好的公司,基本车型,特别是车盘底座,都有标准化设计,把差异化控制到最低,才能把交货周期降下来,供应链的响应速度提上去,这些企业就比竞争对手更有优势。很多服装企业在挣扎,一个根本原因就是款式多,缺少共同的"车盘底座"。库存太多,丧失灵活性,是供应链丧失快速反应能力的"罪魁祸首"。

其二,提高供应链的透明度。这取决于供应链上信息流的通畅。公司内部的不同部门、供应链上的合作伙伴之间环环相扣,信息流是把这些环节串起来的黏合剂。信息不通畅,供应链的透明度就下降,各环节之间就会产生缝隙,只能由库存来填平。以销售与运营为例,信息共享不充分,透明度欠佳,就增加供应链运营的不确定性,而供应链的自然反应就是增加库存(库存的一大功能就是应对不确定性)。不确定性会沿着供应链传递,并且逐级放大,离信息源越远,变动就越大,相应地就在供应链的各个节点产生出更多的库存。

其三,管好供应商,提高供应商的响应速度。对大多数服装品牌商来说,生产外包,离开了供应商,供应链的响应度就无从谈起。以ZARA为例,服装的基本款式由规模大、自动化程度高的内部供应商(生产部)确定,以降低单位成本;差异化部分(染色)则由外部小供应商完成,以增加灵活度。这些供应商与ZARA有长期合作关系,熟悉ZARA的要求,规模小,速度快,能够很快完成染色工作,是ZARA快速响应供应链的关键一环。内外结合,保证了ZARA的低成本与高速度。

(资料来源:根据刘宝红的《快速响应的供应链——时尚行业为例》整理,有删减。)

思考题:
1. 近年来,服装行业碰到了哪些经营困难?
2. 造成服装行业经营困难的原因有哪些?
3. 应该如何解决这些困难?
4. 这些经营困难在酒店行业中会不会也遇到?案例中的解决办法能不能引用到酒店行业中来?为什么?

案例分析

第七章

酒店服务运营绩效管理

学习目标

通过本章的学习,学生能了解绩效管理的基本含义和性质;理解绩效管理的影响因素、原则和作用;区分酒店业与其他行业的绩效管理特征;掌握酒店业绩效管理的有效工具和使用方法,理解平衡记分卡、目标管理法、KPI 考核这 3 个绩效管理工具,并能在酒店实际工作运营环境中有效运用这些工具进行考核。

课件二维码

第一节 绩效管理概述

案例引导

AA 酒店集团旗下酒店,每年年初都会进行一次年度绩效考核,酒店每个层级的员工都需参加,通过自评、互评等进行评价,整体评价后,按一定比例奖励绩效评估获得高分的员工并对有管理潜质的员工制定人才培养专项方案,纳入人才晋升的梯队。对于获得低绩效的员工予以绩效面谈,给予相应培训以提升员工工作效能。

(资料来源:作者根据酒店从业经验整理。)

案例分析

一、绩效管理的含义

从管理学的角度来看,绩效是组织期望的结果,是组织为实现其目标而展现在不同层面上的有效输出,它包括个人绩效和组织绩效这两个维度。如果我们把整个企业看作一部汽车,那么各个部门就是高速运转的发动机,绩效管理体系则像变速箱,发挥着调控作用。变速箱是由很多齿轮构成的,各个齿轮之间既有关联又有磨合。

组织绩效与个人绩效就是两个主要的"齿轮"。一方面,组织绩效的实现需要建立在个人绩效实现的基础上;另一方面,个人绩效的有效实现并不一定能保证组织绩效的实现。如何在实际操作中有效避免这两个齿轮之间的摩擦呢?当组织绩效按一定的逻辑关系被层层分解到每一个工作岗位以及每一个人的时候,如果每一个人都达到了组织的要求,那么组织绩效就可以实现了。

所谓绩效管理,是指各级管理者和员工为了达到组织目标而共同参与的绩效计划制订、绩效辅导沟通、绩效考核评价、绩效结果应用、绩效目标提升的持续循环过程。绩效管理的目的是持续提升个人和组织的绩效。绩效管理是战略性人力资源管理的重要组成部分,是以实现股东价值为驱动力,以绩效合同、工作目标设定、个人能力发展计划为载体,通过制订绩效计划及其衡量标准、定期指导和强化绩效、最终评估、考核绩效并以此为基础确定员工个人回报几个步骤,实现对公司各层各类员工工作绩效的客观衡量、及时监督、有效指导、科学奖惩,发挥各岗位优势,调动全员工作积极性,从而提高公司绩效,创造股东价值,实现先进、科学的人力资源管理。绩效管理是一个完整的系统,其关键是持续沟通,其核心是持续改进。

目前学术界对绩效并没有形成统一的概念,主要存在三种观点:绩效是结果,绩效是行为,绩效是能力。大多数企业所采用的绩效概念是从"结果"的角度界定的,即强调员工的劳动成果,然而绩效等同于任务完成、目标实现以及结果和产出的观点受到了管理心理学的挑战。管理心理学认为,绩效可以被视为行为的同义词,它是人们实际采取的行动,而且这种行动可以被他人观察到。

同时,随着知识经济的到来,从事脑力劳动的知识型员工成为员工队伍的主体,而他们的工作行为和工作结果与体力劳动者截然不同,在这种背景下部分学者提出了"绩效是能力"的观点。伍德拉夫(1992)指出,能力是行为的基础,是保证一个人成功完成某项工作的一系列明显、可表现的行为。

综上所述,绩效的含义是非常广泛的,根据企业所处时期、发展阶段、对象的不同,绩效可以表现出不同的内涵,但是这些观点之间并不矛盾,而是相互联系共同构成一个系统而全面的绩效观。因此,在酒店服务运营管理过程中,应更加重视绩效管理在对客服务流程中的积极作用。

二、绩效的特征

绩效含义的丰富性也决定了绩效具有多因性、多维性、动态性等特征。

(一)绩效的多因性

可以用公式 $P = F(SOME)$ 表示绩效的多因性,即绩效是技能、机会、激励和环境四种变量的函数。其中技能和激励为员工自身所拥有,属于主观因素,直接对绩效产生影响;而机会和环境则是客观因素,对绩效产生间接影响,如图 7-1 所示。

图 7-1 绩效的多因性

1. 技能(S)

技能是指员工工作技巧与能力水平,取决于个人天赋、智力、经历、教育与培训等。在其他因素不变的情况下,员工的技能水平越高,绩效越显著,即技能与绩效成正比关系。作为组织,可以通过培训提高其技能水平,从而改进绩效水平。

2. 机会(O)

机会具有很大的偶然性,如某项任务分配给员工甲,只是由于员工乙当时不在或因纯随机性原因而未被分派任务,可能乙的技能与激励均优于甲,却无从表现。不能否认,"运气"是有的,现实中不可能做到完全的公平。此因素是不可控的。

3. 激励(M)

激励是指员工的工作积极性。激励本身又取决于员工个人的需要结构、个性、感知、学习过程与价值观等特点,其中需要结构的影响最大。员工在谋生、安全与稳定、友谊与温暖、尊重与荣誉及实现自身潜能等层次的需要方面,各有其独特的强度组合,需经企业调查摸底,具体分析,对症下药予以激发。

4. 环境(E)

环境首先是指企业内部的客观条件,如劳动场所的布局与物理条件(室温、通风、粉尘、噪声、照明等),任务的性质,工具、设备与原料的供应,上级领导的作风和监控方式,公司的组织结构与规章政策,工资福利,培训机会,以及企业的文化、宗旨与氛围等。其次还包括企业之外的客观因素,如社会政治状况、经济状况、市场竞争强度及劳动力市场状况等。这些因素的影响都是间接的。

(二)绩效的多维性

介绍绩效概念的时候已经指出,绩效可以表现为行为、结果和能力。基于绩效的多维性,在构建绩效管理体系的过程中,要综合考虑岗位职责和对应人员的特征,从定量和定性两个角度进行全面评估。除了一般的产品产量、利润率、销售收入等易量化和获取数据的指标以外,产品的质量、员工对纪律的遵守情况等不易量化的指标也需要结合不同岗位的特征加以综合考虑。对管理人员而言,一般需要从业绩、能力和态度三个方面进行全面评估。不仅要考虑工作行为,还要考虑工作结果。如在实际中不仅要考虑员工完成产量指标的情况,还要考虑其出勤、服从态度、与其他岗位的沟通协调等方面,综合性地得出最终评价。

(三) 绩效的动态性

员工的绩效是会变化的,它会随着时间的推移和员工知识技能等的变化而有所不同,随着时间的推移,绩效差的可能改进变好,绩效好的也可能退步变差。绩效差的员工可能通过自身的学习或者企业的培训项目而改进绩效,绩效好的员工也有可能因满足于现状、不学习新知识和新技术等而逐步变差。绩效的动态性决定了管理者在绩效考核的过程中不能仅凭一时的印象,以僵化的观点看待下级的绩效。

三、绩效管理的注意事项

绩效管理的有效实施,是各个方面综合作用的结果。在进行绩效管理的过程中,首先需要明确绩效管理的原则,并在此基础上有效指导企业绩效管理的实践。

(一) 反映公司绩效管理的价值观

有效的绩效管理建立在与组织文化契合的基础上,即绩效管理的有效实施需要组织文化尤其是组织价值观的支撑。任何一个组织在构建绩效管理体系的过程中,都不能脱离组织的价值观,否则不仅不能实现绩效管理的目标,反而容易引起员工的反感,增加绩效管理的阻力。

绩效管理的目的是激励员工,它倡导的思维模式是奖励正确的事。大多数员工要从绩效管理中获利,即绩效管理奖励大多数的员工,当然,对于少数的表现较差的员工而言,应该采取相对应的措施予以惩罚,同时通过培训、轮岗等方式,帮助员工提高绩效。

(二) 获得管理层的支持,促进其积极参与

任何制度的有效实施,都需要有强大的执行力做保证,管理层尤其是高级管理层的参与,无疑会极大地促进制度的实施。同样,绩效管理作为涵盖整个企业的制度体系,更需要获取管理层的支持。从另一个角度看,绩效考核的主体主要是各级管理者,因此他们的积极参与和支持会有效地推动绩效管理的进程。那么,应该如何获得他们的支持呢?良好的沟通是必要的,可以通过各种途径让管理层明白绩效管理的真正目的是有效帮助他们管理下级员工,改善团队的绩效。对于管理基础比较薄弱、对绩效管理存在较大误解的企业来说,获得了管理层的支持,可以说绩效管理实施的阻力减少了一大半。

(三) SMART 原则

S 代表具体(Specific),指绩效考核要有具体的工作指标,不能笼统。

M 代表可度量(Measurable),指绩效指标是可量化或者行为化的,验证这些绩效指标的数据或者信息是可以获得的。

A 代表可实现(Attainable),指绩效指标在付出努力的情况下可以实现,避免设立过高或过低的目标。

R 代表相关性(Relevant),指绩效指标是与工作的其他目标相关联的,绩效指标是与本职工作相关联的。

T 代表有时限(Time-bound),要注重完成绩效指标的特定期限。

目标管理是使得绩效管理由被动变为主动的手段之一,在绩效管理中遵循目标管理的原则可使员工提升自身工作效率,更为绩效考核制定了明确的标准和目标,提升了绩效考核的有效性和公平、公开、公正性。而运用SMART原则可以更加清晰地明确、制定目标。

（四）加强沟通

持续的沟通是良好绩效管理的前提和基础,它应该贯穿于整个绩效管理过程的始终。不仅在执行环节中需要保持持续不断的沟通,在其他环节中同样如此。计划环节需要管理者与员工的共同参与,达成共识,形成承诺;评估环节需要就绩效进行讨论,形成评估结果,当员工对考核结果存在异议时,应提供可以申诉的渠道;考核结果应用中,不管结果是直接与薪酬挂钩,还是作为职位调整、获得培训机会的依据,都应该建立在与员工事先明确沟通的基础上。清晰明了的制度和程序有利于推进公平、公正的绩效管理进程。

（五）让管理者承担绩效反馈和差异化的责任

应该由人力资源部负责建立和优化绩效管理体系,为各级管理者提供相应的辅导和培训;而各级管理者尤其是直线经理才是绩效管理的主体。换句话说,绩效管理的目的是帮助直线经理有效地管理下属,人力资源部应该积极建立与直线经理互补的角色和责任,积极地将直线经理纳为绩效管理的主体。人力资源部负责建立制度和实施过程中的辅导,而具体操作层面的问题,应交给具体部门去执行。因为一方面人力资源部门的人员不可能了解和熟悉公司的所有岗位;另一方面对下属的考核和管理本就属于直线经理的职责和权限,对下属员工的任务完成情况、行为表现等都有比较清晰的了解,由直线经理来考核也比较客观、全面。此外,对于考核过程中的打分等细节问题的把握,如何有效区分优秀员工与绩效较差的员工,如何把握具体的差异性,考核结果出来后如何进行良好的反馈,这些都可以在绩效辅导的基础上由直线经理去具体把握。可以说,让管理者承担起绩效反馈和差异化的责任,本是他们分内的事,也是他们的权利。人力资源部在绩效管理过程中,关键注意把握一下自身的角色地位,不是主导,而是互补和辅导。

（六）不断改善

一个良好的绩效管理体系的构建并不是一朝一夕的事。在制度建立初期,有可能是考虑的因素不够全面,或者外界环境发生了变化而导致公司战略或岗位关键职责也随之发生变化等。因此,不满足于现状,不断改善也是绩效管理必须遵守的原则之一。它需要随着时间的推移和经验的不断积累,在实践中针对出现的新问题进行不断的优化。绩效管理过程中,人力资源部需要结合企业的实际情况,整合其他业务和人力资源流程,对绩效管理的全过程进行监督和跟踪,对于涌现出来的新问题,要及时予以研讨和解决。只有这样,绩效管理才能越来越完善,从而有效引导员工的行为。

四、绩效管理的作用

绩效管理在人力资源管理中的意义在于以下几个方面。

（一）明晰目标,确保目标的一致性

将员工的工作目标同部门的目标、企业的目标联系在一起。在战略的基础之上建立科学合理的企业目标,通过层层分解,形成部门的目标和员工的目标。这就保证了员工工作目标与部门和企业目标的一致性,从而也确保了员工的工作目标和企业战略目标的同步达成。此外,通过绩效管理可以使各级管理者合理分配工作,确保员工在清晰的目标指引下工作。

（二）有效管理和激励员工

绩效管理的最终目的是改善员工工作绩效,进而实现组织战略目标。它促使管理者对员工进行指导、培养和激励,以提高员工的工作能力和专业水平,持续改进并达到更高的工作绩效。绩效管理能帮助管理者有效管理下属员工,它可以帮助管理者发现员工之间的差距,找出员工工作中存在的问题,从而使员工扬长避短,在工作中不断进步。对这部分绩效优秀的员工进行激励,可以促进员工进步。

（三）增强企业凝聚力

绩效管理能促进各级管理者之间、管理者与员工之间、员工与员工之间加强沟通,有助于增进彼此了解,增强企业的内聚力,树立较强的团队意识和责任感。

同步案例 7-1

B连锁酒店在国内多地扩展了多家分店,为了进一步拓展客源市场,酒店管理方必须吸引和留住年轻的员工和优秀的管理人员,以实现酒店的拓展目标,因此提出了一套新的薪酬激励政策。新政策是根据总经理的财务业绩表现而给予一定比例的现金奖励。每个分店总经理在其经营期间只要确保销售业绩逐年增长,那么每三年连锁酒店公司管理层支付给他们的钱就会自动增加,同时还提供"企业忠诚奖励金"。除此之外,还为所有基层管理者许诺提供传统的股票期权,如果经理助理得到了提升,他们的总经理也会因培养他们而得到奖励。

案例分析

但是,实施新政策的第一年经理们的销售额却下降了,酒店也没有实现预期的盈利,这对于其发展无疑是火上浇油……

（资料来源：作者根据从业经历整理。）

第二节　酒店行业绩效管理

案例引导　酒店行业的绩效管理有其行业特性

S酒店现在对于管理人员的考核是这样的:每个月由他们自己制定下个月的

目标,下个月底的时候进行打分。一线部门因为有任务指标,如果完不成或者有客人投诉等,得分会比较低;而二线部门的工作相对比较固定,比如财务部、工程部等,这些部门的评分就会比较高。这样每次评比后,评分排在前面的都是财务部、工程部的人员,而前台部、客房部、餐饮部管理人员的评分则都排在后面,这些部门的管理人员甚至出现扣钱的现象。这严重影响内部团结和一线管理人员的工作斗志。面对这样的情况,人事部门应该如何来平衡?

案例分析

(资料来源:https://www.hrloo.com/lrz/13202238.html。)

一、酒店行业绩效管理的特征

对于酒店业而言,人才是企业价值的承载者,也是企业最终利润的创造者。因此,酒店行业的绩效管理主要衡量的是整个酒店服务的质量和效果。

基于酒店行业的特点(详见第一章),其管理模式必然也体现出不同于传统行业的特征,特别是在人力资源管理方面,表 7-1 所示为传统行业与酒店业绩效管理特征的比较。

表 7-1　传统行业与酒店业绩效管理特征的比较

行业类别 比较项目	传统行业	酒店业
绩效管理 体系的构建	以节约和控制产品成本为导向;绩效管理体系的构建主要是基于产品生产或销售的目标来开展,关注生产效率的改善和产品质量的控制	以提高和改善客户满意度为导向;绩效管理体系的构建主要结合企业战略目标、基于服务流程来设计,突出关键节点,专注于如何提升服务能力以适应需要
考核周期的设计	围绕产品的生产或研发周期来设计	根据服务流程,结合不同服务项目的特点来设计
KPI 的选取	质量和数量指标相结合,更多地强调量化指标,关注结果指标	强调服务的质量,单纯从定量的角度来考核员工的工作是不够的,还需要增加量化考核的内容,定性与定量指标相结合,更多地关注过程(行为)指标
指标标准(考核目标值)的设定	指标标准易于量化,多与产品成本或质量控制相关	员工的工作往往涉及多个部门的协调与沟通,指标标准难以量化
数据收集	与产品生产相关的数据易于获取	考核结果的准确性更多依赖于基于服务流程的管理信息系统的完善性
考核结果的应用	更多的是用于惩罚员工,强调对员工尤其是生产工人的控制	奖惩并重,考核结果广泛用于人力资源管理的各个环节,从员工培训、职位变换到薪酬调整和丰富多样的福利项目

二、酒店行业绩效管理存在的问题

目前,很多酒店对绩效管理的认识并不全面,存在一些问题,主要有以下两点。

(一)绩效考核指标的设置缺乏合理性、战略性、完整性

设定绩效考核指标时,一定要找出对完成酒店目标有增值作用的结果和行为进行考核与管理,使员工在达成个人绩效目标的情况下努力完成部门目标,最终实现酒店目标,达到酒店效益的最大化。然而,现在大多数酒店绩效指标的设定,要么脱离实际,要么不明确,起不到应有的作用。在制定绩效考核指标时,酒店缺乏系统思考,未将考核指标与酒店的战略目标、组织机构、职责规范等有机地联系起来,致使组织的战略目标得不到有效的传递和控制,也未将不同岗位的绩效考核指标放于整个组织的目标之中,未按酒店的战略目标设定绩效指标和绩效评估的重点,使得酒店的绩效考核指标设置存在缺陷,不能体现出酒店的战略目标与行业特点。酒店员工绩效考核指标设置的不完整性主要表现在以下三个方面:一是管理者绩效考核指标的缺失,大多数酒店员工绩效指标针对的是酒店基层员工,而对酒店中高层管理者的绩效考评指标不仅模糊,而且缺乏具体的考核方法;二是员工考核指标的缺失,大多数酒店在绩效考核中主要是考核工作行为,没有对员工的工作态度、工作能力等进行全面考核;三是酒店对基层员工的考核指标没有体现岗位的差异,经营指标没有和员工挂钩,从而导致酒店所有员工的个人目标不能统一到组织目标上来。

(二)绩效实施阶段确定有效的沟通和组织保障

在实际绩效考核过程中,大多数酒店企业不注重绩效沟通。要么是在公布考核结果后,执行"机械式"的奖惩;要么就是考核时大张旗鼓,考核完后鸦雀无声,不公布考核结果,使考核变成走过场,最终导致员工对考核不信任,并丧失继续努力的愿望。没有一个强有力的组织保障体系,绩效管理就难以有效落实。由于大多数酒店高层管理者对绩效管理不够重视,酒店高层管理者以及酒店各个部门并没有真正参与到绩效管理过程中,他们片面地认为绩效管理只是行政部门的工作,进而导致没有一个系统的组织保障体系,阻碍了绩效管理的深入开展。

第三节 酒店行业绩效管理的工具和方法

一、平衡计分卡

(一)平衡计分卡的内涵

平衡计分卡是将企业的愿景、使命和发展战略与企业的业绩评估系统联系起来,把企业的使命与战略转为具体的目标和评测指标,以实现战略与绩效的有机结合的一种方法。平衡计分卡通过权重的调整,突出考核的重点所在,从而影响个人的行为。平衡计分卡不只是单纯地进行测评,还跟企业愿景和战略相关联,是有助于企业在产品、程序、客户和市场开发等关键领域取得突破性进展的管理体系。设计平衡计分卡的目的就是要建立以实现战略为

导向的绩效管理系统,从而保证企业战略得到有效的执行。

财务、客户、内部运营、学习与成长这四个维度确定了平衡计分卡的基本框架,但平衡计分卡不是上述四个维度的简单组合,也不是一些财务指标和非财务指标的简单拼装,而是一个有机整体。四个维度的具体内涵和组成指标如下。

1. 财务类指标

财务类指标可以显示企业的战略及其实施和执行是否对改善企业盈利作出贡献,是其他三个维度的出发点与归宿。财务目标通常与获利能力有关,其衡量指标有营业收入、利润、资本报酬率、经营成本、现金流、回款率、经济增加值等。

2. 客户类指标

企业要想获得良好的财务绩效,就必须开发和提供受客户喜爱的产品与服务。在平衡计分卡的客户层面,管理者明确了公司各部门将要竞争的客户和市场,以及各部门在这些目标客户和市场中的衡量指标。客户类指标通常包括客户满意度、客户保持率、客户盈利率、新客户增长数、客户投诉率,以及在目标市场中所占的份额。

3. 内部运营类指标

在这一层面上,管理者要确认组织必须擅长的关键的内部流程,即"我们的优势是什么",这些流程帮助企业提供价值主张,以吸引和留住目标细分市场的客户,并满足股东对财务回报的期望。

4. 学习与成长类指标

平衡计分卡的前三个层面一般会揭示企业的实际能力与实现突破性业绩所必需的能力之间的差距。为了弥补这个差距,企业必须进行员工技术的再造、组织程序和日常工作的理顺,这些都是平衡计分卡的学习与成长层面追求的目标。如员工满意度、员工保持率、员工培训和技能等,以及这些指标的驱动因素。

这四个维度互相支持、互相影响。平衡计分卡中的四个维度之间存在因果联系。为了正确使用平衡计分卡,企业必须为其在四个维度中找出对应的驱动业务流程以及支持子流程等,直到出现合适的绩效指标,这是平衡计分卡的关键——战略和运作分解。

(二)基于平衡计分卡绩效体系的设计步骤

1. 制定明确的战略目标

在设计一个平衡计分卡时,我们总是从询问"你的战略是什么"开始。制定平衡计分卡的第一步就从制定一个明确的战略目标开始。企业要选择对组织愿景、战略和运作理解深刻、视野开阔的人员来制定战略目标。制定目标要考虑以下因素:企业的历史业绩、行业发展趋势、竞争态势、行业最佳实践,战略目标要用具体的术语来表达,战略目标要在整个组织内部得到沟通和广泛的认同。

2. 明确战略主题

有了总的战略目标,还需要制定战略主题来保证战略目标的实现。基于战略总目标,确定3至5个战略主题。战略主题是实现战略目标的关键因素和主要推动力;它的作用是界定战略活动的范围和主要任务。制定战略主题通常从以下几个方面着手:参考企业收集的战略信息、征询企业高层管理者的意见、审视企业内部运作流程等。战略主题要具有以下特点：可实现性、支持战略总目标、对组织传达积极的影响、指向和聚焦于重要的事项、每个主题都具有独特性、在范围上是战略性的而不是战术性的、与组织的使命和愿景保持一致、有助于实现企业财务目标。

3. 编制战略地图

战略主题确立后，需要把战略主题同平衡计分卡的四个维度联系起来，形成逻辑上具有因果关系的体系，这样便完成了企业战略地图的开发。战略地图初步开发完成后，需要得到最高管理层的批准，以确认该地图是否准确反映了公司战略。如果管理层不予以认同，战略地图则需要修改或重做。我们要尽量保证这一步正确无误，因为战略地图是平衡计分卡的基础。

4. 设计平衡计分卡的关键变量

战略地图得到最高管理层批准后，接下来就要设计平衡计分卡的三个关键变量：衡量指标、衡量标准和行动计划。

衡量指标是用来检测和跟踪企业战略目标进展的工具，对是否满足战略目标提供反馈。设计衡量指标通常遵循以下准则：一是指标应能够驱动变革，为战略提供动力；二是指标应该是可重复、可计量、可验证的；三是指标用明确具体的术语定义目标。大部分组织会使用其现有的衡量指标。需要进行重大变革的组织应采用一些驱动性的衡量指标。

一旦建立了衡量指标，需要为每一个衡量指标建立一个衡量标准，也称为目标值。目标值是对企业未来绩效水平的期望值。当组织达到它设定的目标值时，它就成功地执行了战略。目标值通常是基于企业过去的绩效水平，考虑行业发展趋势和竞争态势，参照行业最佳水平来设立的。目标值要具有现实性和挑战性，是企业通过积极的努力能够达到的。

设计平衡计分卡的最后一步是制订行动计划。行动计划指明企业如何用行动来实现战略目标。制订行动计划的关键是根据战略目标策划、评估和选择行动方案。行动计划需要得到企业高层管理者的支持，并获得足够的资源。因而，行动计划不应过多。企业应优先选择对战略目标作用最大的行动计划。

（三）平衡计分卡的应用

平衡计分卡的应用必须有企业全体员工的参与，才可能成功。因此，平衡计分卡涉及企业高层领导团队、中层管理团队和基层作业团队的人员。平衡计分卡的应用应该从企业高层领导团队开始，逐级向下宣传贯彻。高层领导团队在平衡计分卡应用中的主要作用是从总体上把握企业战略，与其他团队成员沟通公司的战略，为其他团队成员提供政策和资源配置方面的支持。

中层管理团队是应用平衡计分卡的核心团队。中层管理团队对公司的业务有全面的理解，能够抓住公司成功的关键因素。他们在沟通高层领导战略意图和基层员工意见之间起着不可替代的作用。因而，他们能把平衡计分卡全面贯彻到企业的各个职能领域中，并具有专业技能，能够对战略执行结果作出正式总结和报告。

基层作业团队对企业的职能领域具有深入细致的理解。企业战略最终要落实到基层人员的工作中。他们能够把战略问题与自己的工作联系起来，收集到详细的企业运作数据，并加以分析，与公司其他成员沟通。

二、目标管理法

目标管理法是目标管理理论在人力资源绩效考核中的应用。目标管理(Management By Object,MBO)是由美国著名管理学家彼得·德鲁克提出的。德鲁克不仅率先提出了目标管理的概念,还提出了目标激励的方案。德鲁克认为,目标管理的最大优点在于它能使人们用自我控制的管理来代替受他人支配的管理,激发人们发挥最大的能力把事情做好。

目标管理是以相信人的积极性和能力为基础的,企业各级领导者对下属员工的领导,不是简单地依靠行政命令强迫他们去做,而是运用激励理论,引导员工自己制定工作目标,自觉采取措施完成目标。目标管理的最大特征是通过激发员工的潜能,提高员工的效率来促进企业总体目标的实现。这种做法特别适合对各级管理人员进行管理,故被称为"管理中的管理"。目标管理把工作和人的需要统一起来,它能使员工发现工作的兴趣和价值,在工作中实行自我控制,通过努力工作来满足其自我实现的需要,组织的目标也因此而实现。

(一)确定目标体系

目标包括企业目标、部门目标和个人目标三个方面。

企业目标需要根据组织的战略规划制定,由企业高层依据对未来的分析,制定一定时期内的企业目标。

为了完成企业目标进而由上到下分解到各职能部门及各成员单位,制定部门目标和各成员单位分目标。部门目标的划分既要有共性又要体现出个性,比如酒店项目部的目标与营销部的目标均包括经营目标和管理目标,但是细化的指标是不同的。项目部的经营目标包括工程的成本控制、工程的质量、工程的进度及安全,而营销部的目标则包括销售费用的控制、销售房间数、销售额以及销售回款。

企业目标的完成不仅要落实到部门和各成员单位,真正执行目标的是企业中的个人,因此目标分解到部门之后应该落实到每个成员,形成个人目标。应根据分解的部门目标,在部门职责范围内划分个人目标。个人目标体现为岗位目标落实到人,如采购人员的工作任务目标包括物料的交期、采购成本的降低。

(二)目标设定的步骤

1. 确定总体目标和执行各层的具体目标

根据企业的经营战略,设定考核周期内的总体目标,并且通过协商的方法将目标层层划分,分解至各部门、个人。总体目标与部门目标、个人目标共同构成整个考核的目标体系,各个目标的制定必须遵循 SMART 原则。

2. 制订计划和指标标准

目标体系设置完成后,应制订具体的目标计划,目标计划应包含各指标的评价标准、权重等内容。通过计划来反映目标的实现是一个动态的过程,通过执行与实施计划内容,来实现总体目标,并依据此计划来对各个过程的完成情况做出必要的评价。

3. 绩效考核培训

绩效考核培训的好坏直接影响绩效管理的成败。绩效培训阶段主要的工作就是与被考核者进行沟通,一方面在指标体系设置时,被考核者要积极参与,让被考核者了解考核指标体系,另一方面是考核过程中遇到的问题与障碍要及时处理,与考核计划保持一致性,当出现偏差时及时调整。

4. 目标考核

考核者对被考核者进行考核,依照之前设定的目标体系及指标,对被考核者的完成目标情况做出具体的评价。目标考核存在着一定的期限,根据目标考核计划在考核期限内对被考核者进行评定。

5. 反馈与调整

通过考核结果,被考核者能够看出自己的实际工作任务完成情况与设定目标之间的距离。考核的调整包括两个方面:一方面是被考核者通过一定的调整措施,完成设定的目标;另一方面是被考核者不满考核结果进行申诉后,证明考核指标体系设置有问题时,考核部门应该及时地调整考核指标体系。

（三）目标管理法的实施步骤

目标管理法的实施可以分为以下四个步骤。

第一步:设立每位被考核者所应达到的目标。在许多组织中,通常是上级考核者与被考核者一起来共同制定目标。目标主要是指所期望达到的结果,以及为达到这一结果所应采取的方式或方法。

第二步:制定被考核者达到目标的时间框架。即当他们为这一目标努力时,可以合理安排时间,了解自己目前在做什么,已经做了什么和下一步还将要做什么。

第三步:将实际达到的目标与预先设定的目标相比较。这样考核者就能够找出原因,为什么未能达到目标,或为何实际达到的目标远远超出了预先设定的目标。同时也能提醒上级考核者注意组织环境对下属工作表现可能产生的影响,而这些客观环境是被考核者本人无法控制的。

第四步:制定新的目标以及为达到新的目标而可能采取的新的战略。凡是已成功地实现了目标的被考核者都可以被允许参与下一次新目标的设置过程。

三、KPI 考核

（一）KPI 的含义

KPI(Key Performance Index)即关键绩效指标,它把对绩效的评估简化为对几个关键指标的考核,将关键指标作为评估标准,在一定程度上可以说是目标管理法与帕累托定律的有效结合。KPI 是"计划—执行—评价"三大管理职能中"评价"环节不可缺少的一部分,反映个体和企业关键绩效贡献的评价依据和指标,是通过对企业战略目标实现的关键成功因素进行分析,衡量企业绩效的一种目标管理指标。KPI 是绩效指标,不是能力或态度指标。KPI 考核是由企业战略目标开始,从上至下制定各级若干重要工作方面的目标和衡量目标达到的程度并形成目标和指标体系,由此对绩效进行管理和测评的方法。KPI 具有容易理解、客观并可量化的特点。KPI 的制定,除了要从企业战略目标出发,考虑关键流程、结果与监控的过程外,还要经过一系列的测试,以确保关键指标的客观性、相互的兼容性、可以量化等后才可以采用。KPI 来自对企业战略目标的分解,是对企业战略目标的进一步细化和发展,着眼于考评当年的工作绩效。它的制定过程由上级与员工共同参与完成,是双方达成一致意见的体现。

KPI是关键绩效指标,即对业绩产生关键影响力的那部分指标,与其他指标相比有以下特点。

第一,KPI衡量重点经营活动,不反馈所有操作过程。所以在制定KPI考核指标时,遵循帕累托定律即二八原则,从众多的考核指标中找出最为关键的指标作为绩效考核指标。这有利于提高绩效管理的效率,减少绩效管理的成本。

第二,KPI的考核指标是动态的。KPI考核指标的设立是根据部门实际情况、管理水平而不断变化的。当某一项工作经过努力达到很好的效果并没有上升空间时,它将不再作为KPI考核的重点或是不再对它进行KPI考核。然后将考核重点转到其他相对薄弱、有上升空间的指标上。

第三,KPI的考核具有可控性。KPI的设计是对绩效构成中的可控部分进行衡量,尽量反映员工工作的直接可控效果,剔除他人或环境造成的其他影响。

第四,KPI来自企业战略目标的分解。这意味着KPI是对真正驱动企业战略目标实现的具体因素的发掘,是企业战略对每个职位工作绩效要求的体现。

第五,KPI是组织上下认同的。KPI的设定是企业上级与员工共同参与完成的,是双方达成一致意见的体现,不是以上压下的工具。因此,要求企业管理人员和普通员工尽可能参与绩效管理的理念培训、指标提取,尽可能达成理念一致。

（二）KPI的设计思路

KPI是用于沟通和评估被考核者绩效的定量化或行为化的标准体系,定量化和行为化是关键绩效指标(KPI)的两个基本特征。KPI的建立要点在于流程性、计划性和系统性,KPI包括企业级KPI、部门级KPI和每个岗位的KPI,主要设计思路流程如图7-2所示。

首先,明确企业的战略地图和目标,确定企业的业务重点,再找出与这些关键业务相关的KPI,即企业级的KPI。

其次,各部门的主管依据企业级KPI建立部门级KPI,并对相应部门的KPI进行分解,确定相关的要素目标,分析绩效驱动因素,确定实现目标的工作流程,分解出各部门级的KPI,以便确定评价指标体系。

再次,各部门的主管和部门员工一起将KPI进一步细化,确定岗位KPI和权重。

最后,确定KPI评价标准。

（三）KPI考核的常用方法

"鱼骨图"分析法是KPI考核的常用方法,主要步骤如下。

（1）确定各个部门业务重点,确定哪些因素与公司业务相互影响。

（2）确定业务标准,定义成功的关键要素,满足业务重点所需的策略手段。

（3）确定关键业绩指标,判断一项业绩标准是否达到的实际因素。

在KPI体系的建立过程中,尤其是在制定职位的KPI时,需要明确的是建立起KPI体系并不是工作目标的全部,更重要的是在KPI体系的建立过程中,各部门领导及其员工对其KPI通过沟通讨论达成共识,运用绩效管理的思想和方法,来明确各部门和各职位的主要贡

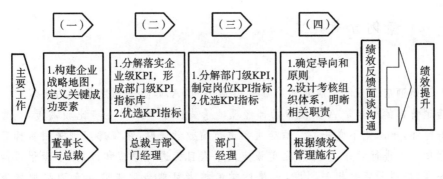

图 7-2　KPI 绩效设计思路流程

献,并据此确定各部门和各员工的工作目标,在实际工作中围绕 KPI 开展工作,不断进行阶段性的绩效改进,达到激励、引导目标实现和工作改进的目的,避免无效劳动。

 本章小结

知晓绩效管理的含义、性质、影响因素及其原则和作用;通过对酒店行业特性的了解,能运用绩效管理的工具对酒店员工进行有效的评估。

 关键概念

绩效管理　体系构建　平衡记分卡　目标管理法　KPI 考核

 复习思考

1. 内因和外因如何影响绩效?
2. 如何深入理解绩效管理是一个各方面综合作用的结果?
3. 如何理解酒店行业考核指标标准的特殊性?
4. 如何结合自身工作的酒店环境设定平衡记分卡的几个维度指标?
5. 如何运用 SMART 原则进行绩效目标的分解?
6. 酒店如何针对不同部门、不同岗位有效制定关键绩效指标进行考核?

案例分析

万州酒店是万发酒店集团下属的酒店公司，A集团是万发集团的大客户。万州酒店销售部的小李是A集团市场部经理的亲戚。小李平时上班比较散漫，销售业绩时好时坏，也总完不成任务。酒店去年进行绩效考评时，销售部经理采用目标管理法对销售人员进行考评，如果按之前设定的个人目标进行考核和评价，小李很可能是最后一名，按照酒店的相关制度，末尾的被考核者可能会被告诫甚至面临被辞退的可能，如果小李被辞退，A集团的这个大客户的维系就有可能存在变数。经理考虑到这个因素，就把小李的业绩指标进行了调整，重新进行评估，这一波操作下来，小李的业绩评估结果变好了，但是销售部其他员工觉得很不满，尤其是排在小李后面的那些员工。心想："明明小李的业绩不如我们，为什么他排在我们的前面？"该部门员工的积极性明显不如以前，而且被告诫或可能被辞退的其中一名员工曾找经理说理，有一次甚至发生了肢体冲突。

（案例来源：作者根据工作经验整理。）

思考题：

1. 该次业绩考评事件问题如何解决？
2. 新一年的业绩考评即将来临，销售部经理该怎么办？如果你是这位经理，将怎样操作？（酒店要求你既对小李的业绩作出考评，激励他好好工作，又不会引起其他人员的不满。）

案例分析

第八章

服务战略制定和实施

学习目标

本章以服务战略的管理过程为主线展开。首先,学生在了解创新的概念、类型等知识的基础上,理解服务创新的内涵,了解服务创新的类型,掌握酒店服务创新体系。其次,学生在了解战略等基础知识的基础上,理解服务战略的内涵,掌握服务战略管理的框架。最后,在掌握服务战略管理框架的指引下,了解愿景和使命的内涵,掌握内外部环境分析的维度及其产生的影响,了解战略目标的内涵及制定过程,掌握战略评估和选择的标准与方法,理解战略实施过程中的要素,理解并掌握战略控制和评价过程、标准与方法。

课件二维码

第一节 服务创新

案例引导

万豪酒店集团在位于马里兰州贝塞斯达(Bethesda)的总部大楼地下两层建立了万豪创新实验室。万豪创新实验室里有各种各样的样板间,都按现实的完整尺寸建设,充分满足了整合式设计的需求,可以供设计师和建筑师为万豪旗下各个品牌打造未来的酒店客房,探索酒店业的各种可能性。

案例分析

在投放市场前,设计师和建筑师们会借助实验室产生和测试各种想法,确保万豪酒店集团旗下各个品牌能够在进入市场前得到需要的反馈。无论是琢磨房间地板、无人机送鸡尾酒,还是公共空间扩建,确保提供的服务与现在和未来客人的需求息息相关。

在创新实验室里,万豪设计团队很快就能找出哪些床架、壁挂、插座和椅子最好用;明确桌子的尺寸以适应客人的需求;考虑淋浴、床头灯、抽屉和衣柜;床离窗口的位置是否太近而导致光线过强;床灯的位置是否能让客人在床上看书。

创新实验室不只是室内设计的场所,也为酒店协作管理提供了便利。比如客房管理人员能够在房间中观察到不易打扫的位置,或者建议改变房间布局,使吸尘清洁变得更容易。此外,设计团队与客户反馈部门紧密合作,确保每家酒店的客房都能满足客户的需求——无论是增加电源插座、提供更好的设施或用品、摆放椅子或沙发的位置,还是方便用餐的位置等。

万豪并不是唯一拥有独立创新实验室的酒店集团。希尔顿在弗吉尼亚州总部旁边设有一个全新的创新展厅。半岛酒店的研发部门开发了自己内部的所有技术。凯悦的任何一家酒店都能成为其测试创新的场所。雅高酒店设有"颠覆与增长部门",为其品牌提供新的创意。

酒店创新实验室的激增表明,酒店市场竞争已经非常激烈。酒店只能通过创新、再创造和新技术手段争夺客户,并试图击退 Airbnb 等公司的威胁。

(资料来源:《万豪创新实验室:探索酒店的未来设计》,https://www.sohu.com/a/319872702_100191062.)

一、服务创新的内涵

(一)创新的内涵

1. 创新的基本概念

"创新"是一个非常古老的词,有更新、制造新事物或者改变之意。

20世纪初期,美籍奥地利人、哈佛大学教授约瑟夫·熊彼特从经济学角度系统地提出了创新理论。熊彼特在其1912年德文版的《经济发展理论》一书中,首次系统地定义了创新的概念。他认为,所谓创新,是指把一种从来没有过的关于"生产要素的新组合"引入生产体系。创新的目的在于获取潜在利润。

熊彼特将创新概括为以下五种形式:①引入新的产品或提供产品的新质量;②采用新的生产方法、新的工艺流程;③开辟新的市场;④开拓并利用新的原材料或半制成品作为新的供给来源;⑤采用新的组织形式。

2. 技术创新的基本类型

技术创新有广义和狭义之分。狭义的技术创新是指创造新技术并把它引入产品、工艺或商业系统之中,或者创造全新的产品和工艺以及对现有产品和工艺进行重大技术改进,并且产品被引入市场(产品创新)或生产工艺得到应用(工艺创新)。广义地讲,技术创新是指技术变化引起的一系列营销、管理、金融、技术、市场、组织变化乃至产业和经济体系的演变。广义的技术创新更加强调新技术(包括新产品和新工艺等)的首次商业化。

技术创新可以从不同角度进行分类。技术创新按其类型和内容可分为产品(服务)创新、工艺(流程)创新、商业模式创新三大基本类型。

1) 产品(服务)创新

传统意义上,将产品定义为有形的、物理的物品或原材料,目前,传统的行业边界已经被打破,越来越多的产品制造商开始围绕产品向顾客提供服务。尽管服务型公司也倾向使用"产品"这个名词来描述它们提供的内容,但是服务和服务型公司的"产品"还是与一般的产品有区别的。最主要的区别在于,服务往往是无形的,而一般产品是有形的。服务型产品的生产和消费是同时进行的,需要人的高度参与,而且很难或者根本不可能通过专利法来抵制模仿行为。尽管有诸多不同点,产品和服务还是具有共同的特性,尤其在涉及创新的时候,所以一般使用"产品"这个名词来描述制造业和服务业提供的内容。综合起来,产品(服务)创新是指提出一种能够满足顾客需要或解决顾客问题的新产品(服务)。

2) 工艺(流程)创新

工艺(流程)创新是指生产和传输某种新产品或服务的新方式(如对产品的加工过程、工艺路线以及设备所进行的创新)。

3) 商业模式创新

商业模式创新是指对目前行业内通用的为顾客创造价值的方式提出挑战,力求满足顾客不断变化的要求,为顾客提供更多的价值,为企业开拓新的市场,吸引新的客户群。

(二) 服务创新的内涵

服务业已成为世界经济发展的核心,是世界经济一体化的推动力。创新是服务业可持续发展的灵魂。

关于服务创新概念的界定一直是学者们长期争论的焦点,不同学者对其特性的描述也各有侧重,可以从广义和狭义两个层面进行界定。从广义上讲,服务创新是指一切与服务相关或针对服务的创新行为与活动;从狭义上讲,服务创新是指发生在服务业中的创新行为与活动。本书着重对狭义的服务创新进行探讨,因为服务业本身的创新活动的出现更为频繁和丰富,而它也是理解其他部门服务创新的基础。

(1) 服务创新是一种(准)无形活动,其最终表现形式也以无形为主,同时融合了部分有形性(如实现无形创新的是有形载体)。

(2) 服务创新的新颖度范围较广,并且是可复制创新和解决特定顾客问题的不可复制创新的混合体。这意味着我们必须将传统创新理论和以积累为基础的持续变化理论结合起来理解,任何单个理论都不足以把握服务创新的全部内涵。在两种理论中,创新理论更关注"组织创造性",持续变化理论更关注"组织学习"。

(3) 服务创新形式具有多样性,技术只是其中一个维度,有几种创新形式是服务业特有的,如形式化创新等,这些创新形式在服务业中占有重要地位。

(4) 服务创新的"顾客导向性"非常明显,顾客作为"合作生产者"积极参与整个创新过程,创新更多是一种需求推动现象。

(5) 服务创新具有较强的企业专有性和一定的产业扩散性,一方面可模仿性较强,进入障碍较低;另一方面某些创新是一种特定创新,具有不可模仿性。因此,它比一般的制造业技术创新的复杂性更强。在考察服务创新时,对以上两方面都要有所关注。

在上述五个要素中,服务的"无形性"决定了服务创新"无形性"是核心要素,其他四个要素都是以它为基础的某种程度的衍生。

二、服务创新的类型

Wietze 和 Elfring(2002)把服务创新分为两大类:技术创新和组织创新。Normann(1984,1991)描述了四种创新形式:①社会创新;②技术创新;③网络创新;④复制创新。其中,社会创新包括的"客户参与"和"关联或集束创新"为进行进一步的组织创新研究提供了来源。Sundbo 和 Gallouj(1998)从创新对象上将服务创新分为四类:①产品创新;②过程创新;③组织创新;④市场创新。Miles(1993,1995)依据服务特性,将服务创新分为三类:①产品创新;②过程创新;③传递创新。

蔺雷和吴贵生(2007)将服务创新概括成以下九种类型。

(1) 产品创新,指对市场而言的全新服务产品的开发和引入。这种创新包含的范围最为狭窄,对创新对象的描述也最为准确,它与制造业的产品创新很类似,只不过并不表现为一个有形物品,而是一种全新的服务概念、过程或方法。

(2) 过程创新,从广义上讲,服务的过程创新就是产品创新。服务在本质上是一种无形过程,服务产品在很大程度上就是服务过程,因此很难在产品创新和过程创新间进行明确的区分。从狭义上讲,过程创新指服务生产、传递的程序或规程的变化,它是针对某一服务的运作和传递过程而言的。过程创新可以分为两类:生产过程的创新,称为后台创新;传递过程的创新,称为前台创新。

(3) 组织创新,指服务组织要素的增减,组织形式和结构的变化,管理方法和手段的更新及引入。

(4) 市场创新,指服务企业在市场中的新行为,包括开辟全新市场,在原有市场内开发新的细分市场;进入另一个行业和市场,以及在市场上与其他行为主体间关系的变化等。

(5) 技术创新,指已有技术或新技术在服务组织中的引入而产生的创新。

(6) 传递创新,指服务企业的传递系统或整个服务产业传递媒介中的创新,包括企业与顾客交互作用界面的变化。传递创新充分反映出服务创新的顾客参与和交互作用的特性。服务创新方式的优劣和效率的高低直接影响服务提供的结果和顾客感知的服务质量。传递创新与过程的前台创新经常是同一创新,而某些技术创新也可以看成是传递创新。

(7) 重组创新,又称为结构创新,指服务企业在现有知识库和轨道的基础上,通过将已有服务要素进行系统性的重新组合或重新利用而产生的创新。这种创新通过几种方式得到实现:新服务要素的增加;两种或两种以上已有服务要素的组合;已有服务要素的分解。

(8) 专门化创新,指针对某一顾客的特定问题在交互作用的社会化过程中构建并提出解决方法的创新模式(Gallouj,1991)。

(9) 形式化创新,以上各种服务创新类型有一个共同特点,即服务要素都发生了某种定性或定量的变化。形式化创新不发生定量或定性的变化,而是各种服务要素的"可视性"和标准化程度发生变化。它经常通过以下一些方式获得实现:将服务要素变得更加有序;对服务要素进行详细说明;减少服务要素的模糊性,使其更加具体有形;赋予服务要素以具体形式等。需要指出,形式化创新过程会使服务要素的标准化程度提高,这为重组创新提供了条件,因此,一般在形式化创新之后紧跟着重组创新的实施。

三、酒店服务创新体系

（一）观念创新

观念是人们对客观世界的理性认识,观念一旦形成,对人们的行为就具有驱动导向和制约作用。服务观念的创新也对旅游企业产生导向作用,是旅游服务创新的基础。其中,最核心的服务观念是人性化的服务观念。人性化要求以满足消费者需求为目的,一切从消费者的要求出发,对每一位消费者开展差异性服务。

（二）技术创新

服务技术创新是指将各种新兴技术应用于酒店,尤其是基于"互联网＋",从而实现现代化、智能化、特色化、高体验性的服务。

服务技术创新包括信息技术、通信技术和计算机技术的整合应用,具体包括计算机预订系统、智能门锁、送餐机器人、人脸识别系统等一系列创新技术。

（三）产品创新

从整体服务产品的概念和消费者的观点出发,凡是为市场所接受,在消费者心目中是新的,并能从中获得新的满足的产品,都是创新产品。由此可见,所谓服务产品创新,可以是创造全新的产品,也可以是对现有服务产品组成的某一部分进行改造、组合或提高的过程。依照此分析思路,可以总结出服务产品创新的几种常见类型。

1. 创造全新产品

创造全新产品是指在新观念的指导下,创造新的产品。例如,美国密西西比州的Home2 Suites 酒店,为长期出差住宿的客人推出宠物狗陪伴服务就是创新全新产品的体现。

2. 创造换代新产品

创造换代新产品是指在产品进入生命周期衰退阶段后,对其进行改进,不断推陈出新,延长生命周期,增强市场适应力。例如,酒店不断更换客房门锁,从普通门锁到密码锁再到磁卡式电脑门锁,以及人脸识别的智能门锁,就是创造换代新产品的体现。

3. 开发极端产品

极端产品是超个性化产品的表现形式,它以新、奇、特刺激市场需求。例如,2015年暑假期间,7天连锁酒店推出一项额外免费服务——凡是在出行过程中入住7天连锁酒店的住客,便可获得一份"失眠乐"保险,失眠、没睡好的住客可以获得一定数额的补偿金。

（四）市场创新

市场创新是指通过研究潜在市场以及利用不同的营销组合去积极地引导消费,创造需求,从而为酒店开辟新的市场,创造新的客源的一系列活动。服务市场创新包括以下两种方式。

第一,寻找空白地带,即在各种现有市场的基础上,寻找空白,填补空白。例如,广州一家酒店发现下午时段,很多老年人无固定休闲场所,就将下午餐厅空闲期改为午后茶点供应时间,结果生意兴隆,开辟了稳定的老年人餐饮市场。

第二,创造全新地带,即通过自主创新,开辟新的客源市场。

（五）管理创新

无论是产品创新、技术创新还是市场创新,可以说都属于广义上的技术层面的创新,任何技术层面的创新都离不开管理创新的基础。

1. 服务组织创新——从等级化到柔性化

传统的酒店组织结构往往遵循严格的等级制度,组织结构呈金字塔式。这种组织结构并不能调动服务人员的工作热情,不利于酒店效率的提高。因此,酒店创新其组织结构,进行扁平化改革,通过减少管理层次,加强各职能部门之间的沟通。

2. 管理模式创新——从 CS、ES 到 EL、HL

CS(Customer Satisfaction)是指顾客满意或顾客满意度,其思考角度是以外部顾客为中心,倡导"顾客第一",重视顾客利益而相对忽略内部员工及其利益。

ES(Employee Satisfaction)是指员工满意或员工满意度,相较于 CS,ES 更强调以员工为中心,倡导"员工第一",信奉"只有满意的员工,才有满意的顾客"的管理哲学,强化员工在企业经营中的沟通协调作用。

EL(Employee Loyalty)是指员工对企业的忠诚或忠诚度,其主导思想是通过关心员工、爱护员工而获得员工对企业的忠诚,使员工视企业为家,把自己的奋斗目标和前途命运与企业紧密联系起来。

HL(Hotel Loyalty)是指酒店忠诚,指酒店对员工(顾客)的忠诚,主导思想是酒店为获得忠诚的员工(顾客)而采取的各种服务于员工(顾客)和忠诚于员工(顾客)的措施、策略和许下的承诺。

从 CS、ES 到 EL、HL 的演进,体现了旅游企业管理模式创新的发展历程。EL、HL 模式更加强调酒店与服务人员的有效沟通,以及对服务人员的计划性培训和对服务员的适当授权。这样的管理模式更有利于调动服务人员的主观能动性,对提高酒店服务水平意义重大。

同步案例 8-1　开元颐居推出颐居品牌服务全新概念

从中高端精品酒店和精选民宿转型至中高端泛度假人文精品酒店的开元颐居酒店,是开元酒店集团旗下独立运营的十大品牌之一,颐居酒店品牌致力于做现代城市生活的心灵按摩师,将重点针对目的地度假和城市度假两大板块进行品牌建设和重新规划,并首次提出交互式体验场景"七个一"的泛度假酒店公区运营模式,未来开元

案例分析

颐居酒店将重点围绕"七个一"进行配套公区和服务体验场景的打造,包括:一间集早餐、茶酒小馆、私房菜馆及下午茶于一体的多功能餐厅;一处集咖啡吧、阅读及小型会议于一体的多功能书吧;一爿兼具文创产品售卖和DIY手作功能的杂货铺;一扇通往美丽新世界的窗;一个中式芳香疗法的空间;一个兼具影音、歌会、会客功能的茶餐露台;一套归家仪式感的服务模式。

(资料来源:《开元颐居推出颐居品牌全新概念,成热门投资品牌》,https://m.traveldaily.cn/article/118959.)

第二节 服务战略

案例引导

商业管理领域有些经验和教训可以借鉴,有些则永远无法模仿。难以被模仿或者复制的内容,对于个体来讲,具有不可替代性,对于企业而言,则为核心竞争力。个体要想保持高不可替代性很难,因为组织有强大的能力补偿机制。而一家企业,若拥有真正的核心竞争力,比如企业氛围或者文化,往往很难在短期内被超越,最常见的,反倒是两种情形:要么一直被模仿从未被超越;要么即便不是第一人,也总能"后来者居上"。自1961年拥有第一家上百间客房的旅馆至今,四季酒店集团服务至上的经营历程,深刻演绎了上述总结。并且,迄今为止,创始人伊萨多·夏普基于质量追求定下的服务"黄金法则"——待人如已,多年来已然沉淀为其文化基因,同时锻造出一套自上而下的管理机制,保证其落地和见效。此外,无论是进行开疆辟土国际化,还是遭遇无法预料的挫折危机,四季酒店都借此扮演了业界的"奢华"标准引领者角色,并且不断推陈出新,让上述商业领域的两种常见情形,在其行业内外同时上演。

案例分析

(资料来源:马新莉与王志勤的《四季酒店的服务战略》。)

一、战略管理的内涵

(一)战略

关于战略的定义,至今没有一个统一的说法。战略(Strategy)最早见于军事方面的专门术语。从词源上讲,战略起源于古希腊,是由"Stratos"(军队)和"Ago"(领导)两词合并转化而来,意指军事战争中,将领指挥军队排兵布阵。

钱德勒(Alfred Chandler)于1962年出版《Strategy and Structure》一书中,首先在企业管理中引入"战略"的概念,他把战略决策与业务决策区分开,他认为战略是长期目的或目标的决策,制订并达到这些目标所需要的主要行动计划以及为完成这些目标对所需资源的配置。明茨伯格(1994)认为战略是一种计划,一种行为方式,是产品或服务在某一特定市场或领域中的定位,是一种企业行为处事的观念。战略管理学的鼻祖迈克尔·波特(2005)认为,战略是一家企业如何有别于其他企业,即有意识地选择一系列不同的活动来提高独特价值的组合。小阿瑟·汤普森(2009)认为,战略是企业管理层所制定的竞争性活动或业务方法的组合,以此来发展自己的业务,确立企业在竞争市场中的地位,吸引并满足顾客需求,成功地同竞争对手竞争,以实现企业的预期目标。安索夫(2010)认为,战略是企业为了适应外部环境,通过确定自己的经营性质,并通过分析企业目前的产品和市场以及未来的产品和市场之间的内在联系,来把握企业运行的方向,寻找企业发展的使命。美国哈佛大学教授安德鲁斯认为,企业总体战略是一种决策模式,决定和揭示企业的目的和目标,提出实现目标的重大方针与计划,确定企业应该从事的经营业务,明确企业的经济类型与人文组织类型,以及决定企业应对员工、顾客和社会做出的经济与非经济的贡献。20世纪80年代,加拿大管理学家亨利·明茨伯格(Henry Mintzberg)进一步把战略管理的定义概括为"5P",分别如下。

(1)策略(Ploy),战略是管理者为了适应市场竞争环境而进行的谋略。

(2)计划(Plan),战略是管理者施行的有预谋、有组织的行动过程。

(3)模式(Pattern),根据计划开展的活动具有一致性的特点,这使得组织资源更容易形成合力。

(4)定位(Position),一个组织在竞争环境中必须找到适合自己生存和发展的位置。

(5)观念(Perspective),战略的本质是一种思想,一旦形成,它会根植于组织成员的思想之中,并指导成员的行为。

(二)战略管理

战略管理(Strategic Management),是制定、实施以及评价多功能决策的一门艺术和科学,这些决策可以保证一个组织实现其目标。安索夫认为战略管理是把企业的日常业务决策同长期决策相结合而形成的一系列经营管理业务。格卢克指出战略管理是制定一种或几种有效的战略,以达到企业目标的一系列决策和行动。汤普森认为战略管理是通过指明企业长远发展方向,建立具体的业绩目标,根据有关的内部条件和外部环境,制定各种战略,进而执行所选择的行动计划,以达到业绩目标的过程。

综上所述,战略管理是一个动态管理的过程,战略管理活动的重点是制定和实施战略。它是对企业的生产活动实行的总体性管理,是企业制定和实施战略的一系列管理决策与行为,其核心问题是使企业自身条件与环境相适应,求得企业的长期生存与发展。

(三)战略与战略管理的关系

战略与战略管理既有区别又有联系。通常,战略是指企业的基本构想和意图、主要目的、目标或者专指战略计划(不论是直觉、计划,还是正规计划)。战略将指明企业的未来发展方向。战略管理则不仅包含战略构想、意图以及计划,它还包含战略行动与实施方案以及一切有关战略推行的因素。也就是战略管理的概念包含着战略的概念。

二、服务战略的内涵

服务战略是指企业在一定发展阶段,以服务为核心,以顾客满意为宗旨,使服务资源与变化的环境相匹配,实现企业长远发展的动态体系。服务战略是服务企业带有全局性或决定全局的谋划,它体现了服务企业的愿景与使命,确定了服务企业的目标与任务。因此,服务战略回答企业想要做什么、可能做什么、应该做什么和打算怎么做的问题。制定服务战略需要从以下几方面着手分析。

(1) 对服务竞争的内外部环境的分析,明确企业愿景与使命,阐述企业向顾客提供的价值(回答想要做什么)。

(2) 把握外部服务环境中技术、市场、产业和政策所提供的机遇(回答可能做什么)。

(3) 判断行业竞争态势,明确企业受到的压力(回答应该做什么)。

(4) 分析企业自身的资源和能力(回答怎么做)。

与制造企业的战略不同,服务战略直接包括与服务传递相关的运作等问题。因为服务的特殊性,顾客在服务传递过程中有不同于制造业的地位和作用。因此,理解服务战略的内涵,包括以下几个要点。

(一) 理解顾客需要是服务战略的出发点

顾客在酒店服务生产过程中占有特殊的地位,一是因为顾客是酒店服务生产的重要参与者,即没有顾客的消费参与,服务生产过程就没法进行;二是因为顾客的消费体验感受是服务生产效果评价的唯一依据,即服务质量的好坏评价完全取决于顾客的主观感受和评价。由此看来,对于酒店而言,深刻理解顾客的需求,并根据顾客需求定义服务的内涵,是服务战略的基本要求。

(二) 顾客满意是服务战略的落脚点

菲利普·科特勒认为,顾客满意是指顾客通过对一个产品或服务的可感知的效果(或结果)与其期望值相比较后,所形成的愉悦或失望的感觉状态,它以构成顾客满意度的各个要素作为评价标准,包括顾客经历的服务质量、感知价值和顾客预期的服务质量等。但是,由于顾客满意水平的不同,导致顾客对于某项服务有不同感受,即可能产生两个结果变量:顾客抱怨和顾客忠诚。

服务战略贯彻顾客满意理念,可以产生以下好处。

(1) 获得较高的利润。满意的顾客往往会因为满意而情愿额外付出一定的货币成本,这就使得服务质量好的企业可以获得较高利润,形成良性循环。又由于口碑的作用以及服务的重复购买特征,企业的市场份额扩大,可以得到规模优势,这种优势也会表现在经营成本上。

(2) 降低沟通成本。由于口碑的作用,提供良好服务的企业会获得源源不断的顾客,这些满意的顾客又会从积极的方面影响至少 25 个人,其中会有 7 位成为该企业的顾客。这样宣传的效果比起任何一种促销方式都好。"最好的广告不花钱",这会从很大程度上减少酒店的促销费用,以此改进服务设施和服务流程。

(3) 促进顾客依赖,形成顾客忠诚。只有使顾客满意,才会使顾客在遇到同样的服务需求时想到曾经获得满意感受的企业,这就是顾客依赖的表现。如果顾客始终能够获得满意,或企业通过某种关系营销的方式将顾客牢牢地吸引住(如建立社群),那么顾客对企业的忠诚度就会随之提高。

三、服务战略管理的过程

服务战略管理是酒店围绕服务这一核心保持竞争优势的必然选择。这一过程是酒店对未来发展方向制定和实施决策的动态管理过程,主要分为服务战略形成阶段、服务战略实施阶段、服务战略控制与提升阶段,不同阶段的核心问题、任务的侧重点有所不同。图8-1所示为战略管理过程。

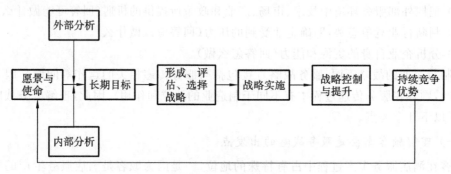

图8-1 战略管理过程
(资料来源:作者自绘。)

(一)服务战略形成阶段

服务战略形成阶段的核心问题是酒店进入何种服务领域,如何配置自身的资源,如何抓住外部机会,减少外部威胁,以什么样的方式和方法在同行业中培育自身服务的核心竞争力并在与对手竞争中获胜。

服务战略形成阶段的主要任务:一是明确服务战略使命,酒店战略使命确定了酒店存在的理由和价值;二是通过内外部环境和资源的分析,确定长期目标,这一目标指明了酒店未来的发展方向和预期状况;三是酒店未来发展战略的制定和选择。服务战略的形成还需要提出可供选择的酒店战略发展方案。服务战略选择是指形成一个适合的酒店未来发展战略方案,从酒店战略制定中形成的可供选择的方案中,通过各种评价,选择一种适合的发展战略。在战略选择中,最需要的是明确,在可选择的战略之中,哪一种战略能够让酒店获得最大收益,并获取竞争优势。对于任何企业来说,都没有一个十分理想的战略方案,过于完美的理想化的战略方案往往都是不存在的,现实的情况是,战略方案的选择也都只是遵循一种满意的标准。

(二)服务战略实施阶段

服务战略实施是战略管理过程的核心环节,也是战略成功与否的关键,其核心在于将已经确定的服务战略转化为酒店的实际行动,组织酒店的各种资源,成功地贯彻执行既定的战略,以实现酒店的发展目标。

服务战略实施是酒店战略管理的行动阶段,是战略管理过程中难度最大的阶段。任何完美的服务战略都依赖于酒店战略实施,唯有借助酒店战略实施才能将服务战略的美好蓝图转化为实践,否则一切都只是停留在想象之中,没有任何实际作用。

服务战略实施依赖于酒店的各级管理者和酒店员工的良好行为与执行力,要求酒店员工遵守纪律,有敬业和牺牲精神,要求服务战略与酒店的组织结构、酒店文化、酒店内部管理之间有很强的适应性。

(三)服务战略控制与提升阶段

服务战略控制与提升是酒店战略管理的最后阶段。战略控制和提升的最终目标是实现酒店保持持续的竞争优势。

服务战略控制是指在服务战略实施过程中,重新审视酒店所处的外部条件和环境因素,判断、评估酒店服务战略的实施情况,并根据各种变化情况调整战略,对酒店战略进行适当的监控,以确保酒店战略能够有效地执行并实现酒店的发展目标。面对变化的环境,酒店需要借助战略控制来监控战略的实施,包括对内外部环境的审视,酒店战略实施业绩的评价,衡量酒店运营的业绩表现,并将其与酒店发展目标对照以发现酒店战略实施过程中的问题,进而采取纠偏措施,改进酒店战略,推进战略的实施。

服务战略控制与提升的目的在于应对酒店的外部环境的变革与影响,核心在于对酒店战略实施的整体评价,确保酒店战略发展方向和高效运行。

同步案例 8-2　　华邑酒店的礼、尊、和、达

中华民族讲究仁、义、礼、智、信和优良的传统美德——尊老爱幼。有一家品牌酒店,致力于传承中华待客之道,发扬华夏文明,它就是华邑酒店,是洲际集团为大中华区量身打造的品牌,其提出礼、尊、和、达四字箴言,言简意赅,极具国风。华邑酒店的核心理念如下。

案例分析

何为待客之礼?《礼记》中说:礼尚往来。往而不来,非礼也;来而不往,亦非礼也。在你来我往中给予到访的客人以关心与关爱。

何为待客之尊?《孟子·梁惠王上》中孟子曰:老吾老,以及人之老;幼吾幼,以及人之幼。用换位思考的方法,更加注重客人在细节上的所需所想,以此彰显客人身份之尊贵。

何为待客之和?《论语·学而篇》中有子曰:礼之用,和为贵。无论是整体环境还是局部环境,都努力去创造和谐的方方面面。

何为待客之达?《中庸》中孔子曰:宽以柔教,不报无道。打造特有柔和的社交空间,使得客人能够在住店期间被华邑酒店的宽以待人的氛围打动,顺心尽意,万世亨达。

（资料来源：https://zhuanlan.zhihu.com/p/161382607.）

第三节　战略的制定和实施

案例引导

海底捞火锅成立于1994年，经历二十多年的发展，已经成长为国际知名的餐饮企业。2018年度，海底捞服务了超过1.60亿人次顾客，全年平均翻台率为5.0次/天。截至2018年年底，海底捞已经在中国的100多个城市以及新加坡、美国、韩国、日本、加拿大、澳大利亚、马来西亚等国家经营466家直营门店，拥有超过3600万会员和60000名员工。

案例分析

从第一家海底捞火锅店开始，将服务作为海底捞品牌的基础，是海底捞至今独树一帜的原因。企业以"创新"为核心，彻底改变了传统的服务模式，提倡个性化的特色服务，致力于为顾客提供"贴心、温心、舒心"的服务。海底捞通过免费小食、美甲、擦鞋、照片打印等提升顾客的满意度，努力去制定行业的服务准则。为了提升体验，海底捞把顾客满意度当作最重要的KPI来考核，同时赋予店长和员工更大的自主权，不断尝试将新的技术产品应用到日常经营中。

海底捞股份有限公司利用其独特的服务战略以及管理手段，不仅深受顾客的喜爱，更成为各个商学院研究的经典案例。

（资料来源：《海底捞首次对外公布其战略、管理及考核制度》，https://kuaibao.qq.com/s/20180523A1V3OE00?refer=spider；沈远、王方鑫和汪云霄的《浅析海底捞的企业战略管理策略》。）

一、愿景与使命

（一）愿景

1. 愿景的内涵

"愿景"一词来源于英文的"Vision"，最早出现在20世纪80年代的现代管理学思想中。一般而言，"愿景"可以分为三个层次：个人愿景、团队愿景和企业愿景。企业愿景是企业永远为之奋斗并希望达到的图景,是一种意愿的表达,概括了企业的未来目标、使命和核心价值,是企业发展的动力源,也是企业最终希望实现的战略图景。

酒店的管理者应努力设法将领导者的理念与企业愿景、员工发展目标相结合,并使之转化为能够鼓舞组织的共同愿景,是锻造卓越企业的必要基础能力。

了解企业愿景,要回答以下五个问题:公司所处的行业是什么?公司的战略展望是什么?公司的未来产品或服务是什么?我们究竟想发展成为一个怎样的公司?5年之内我们想在行业中取得怎么样的地位?

2. 愿景的标准

一个有效的企业愿景,必须满足以下标准。

1)简单、清晰

愿景必须简单、清晰。愿景是一种生动的景象描绘,如果不简单、清晰,就无法在人们心目中建立一种直观的形象,也难以产生鼓舞和引导的作用。

2)持久

愿景是关于未来的刻画,不是短期的目标。愿景在一段时间内可以变化,但通过研究历史悠久的企业,不难发现企业愿景相对于业务来说是持久、稳定的,这种信心源于这些企业对客户需要什么、自己擅长什么、如何经营企业、如何实现多方利益平衡等问题的剖析和理解。

3)独特

独特是酒店的立身之本,盲目模仿只会招致失败。以亚朵酒店为例,"亚朵,第四空间,成就一种生活方式"是亚朵酒店的愿景,它抓住了我国中产阶层崛起对商旅住宿升级的需求,以"阅读"和"属地摄影"为切入点,并结合互联网运营模式,对中端酒店的服务进行了创新,向顾客提供了高品质的个性化服务,使其成为人们旅途中的伙伴。

4)服务

企业存在的理由就是提供有价值的产品和服务,愿景首先不是"你想成为什么",而是要考虑"你能为社会、为顾客提供什么样的服务,创造什么样的价值"。

(二)使命

1. 使命的内涵

使命是指明企业存在理由的表述,表明企业所参与竞争的业务领域和所要服务的目标市场群体,以及为市场提供什么效用,说明企业的宗旨、信念和所从事事业的目的和方向,揭示"企业要发展成为什么"等关键问题。简单地说,使命所要传达的是"我们是谁""我们要做什么""我们为什么成为这样"的理由和意义。酒店的使命以顾客为导向,意在建立酒店鲜明、独特的个性,向酒店的利益相关者表明酒店的价值,传达酒店对待社会的态度,也是酒店社会责任的宣言。

2. 使命的要素

不同的企业有着自己的特性和存在价值,因此,不同的酒店有着不同的企业使命。酒店使命基本要素大致包括以下内容。

(1)酒店的顾客或目标市场群体,酒店的目标市场。

(2) 酒店提供的产品或服务内容。
(3) 酒店对增长和发展的关注，能否努力实现良好的增长态势。
(4) 酒店的宗旨、基本信念和价值观。
(5) 酒店独特的核心竞争力或竞争优势。
(6) 酒店的企业社会责任，酒店对社会、社区和环境的态度。
(7) 酒店对员工的态度。

二、战略环境分析

企业的战略环境是指与企业经营有关的外部因素和内部因素的总和，包括宏观环境、中观环境（行业环境）和微观环境（内部环境）三个层次。其中，宏观环境和中观环境（行业环境）被统称为外部环境。

（一）宏观环境

任何企业，包括酒店等服务性企业在内，都是在一个广阔的宏观环境下生存的。随着时代的发展，酒店面临的宏观环境越来越呈现出高度复杂、变化和全球化的新特征。不可抗力的宏观环境影响着酒店的发展，为酒店带来了新的挑战和机遇。任何的酒店战略都是酒店现有的状况与酒店外部环境博弈的结果。

酒店的宏观环境主要包括政治环境、经济环境、社会环境和技术环境四个方面的影响因素，这些因素之间存在着相互联系、相互作用的关系，它们共同对酒店的战略管理过程产生影响。对宏观环境的分析通常采用 PEST 模型，P 是政治（Politics），E 是经济（Economy），S 是社会（Society），T 是技术（Technology）。这四种因素从以下几个方面影响酒店战略决策。

1. 对整个行业的影响

酒店外部宏观环境对酒店行业的影响主要包括以下几个方面。
(1) 政治、法律或者政策的变化会改变酒店行业所提供的产品或服务的范围。
(2) 新技术的进步改变酒店行业的服务范围和技术提供方式。
(3) 新社会价值观的变化使酒店整体行业出现新的机会或者衰退。
(4) 社会人口等因素的变化影响着酒店产品消费和服务需求的变化，影响酒店开发产品的类型。
(5) 疾病等重大灾难会影响酒店服务策略的制定，服务提供的方式以及服务产品开发的重点。

2. 对顾客行为的影响

外部宏观环境对顾客行为的影响主要表现在以下几个方面。
(1) 社会人口结构的变化影响顾客数量的多少和变化。
(2) 社会结构的变化影响顾客的消费行为。
(3) 社会价值观和生活方式的变化影响顾客的消费行为。
(4) 各种宏观环境的变化影响着整体消费市场需求的变化和市场定位。

3. 对供应商的影响

外部宏观环境对供应商的影响主要体现在以下几个方面。

(1) 政治法律环境影响供应商的行业结构和竞争动态。
(2) 经济发展态势影响供应商的供货量和价格。

4. 对替代产品的影响

外部宏观环境对替代产品的影响主要体现在以下几个方面。
(1) 外部环境的变化会对产品替代的类型和结构产生影响。
(2) 新的技术变化会直接影响产品的替代。
(3) 各种社会价值观的变化影响产品替代与选择。

(二) 中观环境（行业环境）

1. 酒店行业环境

行业环境是企业从事服务运营活动、确定短期目标，进行长期规划最直接、最关键的环境，它由众多生产相同产品或相近替代产品的企业组成。

以往，酒店行业近似替代性产品是提供餐饮、住宿或是餐饮与住宿相结合的整体服务（当然还包括娱乐等服务）。如今，随着"跨界"的盛行，商业模式变得越来越复杂，行业的界定成了一个模糊的概念。例如，亚朵酒店与网易严选跨界合作，主打"所见即所购"，酒店变成了"卖场"。对网易严选来说，这家酒店是其首次试水线下消费新零售的样本。因此，在进行行业分析之前，管理者需要精确确定所属的行业，并进一步划分行业内所处的竞争层次。

2. 影响因素

行业环境是酒店制定服务战略最直接、最关键的影响。对于酒店业而言，高端酒店和经济型酒店行业竞争力量的综合强度是不同的。一个酒店竞争战略的目标在于使酒店在行业内合理定位，这种合理定位离不开对五种基本竞争力量的分析。迈克尔·波特（1980）提出的五力模型阐述了酒店行业环境分析的因素，以下具体分析各因素。

1) 现有行业内企业的竞争

在驱动行业竞争的五种力量中，行业内企业之间的竞争是最激烈的、全方位的，也是一个动态的、不断变化的过程，主要表现在服务价格、服务产品、服务质量、客户关系、品牌形象等方面。

服务作为酒店竞争力的核心产品容易被模仿、取代。服务产品没有技术壁垒，也没有专利保护，而且会发生高频率的创新，这种情况下很容易被竞争者模仿甚至取代。影响竞争强度的因素有如下几种。
(1) 竞争对手的数量和实力。
(2) 酒店业的增长速度。
(3) 酒店业的成本属性。
(4) 酒店的品牌忠诚度。
(5) 酒店产品的差异性。

除以上因素外，竞争对手类型、战略利益相关性、退出成本都会影响酒店间的竞争强度。

2) 潜在进入者的威胁

酒店是与人们日常生活息息相关的传统服务行业，且有其独特的作用，如带动当地其他行业的辐射发展，再加上缺少政府的政策保护，这使得酒店行业会吸引很多资本进入。当酒店服务产品没有明显差异化,员工忠诚度低、流动率大时,酒店行业较低的进入壁垒使得潜在进入者容易变成新进入者,因而,进一步加剧了酒店行业的竞争态势。

3) 替代品的威胁

替代品是指那些与酒店业产品具有同等功能的其他产品。一般来讲,替代品的价格比较低,甚至不存在市场价格。这些产品如 Airbnb 上的非标准化的酒店,进入市场会使酒店业的产品价格上限处于较低水平,这就限制了标准酒店的收益。替代品的价格越有吸引力,这种限制就越牢固,对酒店业构成的威胁也就越大。

酒店业替代品的威胁程度可以从以下方面展开分析:①是否是真实的替代品;②市场对替代品的认知程度。

4) 供应商的实力

酒店在开展经营活动所需的资源,如建筑物、能源、资金、原材料、信息等相关运营资源来自其他不同的渠道,这些渠道即酒店供应商。酒店与供应商打交道,实际上处于购买者的位置。供应商实力决定了其讨价还价的能力,直接影响着酒店的经营成本,受到以下因素的影响。

(1) 供应商资源的独特性和稀缺性。

(2) 酒店转换成供应商的成本是否低于酒店购买供应商资源的成本。

5) 购买者的力量

服务战略的目标是赢得竞争优势,这取决于酒店是否为顾客创造了无法替代的价值,这意味着要以顾客需求为出发点,并努力与顾客建立和形成长期稳定的关系,最终拥有忠诚客户群体。因此,顾客的议价能力可能是影响竞争优势的最重要因素。在以下几种情况下,消费者的议价能力将增强。

(1) 如果他们可以轻易地找到竞争品牌和替代品。

(2) 如果他们对卖方来说特别重要。

(3) 如果卖方陷入消费者需求下降的困境。

(4) 如果他们知道卖方的产品、价格和成本信息。

(5) 如果他们可以自由决定是否和何时购买此产品。

(三) 微观环境(内部环境)

微观环境(内部环境)是指企业赖以生存发展的内部资源条件状况。通过宏观环境和行业环境分析,经营者可以发现和分析企业面对的机会和威胁;通过内部环境分析,经营者可以进一步明确经营资源、战略能力、竞争优势等条件,从而为制定正确的发展战略奠定基础。

1. 经营资源

20 世纪 90 年代杰伊·巴尼(Jay Barney)提出资源基础论(Resource-Based View, RBV),认为企业的竞争优势来源于企业内部的资源,企业的绩效取决于企业内部的三类资源:物质资源、人力资源、组织资源。其中,物质资源包括企业的所有建筑物、设备、技术、原材料等;人力资源包括所有的员工以及他们所具有的经验、智力、知识、技能和能力;组织资源包括公司结构、规划过程、信息系统、专利、商标、版权、数据库等。酒店运营管理中,包含的资源类型如表 8-1 所示。

表 8-1　酒店经营资源的分类

类　型		含　义
有形资源	实物资源	企业开展服务活动的空间环境、服务景观资源,以及交通、住宿、餐饮等服务设施和设备
	财务资源	现有资金和可融资资源
无形资源	组织资源	企业内部组织结构和市场销售网络
	技术资源	企业经营必备的知识和技术条件等
	信誉和形象资源	由于消费者信任而积累的市场形象
	文化和商标资源	愿景、使命、价值观、商标等
人力资源	工作的动机	员工从事服务工作的动机、目标、意愿等
	专门知识与技能	员工的岗位经验和专门的服务技能
	交流和沟通能力	员工与顾客、同事之间的交流和沟通能力

(资料来源:黄其新,陈伟军.服务性企业战略管理[M].北京:北京大学出版社,2011.)

2. 战略能力

战略能力是指企业所拥有的特性,是将诸多的资源整合运用以完成特定活动的能力,当企业将资源按照一定的方式合理配置起来完成企业某项任务的时候,企业的战略能力就产生了。酒店战略能力是指酒店企业在生产经营中具备的选择和利用资源,使得企业价值不断增加的技能,可以概括为如表 8-2 所示的几个方面。

表 8-2　酒店战略能力

类　型	含　义
创新能力	随着市场环境变化,酒店拥有创新变革的能力,并鼓励员工开展服务创新活动,包括产品和服务的设计能力、提供能力和营销能力
资金管理能力	酒店对财务资源的运用能力,包括酒店的融资能力、偿债能力、运营能力和获利能力
组织管理能力	酒店组织资源、整合资源、运营企业的能力。酒店的组织管理能力包括企业的决策能力和执行能力
外部协调能力	酒店与酒店外部环境中的各个利益主体之间的协调能力,即酒店处理外部关系的能力,强调的是企业的沟通和协调能力,主要表现为利益协调能力、目标协调能力和行为协调能力
内部凝聚力	酒店能够通过各种努力,利用各种方法,团结酒店各个部门和员工,形成凝聚力的能力

(资料来源:杨劲松.酒店战略管理[M].北京:机械工业出版社,2013.)

3. 竞争优势

竞争优势是指企业在某一个时点上为消费者创造价值方面所表现出来的超过其他竞争对手的态势,拥有竞争优势的企业获得的收益往往高于行业平均水平。酒店的竞争优势通

常体现在以下几个方面。

(1) 有形资产优势。对于某些酒店来说,突出的有形资产优势可以使其获得更强的竞争力。例如,低廉的房租、风景宜人的景观资源等,这些都可使该企业在市场上处于有利的竞争地位。

(2) 无形资产优势。酒店拥有顾客认同的品牌形象,以及员工认同的企业文化,都可以帮助企业取得竞争优势。

(3) 人力资源优势。人力资源是酒店参与市场竞争的关键,如果某个酒店拥有充足的、高胜任力的员工,并且这些员工拥有一定的专长和学习能力,那么该酒店将会拥有很强的市场竞争力。

(4) 组织体系优势。高质量的管理体系和经营水平是酒店拥有竞争优势的组织保证。

(5) 竞争能力优势。酒店拥有强大的市场销售网络和会员体系,在市场份额上处于领导地位,并与OTA等伙伴企业的关系良好,这是该酒店获得市场竞争优势的能力保证。

三、战略目标

(一) 战略目标的内涵

对于企业而言,要制定正确的企业战略,仅有使命和愿景是不够的,还必须将使命和愿景转化为具体的战略目标。

战略目标是对企业愿景进一步的具体化和明确化,是企业在一定时期内预期达到的理想成果。战略目标是企业战略的重要组成部分,体现企业的战略思想和使命,是进行内外部环境分析的结果,是制定、选择战略方案和战略实施与控制的依据。

通过明确酒店战略目标,有助于明确酒店未来的发展方向;有助于调动酒店内部的各种力量,使得具有不同利益的群体在行动中有一致的基础,实现协同发展,促使酒店的内外部利益相关者认识其在酒店未来发展中的作用;有助于为酒店发展确立一种良好的绩效评价标准,减少发展的不确定性和盲目性;有助于在酒店内部达成统一的共识,减少潜在的内部冲突;有助于激励酒店员工,并依据酒店目标对酒店资源进行有效配置。

(二) 战略目标的内容

在企业使命和企业功能定位的基础上,酒店的战略目标可以按四个方面的内容展开:市场目标、创新目标、盈利目标和社会目标(见图8-2)。

(三) 战略目标的确定

一般而言,酒店确定战略目标需要经历战略目标分析、拟定战略目标、评价和确定战略目标等具体步骤(见图8-3)。

四、战略评估和选择

企业当前的战略、目标、愿景和使命,与内外部环境分析相结合,共同成为制定和评估可行战略方案的基础。

(一) 评估标准

经过战略分析之后,企业的管理者面临着诸多的可供选择的战略方案,但是不是所有的

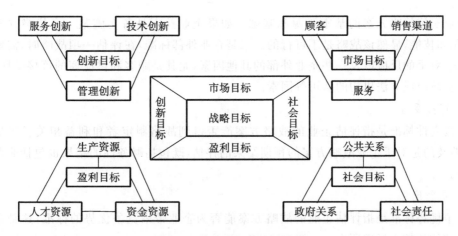

图 8-2　战略目标的核心结构

（资料来源：黄其新，陈伟军.服务性企业战略管理[M].北京：北京大学出版社，2011.）

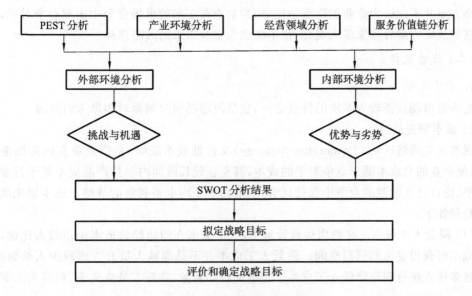

图 8-3　战略目标设定的过程

（资料来源：黄其新，陈伟军.服务性企业战略管理[M].北京：北京大学出版社，2011.）

战略方案都是企业所需要的，必须依据一定的评估标准，制定出适合的、有效的战略方案。特别需要说明的是，战略方案并不是唯一的，往往存在备选方案。通常，战略方案的评估标准主要包括适合性、可行性、可接受性、竞争优势等。

1. 适合性

适合性标准是指企业战略方案是否适合企业的评价标准。如果一项可供选择的战略方案能够有助于企业实现战略目标，那么这项战略方案就是适合企业战略的。

2. 可行性

可行性标准是指评估和判断可供选择的战略方案是否可行的标准，主要从两个方面的标准来予以评估：一是企业内部标准，从企业文化、技能和资源等方面来考虑，企业内部的资源是企业实施战略方案的基本资源和基础。如果企业并不具备实施某一个战略方案的资源、文化和技能,显然该战略是不可行的。二是企业外部标准,在评估一项战略时,需要考虑外部竞争对手的反应以及一些企业外部的其他因素,尤其是顾客和供应商的可接受性,乃至能否获得政府或立法机构的认可等因素。

3. 可接受性

可接受性标准是指评估企业的战略方案能否得到战略制定者和利益相关者接受的标准,其涉及的是对于企业战略方案的预期结果的评估,既包括财务性的结果也包括非财务性的结果。

4. 竞争优势

竞争优势标准是指评估企业的战略方案能否为企业带来竞争优势的标准,这是企业战略方案评估的核心标准所在。

竞争优势是企业发展所追求的,也是企业战略方案能够为企业带来的结果与利益。如果战略方案并不能够为企业创造竞争优势,为企业在未来的市场竞争中击败竞争对手,那么无论这些战略方案看起来多么美好,都不能成为企业未来的战略选择。

(二)战略选择

1. 竞争战略

竞争是市场经济较为本质的特点之一,也是酒店必须时刻面对和思考的问题。

1)成本领先战略

成本领先战略(Cost Leadership Strategy)又称低成本战略,是指企业在内部加强成本控制,使企业的总成本低于竞争对手的成本,甚至在较长时间内保持产品成本处于行业的领先水平,使自己在激烈的竞争中保持优势,获取高于平均水平利润的战略。成本领先战略的实施路径如下。

(1)降低人工成本。在酒店运营管理中,人工成本在酒店经营成本中占较大比例,降低人工成本可获得更大的利润空间。降低人工成本并不是缩减人员开支或减少人员数量,而是通过多种方法合理地降低人工成本。如增加自助服务、降低人员流失率、提高员工服务效率等。

(2)优化服务价值链。价值链是酒店为顾客创造价值的基本活动和相关的辅助活动集合,这种集合不是活动的累加,而是以成本降低、利润增加为目标的整合。可通过以下途径实现优化:①充分发挥企业资源优势,简化价值链环节;②再造业务流程,提高服务效率;③比竞争对手更有效地展开内部价值链活动,更好地管理推动价值链活动成本的各个因素。

2)差异化战略

差异化战略(Differentiation Strategy)是指酒店以可接受的成本为顾客提供与众不同的产品或服务,借此形成竞争优势的战略,其核心是取得某种对顾客有价值的独特性。尤其在同质化竞争的服务市场上,酒店可以采用多种方法以强调自己的产品和服务与众不同,从而避免价格竞争,需要强调的是,差异化战略并非不重视服务成本,而是更注重服务产品的独特性。差异化战略的实施路径如下。

(1)研究顾客与竞争对手。差异化的逻辑起点是顾客需求和顾客的价值主张,最终归为顾客愿意为酒店提供的独特效用而付出的高昂价格。为此,酒店首先应该仔细研究顾客的需求和偏好,了解他们认为重要的、他们认为有价值的和他们愿意支付的。然后,确保服务包含特定的顾客想要得到的属性,或者开发某种独特的能力来满足客户的需求,并力争客户利益最大化。

要获得持续性的差异化优势,酒店应关注竞争对手的动向和产业发展的趋势,努力把自身提供服务的属性与竞争对手明显地区分开来。由于差别是相对于竞争对手而言的,对对手情况知之甚少,无异于无的放矢,差异也无从谈起。

(2) 差异化方面的选取。在酒店企业价值链的哪个环节进行差异化:服务水平、产品特性、产品研究与开发活动、产品分销活动、市场营销和顾客服务活动。

(3) 集中于产品品质的差异化,使顾客感知到物超所值的服务。

(4) 集中于酒店创新能力的差异化,包括产品创新和服务创新。

(5) 集中于情感定位的差异化。服务生产的本质是向顾客提供某种消费经历,提供某种情感体验,因此,能够向消费者提供一种与众不同的情感体验,也是酒店成功开展差异化战略的路径之一。

2. SWOT 矩阵分析法

SWOT 矩阵分析法是一种对组织内部条件和外部条件各方面内容进行综合与概括,进而分析组织的优劣势、面临的机会和威胁的方法。它根据组织自身的既定内在条件进行分析,找出组织的优势、劣势及核心竞争力所在,从而将该组织的战略与其内外部环境有机结合。S 代表 Strength(优势),W 代表 Weakness(弱势),O 代表 Opportunity(机会),T 代表 Threat(威胁),其中,S、W 是内部因素,O、T 是外部因素。SWOT 矩阵可以帮助管理者对酒店的总体经营环境进行扫描,在发现问题的基础上,管理者可以运用 SWOT 矩阵策略配对方法获得四种针对性的解决方案,即 SO 战略、ST 战略、WO 战略和 WT 战略。

(1) SO 战略:此种策略是最佳策略,此时企业的内外环境能密切配合,管理者应充分利用优势资源寻求扩张发展。

(2) ST 战略:表示企业应投入资源,加强优势能力。

(3) WO 战略:表示企业应尽力克服劣势并利用机会寻求发展。

(4) WT 战略:表示企业应克服劣势并规避外部威胁。

五、战略实施

成功的战略制定不能保证成功的战略实施。战略实施是服务战略管理中的重要环节。服务战略实施涉及的关键要素有关键资源的投入、组织结构的匹配和组织文化的匹配。

(一) 关键资源的投入

酒店资源是服务战略实施的核心要素,已在前文中进行了阐述。酒店服务战略实施的核心在于对酒店资源的重新整合和利用。

资源配置涉及两个维度的问题:一是资源如何有效获取,即从总量上如何满足企业发展需要的资源;二是资源如何在酒店内部组合以获得最大效益,即从资源结构上寻求最佳效用。任何企业为了实现特定的发展目标都需要进行企业资源配置,寻求最佳的资源配置

方案。

不同的酒店战略要求不同的资源配置结构,包括酒店资源的类型、数量和质量。酒店战略的实施,需要考虑的是依据不同的战略类型和企业的情况,来确定不同的酒店资源配置战略,与战略相匹配。

企业无论采取哪种资源配置战略,关键都在于对自身企业资源的评估。酒店选择发展战略后,应按照既定的企业发展战略,对所需的资源进行评估,有目的地检测内部资源状况,并依据资源的需求程度,作出不同的资源需求规划。对企业发展战略实施资源缺口应该及时制定企业资源规划,从酒店外部资源市场获取,包括从资本市场获取财物资源,从劳动市场获取人力资源,从土地市场获取土地资源等。与此同时,酒店针对某个专项的企业资源,要制定战略实施的企业资源规划,考虑企业资源在整个酒店内部的分配,以及企业资源在各个部门和环节的配置。

(二)组织结构的匹配

对于酒店来说,应根据外界环境的要求去制定战略,而酒店不同的发展战略的实施需要有不同的组织结构相匹配,当酒店战略确定时,需要根据新的战略去调整原有的组织结构。如何使得酒店组织结构与战略相匹配是战略实施的关键。如果酒店组织结构与新战略不合适,酒店企业需要如何作出必要的调整,以新的战略来调整组织结构,甚至实行企业再造和流程重组,建立有效的组织结构。

(1)应根据企业所处环境、企业发展阶段及战略决策的特点,选择一种最合适的组织结构类型与企业战略相匹配。

(2)对酒店提供服务的价值链进行分析,找出在服务战略中具有关键作用和价值的组织单位,并使得这些单位成为企业组织的核心单位,促进服务战略的实施。对战略实施影响不大的业务,可以考虑用外部购买的方式从企业外部获得,这既降低了运营成本,同时也更有利于企业战略的实施和核心战略能力的培养。

(3)如果企业的一项具有关键战略意义的核心业务不能够安排在一个组织单位内完成,那么,就需要加强分管这项业务不同方面的几个组织单位间的沟通和联系。

(4)当企业出现绩效下降,需要制定新战略,并改变组织结构与之相适应时,应采取一种渐进的方式去对组织结构进行改革,以减少改革过程中组织效率的损失。

总之,酒店服务战略与组织结构的匹配是一个动态变化的过程,战略的变化将导致组织结构的变化,组织结构的重新设计又能够促进企业战略的实施。

(三)组织文化的匹配

关于组织文化的定义,至今没有统一的解释,常被学者们提及的是"企业文化"。国内外学者们关于两者的区别并未进行明确的阐述,有时也将两者等同使用。学者们普遍认同组织文化或企业文化是由企业的大多数员工认同和接受的信念、期望、理想、价值观、态度、行为以及思想方法、办事准则等构成的。

酒店服务战略的实施需要组织文化的支持,更需要的是与战略相匹配的组织文化。因为酒店组织文化是企业绩效的关键力量,渗透到酒店的各个层面。酒店组织文化是否有活力和吸引力,是否适合酒店发展,关系到酒店的核心竞争力。酒店内部的多种因素都受到组织文化的影响,包括内部员工的工作动机、工作态度、工作士气,酒店的吸引力,酒店的生产效率、工作质量,酒店的创造力等。因此,如果酒店的组织文化无法为战略实施提供支撑,那么酒店战略的实施将会走向失败。

酒店组织文化是酒店在长期的历史经营中形成的,因此当酒店组织文化无法与酒店服务战略相匹配时,为了推动战略的实施,需要对酒店组织文化进行变革。在组织文化变革时需要考虑组织文化的历史性和传承性,以及酒店的战略需要,使得组织文化朝着适应环境的改良方向发展。

酒店组织文化的变革是一个复杂而艰难的过程,考验的不仅是酒店管理者的智慧,更是整个酒店的发展智慧。通常组织文化变革的途径包括:从酒店外部招聘新的员工,注入新鲜血液引导变革;通过酒店员工的内部培训、调动和提升引导变革;推动企业组织变革,改变企业运行方式;树立企业变革榜样和典型,引导企业行为。

第四节　战略的可持续发展

案例引导

受新冠肺炎疫情的影响,国际国内酒店集团都遭受了巨大损失。早在2020年2月11日,希尔顿酒店集团在公布2019财年及第四季度财报时,其首席执行官Chris Nassetta表示,由于新冠肺炎疫情日益严重,希尔顿集团有选择性地关闭了中国市场的150余家酒店,闲置客房数量约为3.3万个。2020年2月13日,温德姆酒店集团首席财务官Michele Allen提到,受疫情影响,该集团在中国市场70%左右的酒店都已停止营业,其他没有关闭的酒店入住率也显著降低。

案例分析

雅高因疫情已经在中国损失了超过500万欧元,全球的疫情危机对雅高酒店集团的影响也不可小视。然而,多年来,雅高集团始终视客户和员工的安全和健康为首要任务,雅高集团决定全力服务一线医护人员、所有抗击新冠肺炎疫情的人民以及弱势群体。

截至目前,雅高集团旗下的40多家酒店共为全法国无家可归的人员提供了1000至2000个床位。而上海派出驰援湖北医疗队回来,在上海的隔离酒店就是雅高提供的位于青浦的"上海卓越铂尔曼大酒店"。

疫情期间,雅高集团无论是曾经的写手大巴黎为中国加油,还是雅高"心悦界"推出的周末宅家健身小课堂、变身厨艺大师或者共度亲子好时光;不论是雅高透明的商业更新"应对新冠疫情"的内外部缓解措施,还是接下来的"雅高与阿里巴巴深化战略合作,透过忠诚机会于飞猪平台为生活上新"活动,都透露出这个大集团当仁不让的企业责任与担当。

(资料来源:《新冠疫情对酒店业打击致命,为何这家酒店集团还在寻找新心人类?》,https://www.sohu.com/a/386369769_101123.)

一、战略控制

(一)战略控制的概念

战略控制是指企业管理者将酒店战略目标与酒店战略实施的结果相互比较,检查、评估二者偏差程度的过程与机制,并从中分析战略实施过程的问题与不足,采取进一步的修正措施,调整战略的发展方向,具体可概括为以下三项基本活动。

(1)检查企业战略的内在基础。

(2)比较实际结果与预期结果。

(3)采取纠正措施,确保行动与计划保持一致。

(二)战略控制的影响因素

战略控制是战略管理的重要阶段之一,是保障战略有效实施的重要举措。在实施战略控制过程中,酒店面临着诸多的不确定性和变化性,直接影响着酒店战略控制的有效性。总体来说,战略控制会受到以下四方面因素的影响。

1. 市场需求

在现代市场竞争中,酒店面临的一个重要因素是市场需求的变化。不同的时间点和不同的环境下,顾客所注重的产品性能、价格、服务等属性不同,市场需求也处于变化之中。这使得酒店的战略控制处于变化之中,酒店企业管理者需要识别酒店所面临的这些市场需求的变化因素,并从中寻找出顾客所重视的价值和属性,进而卓有成效地作出相应的战略行动。

2. 酒店资源和能力

酒店的资源和能力是酒店企业核心竞争力的源泉,也是企业竞争优势的来源。如何在战略控制中,识别企业自身的资源和能力,如何能够最大限度地发挥企业的资源优势,培育自己的核心竞争力成为酒店企业参与市场竞争的关键。外部环境处于变化之中,同样的酒店内部的资源也处于变化之中,原先处于弱势的资源与能力或许已然变成具有竞争优势的资源与能力,而之前具有竞争优势的资源与能力反而失去了竞争优势。由此,企业需要去识别企业内部发生的这些变化与因素,并重新审视这些因素,进而作出战略选择。

3. 酒店组织与文化

酒店的组织结构和内部的业务运作管理也是影响企业战略控制的重要因素。随着现代企业组织理论的发展和酒店自身业务的扩展,加上现代信息技术的发展,酒店如何重新塑造企业结构与业务流程结构,如何组织自身的业务活动,使用什么样的方式推进战略,这些都是影响企业战略控制的重要因素。

4. 信息反馈

充分、及时的信息反馈是进行有效控制的基础,建立在客观、真实的信息基础之上的战略控制是最好的。

顾客的相关信息对于企业服务战略的评估是至关重要的,包括顾客的市场需求、顾客的消费价值、顾客的服务满意度,以及顾客潜在的需求。其中,来自顾客对酒店服务的反馈是关键信息。由于一线员工、基层管理人员是服务过程中与顾客直接接触的,所以他们会获得来自顾客最直接的反馈。但当高层管理者向下级施加太大的压力时,可能会促使基层管理人员为了让上级满意而编造数据。

(三)战略控制的过程

酒店的服务战略需要不断地进行评价和更新,以维持可持续发展。

战略控制的过程大致分为以下四个步骤。

1. 设定绩效标准

根据战略目标,酒店结合企业内部人力、物力、财力及信息等具体条件,确定企业绩效标准,作为战略控制的参照。

2. 衡量实际绩效

酒店可通过一定的测量方式、手段、方法,监测企业的实际绩效,并将企业的实际绩效与标准绩效进行对比。

3. 审查结果

找出实际绩效与绩效标准之间的差距,分析其中的原因,并判断企业的战略执行是否偏离了既定的方向。

4. 采取纠正措施

测评的结果主要有两种,一是符合标准,二是不符合标准,出现偏差。当出现了偏差时,需要提出纠偏措施。

服务战略的控制是一个持续的反馈与纠正的过程,这一反馈过程不是一次性完成的,而是要在整个战略实施的过程中不断地进行评价、衡量、提升、再评价……反复进行,持续改进。

二、战略评价

战略评价是战略控制的主要手段,战略评价和战略控制既有联系又有区别。战略评价是为了发现问题,战略控制的主要目的是解决问题,旨在确保战略实施更好地与企业当前所处的内外部环境和企业目标协调一致。

(一)战略评价的标准

战略评价受到环境、时机、人等多种因素的影响,很难给出一个具体而统一的分析标准和评价体系。英国战略学家理查德·努梅特提出了战略评价的四条标准:一致(Consistency)、协调(Consonance)、优越(Advantage)和可行(Feasibility)。其中,协调与优越是针对外部环境评价的,主要用于检查企业战略的基础是否正确;一致与可行则主要用于企业内部评价,主要是检查战略实施过程中的问题。

1. 一致

酒店采取的战略方案中的目标和政策应保持一致。当出现下列三种情况时,企业内部可能出现了不一致的征兆。

(1) 即使更换人员,也无法彻底解决管理问题,而这些问题往往是因事而发生而不是因人而发生的。

(2) 如果组织内部一个部门的成功意味着另一个部门的失败,那么,酒店战略方案中可能存在不一致的问题。

(3) 如果政策问题不断地被提交到决策层来解决,就意味着企业的战略内容可能存在不一致的问题。

2. 协调

协调是指在评估战略时,一方面要考察单个事项的发展趋势,另一方面要考察总体趋势。战略必须是对外部环境和企业内部发生的重要变化的适应性反应。在战略制定中,将企业关键内部因素与关键外部因素相匹配的一项困难就是绝大多数事件的趋势都是与其他多种趋势相互作用的结果。

3. 优越

战略执行必须能起到保持和增强企业现有竞争力的作用。竞争优势的来源很多,天时、地利、人和都可以成为企业的竞争优势。酒店的战略方案必须能够促使企业在特定的业务领域保持竞争优势,通常来自以下三个方面:①资源占有和配置的优势;②服务和管理技能的优势;③良好的位置优势。

4. 可行

对于酒店而言,最好的战略是可以实施的战略,因此,对战略方案最终的检验标准是其可行性,即企业能否依靠其人力、物力和财力资源实现预定的战略目标。对酒店而言,尽管可用(存量)资源的约束是刚性的,但挖掘(增量)资源的方法却是多样的。

企业的财力资源最容易定量考察,通常也是决定对何种战略进行评估的第一制约因素。但是,有时人们常常忘记了融资方式的创新是可能的。对于战略选择的影响更大但定量性较差的制约因素是个人与组织能力。在评估战略时,重要的一点就是要考察企业在过去是否已经展现出了实施既定战略所需要的技术、核心能力及人才。

在评价战略规划时,不仅要注重服务性企业过去所执行的战略是否充分利用了各种资源,还要看现有战略规划是否能够激励企业通过各种创新手段,来扩大企业战略的资源基础。

(二) 战略评价的方法——平衡计分卡

战略评价是一个主观的过程,但需要得到客观的结果。这决定了战略评价指标应全面地呈现酒店战略实施的绩效,不能仅仅局限在财务指标上,还应该对经营指标、顾客指标、人力资源指标等进行全面评价,平衡计分卡的评价指标体系提供了很好的借鉴。

平衡计分卡(Balanced Score Card,BSC)是一项进行战略评价的重要工具,来自哈佛大学教授罗伯特·卡普兰(Robert Kaplan)与诺朗顿研究院戴维·诺顿(David Norton)在1992年发表在《哈佛商业评论》上的研究成果。

平衡计分卡是一种以信息为基础,系统考虑企业业绩驱动因素,以多维度平衡指标进行评价的一种业绩评价指标体系。其中"平衡"是指评价要兼顾战略与战术、长期与短期目标、财务和非财务衡量方法、滞后和先行指标,以及内部和外部业绩等各方面因素。

平衡记分卡的核心指标包括四个维度:财务类指标、客户类指标、内部运营类指标、学习与成长类指标。其指导思想基于以下逻辑:企业如果想要获得良好的财务绩效,就必须有良好的市场表现作为支持,例如,较高的市场占有率或销售增长率;企业要在市场方面拥有满意的表现,就必须有持续的业务流程优化和改进能力,提高所提供产品和服务的性价比,因为业务流程优化能力决定了企业运作效率的高低;而业务流程优化和改进能力,主要取决于企业员工在学习与成长方面的水平。

同步案例 8-3　　中国酒店业如何应对新冠肺炎疫情?

新冠肺炎疫情带来的不确定性导致全球酒店业的恐慌和严重波动。在这方面,中国酒店业采取的战略调整以及具体行动,可以为世界其他地区的酒店业应对不同的灾难提供一定的借鉴。

案例分析

1. 领导和沟通策略

与所有灾害情况一样,第一步是组建一个高效和负责任的灾害管理小组,并任命一名组长(福克纳,2001)。多家酒店集团,包括华住、锦江、万达等,在前期或应急阶段成立了灾害管理小组,负责领导、指挥和行动。在中国,企业微信、钉钉、腾讯会议、WeLink等移动应用在办公自动化、远程会议、在线培训等领域得到了广泛应用。利用在线办公技术、工具和平台的结合,促进信息和决策的顺利和响应性交换,酒店品牌建立了一个有效的远程指挥和管理系统来部署员工和安排会议。

2. 人力资源策略

在疫情期间,高绩效员工被视为公司的宝贵资产;一旦疫情得到控制,这些员工将为公司的绩效恢复做出贡献。对于酒店来说,确保一线员工的身体健康、心理健康、职位和收入至关重要。酒店必须通过服务生产社会化、与相关服务业共享劳动力、采用智能化设备替代人工、裁员等方式灵活降低非必要劳动力成本。

3. 服务提供策略

恢复客户信心是渡过危机的关键。在这方面,值得注意的是,几家酒店品牌推出了免费取消服务(至2020年4月底)和重新预订帮助,延长了忠诚度计划会员资格,并增加了会员福利以安抚客户。例如,锦江、华住等国内酒店公司将其忠诚度计划的会员资格延长了3个月;希尔顿、凯悦和雅高等多家国际酒店公司将这类会员计划延长至一年。

酒店品牌已采取严格的卫生标准和措施,以确保为客户提供一个安全的住宿环境。这些措施包括:进行全面消毒;控制食品卫生;分发口罩;提供在线医疗咨询;检测客户和员工的健康状况;关闭洗衣房、健身房和其他公共区域和设施。例如,华住旗下的汉庭品牌就不仅在其2560家酒店开展了130次疫情后清洁行动,还公开邀请客户现场监督深度清洁的全过程,并在网上进行播放,以确保酒店的

安全。

酒店也一直在实施技术解决方案,以提供非接触式服务,确保客户的服务安全。疫情期间,中国酒店集团加大了智能非接触服务的实施力度,包括自助入住、远程入住、面部扫描、客房服务语音控制、机器人客房服务和零秒退房。这些服务旨在避免人与人接触,尽量减少客户在公共区域的停留时间,从而有助于降低病毒传播和交叉感染的风险。

酒店还与OTA合作,推出保证卫生的住宿项目。配备自助入住机和机器人客房服务的非接触式服务的酒店数量不断增加。阿里巴巴旗下的飞猪还为400多个城市的首批复工企业商务旅客推出了无忧住宿服务。酒店业协会也发布了监测大流行预防的指导方针。中国酒店业协会和HVS发布了亚太地区酒店预防措施和运营案例汇编。中国饭店协会、全国绿色饭店工作委员会、美团联合发布了《中国酒店客房防疫自律公约》。此外,中国酒店协会、阿里巴巴和康奈尔中国在新冠肺炎疫情期间制定了餐饮商家指南,指导餐饮从业人员的防疫工作。

4. 企业社会责任战略

在疫情高峰期,感染病例的迅速增加导致医院床位不足。有必要找到医院分院隔离和治疗受感染的病人。此时,中国饭店业声援人民,履行社会责任。

通过提供现有的基础设施和服务,许多酒店自愿参与为医务人员、建筑工人和病人提供食宿。在2020年第一季度,政府机构指定610家华住酒店(共200万间客房)作为医务人员宿舍和检疫站。锦江的中型品牌维也纳酒店也为医务人员提供了2353间免费客房。

随着新冠肺炎疫情在全球的传播,入境旅客也被要求接受同样的检疫程序。为了尽量减少疾病的传播,主要国际机场附近的酒店成为入境旅客的隔离站。

5. 灾害管理标准作业程序

酒店必须建立一个反应迅速、高效的标准操作程序(SOP),以提高灾害管理能力在应对灾害方面的有效性,包括自然灾害和紧急情况(如流行病、爆炸、火灾、暴力、抢劫、重大疾病和死亡)。具有特定灾害类别经验的酒店将更好地了解灾害,并做好应对未来类似情况的准备。酒店应组织并维持一个专家顾问团队,以应对大流行,建立专家咨询机制,并编制和更新酒店应对流行病的指南。与酒店业长期合作的保险公司应优化产品和服务,以适应大流行的形势,并帮助酒店对冲可能的损失。

思考题:

1. 面对新冠疫情的冲击,中国的酒店集团进行了哪些战略调整以保持酒店的持续发展?

2. 请结合案例并查阅材料,分析文中提到的酒店集团在上述战略管理框架下,如何进一步实现或保持本集团的竞争优势。

本章小结

本章以服务战略管理的过程为主线,围绕服务创新和服务战略管理如何开展这一核心问题,将与此有关的理论模型作为串联相关知识点的框架,将核心概念的内涵阐述作为基础,将服务战略管理中的方法、标准、要素作为重点内容进行阐述。为了使学生能更简单明了地理解相关理论和概念,加入了相关的案例进行讲解分析,旨在帮助学生提升理论知识的应用能力。

关键概念

服务创新　服务战略　愿景　使命　宏观环境　行业环境　微观环境
竞争优势　战略目标　成本领先战略　差异化战略　战略控制　战略评价

复习思考

1. 请简述酒店服务创新体系,并举例说明。
2. 请简述酒店行业企业的服务战略阐述的核心问题。酒店行业的企业应从哪些方面着手分析本企业的服务战略?
3. 酒店行业企业与制造业的服务战略有何不同?
4. 请思考战略使命和愿景有何区别。
5. 请简述酒店战略环境的维度。有哪些常见的分析模型?
6. 请思考战略使命、愿景和战略目标的关系。
7. 请问酒店战略评估的标准是什么?如何理解?
8. 如何理解战略实施过程中的关键要素?为何其如此重要?
9. 请思考酒店企业为何进行战略控制,哪些因素影响战略控制的过程。
10. 请简述战略评价的标准。
11. 搜索相关文献、阅读并分析,试归纳出服务创新在酒店行业层面的研究脉络,辨析酒店服务创新与其他行业服务创新的异同。
12. 建立学习小组,利用网络资源、图书馆资料查找一家熟悉的酒店或酒店集团的发展战略,并向其他小组介绍该企业的发展战略和历程。
13. 假设你是一家即将开业的酒店高层管理者,你该如何进行环境分析?

14. 以一家熟悉的酒店(例如,学校的教学酒店)为例,利用所学的知识,尝试对其现行的战略进行评估。若现行战略不适用于现状,能否为其提供新的战略思路?

15. 请查找一家经历战略变革的酒店,查阅资料并进行小组讨论,分析其投入了哪些关键资源,组织结构、组织文化和关键资源有何变化。

16. 搜索一家使用平衡记分卡的酒店企业,分析平衡记分卡对于该企业的发展带来的变化。

案例分析

服务、产品、推广——泰国旅游受青睐的法宝

旅游业是占泰国国内生产总值10%的支柱产业,其服务和产品设计有独到之处,旅游推广更有成熟的策略。

以较受外国游客青睐的学做泰国菜为例,尽管全程只有4小时,却让人在体验到新鲜感之余,对泰式服务也留下深刻印象。清晨,你在酒店大堂,就可见到从烹饪作坊来此等候的工作人员。专车接送至作坊后,工作人员将你带到充满泰式风情的后花园,向你介绍每一种植物,带着你采摘将要用到的食材。在烹饪教程中,全程英文讲解,手把手指导,让同一团客人互相品尝自己做的泰国菜。为了保证授课质量,烹饪作坊每日接待的游客数量有限,每个团的人数也有限制,不会为了获利而无限度地接客。

泰国旅游和体育部2016年发布的旅游发展战略报告说,2016年泰国着力开发高端旅游客户。而主题旅游的推广正好满足这一战略需求。

蜜月婚庆游在近年来的推广显示出泰国成熟的旅游产品营销策略。从1996年开始,每年情人节,泰国南部董里府都邀请各国游客前来举办海底婚礼,通过泰国旅游部门进行推广。

中国游客近年成为泰国最大的客源,泰国国家旅游局在婚礼旅游上对中国游客进行了市场划分。西素达说,由于习俗不同,中国人更愿意在家乡举行婚礼,宴请亲朋,异国的婚礼游并不完全适合大部分中国游客的口味。而蜜月游和浪漫主题旅行则更符合他们的需求,市场潜力更大。

面向中国市场,泰国旅游部门改变策略,主推浪漫主题之旅,利用丰富的海岛资源,联合国内婚礼策划公司及旅行社,打造专为蜜月情侣而设的"白色浪漫沙滩派对"、针对遇到感情危机的夫妻的"唤醒爱情胜地"等高端游,同时辅以旅游摄影大赛等,在中国各地和社交媒体等平台进行推广。

(资料来源：《服务、产品、推广——泰国旅游受青睐的法宝》，http://www.xinhuanet.com/world/2016-06/08/c_1119014530.htm.）

思考题：

1. 请结合案例并查阅资料，分析泰国旅游业为何针对中国游客制定此战略。
2. 请列举案例中泰国旅游业有哪些创新举措。
3. 面对2020年全球形势的变化和冲击，泰国旅游业的战略规划该何去何从？

案例分析

Bibliography

[1] 陈劲,郑刚.创新管理:赢得持续竞争优势[M].3版.北京:北京大学出版社,2016.
[2] 弗雷德·R.戴维,福里斯特·R.戴维.战略管理:概念部分[M].15版.李晓阳,译.北京:清华大学出版社,2017.
[3] 黄其新,陈伟军.服务性企业战略管理[M].北京:北京大学出版社,2011.
[4] 黄铁鹰.海底捞你学不会[M].北京:中信出版社,2015.
[5] 克里斯廷·格罗鲁斯.服务管理与营销——服务竞争中的顾客管理[M].3版.韦福祥,等,译.北京:电子工业出版社,2008.
[6] 李桂华.客户服务质量管理[M].北京:中国经济出版社,2012.
[7] 李晓蕊.新编现代酒店服务流程标准化培训实务大全[M].北京:中国时代经济出版社,2013.
[8] 李雯,樊宏霞.服务企业运营管理[M].重庆:重庆大学出版社,2016.
[9] 罗振鹏.酒店服务营销[M].北京:机械工业出版社,2015.
[10] 罗伯特·库珀,斯科特·埃迪特.服务创新架构:优化新服务开发流程[M].北京:企业管理出版社,2017.
[11] 刘宝红.采购与供应链管理——一个实践者的角度[M].3版.北京:机械工业出版社,2019.
[12] 陆雄文.管理学大辞典[M].上海:上海辞书出版社,2013.
[13] 蔺雷,吴贵生.服务创新[M].2版.北京:清华大学出版社,2007.
[14] 苏朝晖.客户服务基础[M].北京:中国经济出版社,2012.
[15] 苏尼尔·乔普拉,彼得·迈因德尔.供应链管理——战略、计划和运作[M].5版.刘曙光,吴秀云,译.北京:清华大学出版社,2014.
[16] 舒伯阳.服务运营管理[M].重庆:重庆大学出版社,2018.
[17] 舒伯阳.服务运营管理[M].2版.北京:中国旅游出版社,2019.
[18] 舒伯阳,徐静.服务运营管理[M].武汉:华中科技大学出版社,2016.
[19] 王永挺,刘宏兵,盖玉洁.饭店经营管理案例精粹[M].成都:电子科技大学出版社,2017.
[20] 王永贵.客户关系管理(精要版)[M].北京:高等教育出版社,2018.

[21]　王永贵.服务营销与管理[M].天津:南开大学出版社,2009.

[22]　王细芳.旅游供应链柔性研究——面向旅游服务贸易竞争力的提升[M].上海:上海财经大学出版社,2012.

[23]　徐栖玲.酒店服务案例心理解析[M].广州:广东旅游出版社,2006.

[24]　徐杰,卞文良.采购与供应管理[M].北京:机械工业出版社,2019.

[25]　徐飞.战略管理[M].4版.北京:中国人民大学出版社,2019.

[26]　杨丽.旅游供应链合作协调研究——从产品差异化视角[M].北京:对外经济贸易大学出版社,2013.

[27]　杨劲松.酒店战略管理[M].北京:机械工业出版社,2013.

[28]　约翰·古德曼.细节决定体验:客户体验全流程设计[M].范东明,张坚栋,等,译.北京:中国人民大学出版社,2018.

[29]　赵珂僮.极致服务指导手册　给顾客一个选择你的理由[M].北京:中信出版集团,2018.

[30]　赵莉敏.以客户为中心　服务重塑酒店竞争力[M].北京:人民邮电出版社,2020.

[31]　张淑君.服务管理.[M].2版.北京:中国市场出版社,2010.

[32]　张淑君,王月英.服务设计与运营[M].北京:中国市场出版社,2016.

[33]　周云.采购成本控制与供应商管理[M].2版.北京:机械工业出版社,2014.

[34]　Smit,B,Melissen,F. Sustainable Customer Experience Design:Co-creating Experiences in Events,Tourism and Hospitality[M]. London:Routledge,Taylor & Francis Group,2018.

[35]　张凤超,尤树洋.体验价值结构维度模型的比较研究[J].消费经济,2009(4).

[36]　马新莉,王志勤.四季酒店的服务战略[J].商学院,2012(10).

[37]　欧静,吴秀沛.基于顾客体验的酒店新技术应用研究[J].商业现代化,2019(2).

[38]　沈远,王方鑫,汪云霄.浅析海底捞的企业战略管理策略[J].商场现代化,2019(12).

[39]　徐虹,吕兴洋,秦达郅.国内经济型酒店服务创新比较研究[J].旅游科学,2013(1).

[40]　余杨.基于顾客体验的酒店智慧服务研究[J].价值工程,2019(34).

[41]　张英姿.酒店供应链的特点分析[J].山西财经大学学报,2004(S1).

[42]　Bitner,M J. Servicescapes:The Impact of Physical Surroundings on Customers and Employees[J]. Journal of Marketing,1992(2).

[43]　Cross,N. Engineering Design Methods:Strategies for Product Design[M]. Second Edition. New York:John Wiley & Sons,1994.

[44]　F Hao,Q Xiao,K Chon. COVID-19 and China's Hotel Industry:Impacts,a Disaster Management Framework,and Post-Pandemic Agenda[J]. International Journal of Hospitality Management,2020(90).

[45]　Maslow,A H. Religions,Values,and Peak-experiences[M]. Columbus:Ohio State University Press,1964.

[46]　Mathwick,C,Malhotra,N,Rigdon,E. Experiential Value:Conceptualization,

　　Measurement and Application in the Catalog and Internet Shopping Environment [J]. Journal of Retailing,2001(1).

[47] Thorne,F C. The Clinical Use of Peak and Nadir Experience Reports[J]. Journal of Clinical Psychology,1963(2).

教学支持说明

高等院校应用型人才培养"十四五"规划旅游管理类系列教材系华中科技大学出版社"十四五"期间重点教材。

为了改善教学效果，提高教材的使用效率，满足高校授课教师的教学需求，本套教材备有与纸质教材配套的教学课件(PPT电子教案)和拓展资源(案例库、习题库视频等)。

为保证本教学课件及相关教学资料仅为教材使用者所得，我们将向使用本套教材的高校授课教师免费赠送教学课件或者相关教学资料，烦请授课教师通过电话、邮件或加入旅游专家俱乐部QQ群等方式与我们联系，获取"教学课件资源申请表"文档并认真准确填写后发给我们，我们的联系方式如下：

地址：湖北省武汉市东湖新技术开发区华工科技园华工园六路

邮编：430223

电话：027-81321911

传真：027-81321917

E-mail：lyzjjlb@163.com

旅游专家俱乐部QQ群号：306110199

旅游专家俱乐部QQ群二维码：

群名称：旅游专家俱乐部
群　号：306110199

教学课件资源申请表

填表时间：_____年___月___日

1. 以下内容请教师按实际情况填写，★为必填项。
2. 学生根据个人情况如实填写，相关内容可以酌情调整提交。

★姓名		★性别	□男 □女	出生年月		★职务	
						★职称	□教授 □副教授 □讲师 □助教

★学校		★院/系	
★教研室		★专业	
★办公电话		家庭电话		★移动电话	
★E-mail（请填写清晰）		★QQ号/微信号	
★联系地址		★邮编	

★现在主授课程情况	学生人数	教材所属出版社	教材满意度
课程一			□满意 □一般 □不满意
课程二			□满意 □一般 □不满意
课程三			□满意 □一般 □不满意
其他			□满意 □一般 □不满意

教材出版信息					
方向一	□准备写	□写作中	□已成稿	□已出版待修订	□有讲义
方向二	□准备写	□写作中	□已成稿	□已出版待修订	□有讲义
方向三	□准备写	□写作中	□已成稿	□已出版待修订	□有讲义

请教师认真填写表格下列内容，提供索取课件配套教材的相关信息，我社根据每位教师/学生填表信息的完整性、授课情况与索取课件的相关性，以及教材使用的情况赠送教材的配套课件及相关教学资源。

ISBN（书号）	书名	作者	索取课件简要说明	学生人数（如选作教材）
			□教学 □参考	
			□教学 □参考	

★您对与课件配套的纸质教材的意见和建议，希望提供哪些配套教学资源：